权威读本

中华人民共和国

禁毒法

解读

（第二版）

主编

王爱立

（全国人大常委会法制工作委员会刑法室主任）

中国法制出版社

CHINA LEGAL PUBLISHING HOUSE

权威读本

中华人民共和国
禁毒法
解读

（第二版）

主编

王爱立

（全国人大常委会法制工作委员会刑法室主任）

中国法制出版社

CHINA LEGAL PUBLISHING HOUSE

前　言

《中华人民共和国禁毒法》由第十届全国人民代表大会常务委员会第三十一次会议于2007年12月29日通过，自2008年6月1日起施行。该法是根据禁毒工作实际需要，总结多年来禁毒工作实践经验制定的一部全面、综合规范禁毒工作的重要法律，对禁毒工作的方针体制、禁毒宣传教育、毒品管制措施、戒毒措施、禁毒国际合作等作出全面规定，对于预防和惩治毒品违法犯罪行为，保护公民身心健康，维护社会秩序发挥了重要作用。

全国人民代表大会常务委员会法制工作委员会刑法室的同志曾于2008年1月编写了《中华人民共和国禁毒法解读》一书。禁毒法施行十多年来，毒品违法犯罪和治理工作出现了一些新情况，中共中央、国务院对禁毒工作提出了新要求，刑法、药品管理法等法律作了相应修改完善，有关机关出台了相关行政法规、规章和司法解释等，中国特色毒品治理实践也不断丰富发展。为了进一步深入宣传、学习和正确贯彻禁毒法，需要根据近年来的情况对原书中的一些内容作出修改补充。据此，全国人民代表大会常务委员会法制工作委员会刑法室的同志重新编写了《中华人民共和国禁毒法解读》一书。

本书从立法角度对立法背景、立法理由和条文规定等进行了较为详尽的阐述。本书由刑法室主任王爱立同志担任主编。因时间和水平有限，书中难免有不妥之处，恳请读者批评指正。

作　者

2019年12月

目　　录

第一章　总　　则

第一条　为了预防和惩治毒品违法犯罪行为，保护公民身心健康，维护社会秩序，制定本法。

条文主旨

本条是关于立法目的的规定。

立法背景

毒品问题是我国目前面临的重要社会问题之一。近年来，我国禁毒工作取得了明显成效，但是毒品违法犯罪形势依然严峻。为了有效地预防和惩治毒品犯罪行为，保护公民身心健康，维护社会秩序，制定一部综合性的统领禁毒工作全局的禁毒基本法律显得越来越必要和迫切。首先，制定禁毒法是整合有关禁毒的法律资源，解决法律法规之间不协调的问题，形成一个效力层级分明、彼此协调统一的禁毒法律体系的需要。禁毒工作牵涉面广，可谓千头万绪，相应地，有关禁毒的法律法规数量大，内容庞杂，主管部门众多，效力层级多，有些法律、法规之间难免存在内容相互交叉、规定不相协调甚至相互冲突的地方。制定禁毒法有助于禁毒法律制度的体系化、系统化，有助于协调各方，形成合力。其次，长期以来，我国禁毒工作积累了大量的、实践证明行之有效的经验和做法，需要以法律的形式巩固下来。例如，禁毒工作应坚持的方针，禁毒工作领导体制和工作机制，禁毒的宣传教育制度，毒品管制制度，戒毒制度，禁毒的国际合作等有关禁毒工作的基本原则、制度和基本内容，都有必要在禁毒法中作出明确规定。最后，制定禁毒法也是禁毒法律体系自身不断完善的需要。随着社会经济生活的发展变化，法律也不断地修改完善。一方面，禁毒工作中有些重要的事项需要明确的法律依据；另一方面，随着社会主义法治建设的不断进步，有些在效力层级相对较低的规范性文件中规定的事项，需要上升为法律规定。例如，关于强制戒毒，1990 年《全国人民代表大会常务委员会关于禁毒的决定》规定，吸食、注射毒品成瘾的，予以强制戒除，进行治疗、教育。强制戒除后又吸食、注射毒品的，可以实行劳动教养，并在劳动教养中强制戒除。但该决定对于强制戒除的主管部门、决定程序、戒除方式、戒毒场所管理等都没有作具体规定。国务院根据《全国人民代表大会常务委员会关于禁毒的决定》的上述原则规定，于 1995 年制定了《强制戒毒办法》，对强制戒毒工作有关的事项作出了具体规定。2000 年，我国制定了《中华人民共和国立法法》。根据立法法的规定，限制人身自由的强制措施和处罚需要由法律规定。强制戒毒虽然是对吸毒成瘾人员的一种教育和治疗措施，但毕竟带有一定程度的强制性，戒毒人员的人身自由实际受到一定限制，应当由法律作出规定。《全国人民代表大会常务委员会关于禁毒的决定》原则规定吸毒成瘾者应当予以强制戒除，因此对吸毒成瘾人员进行强制戒毒总体来说是有法律依据的。但考虑到强制戒毒涉及公民人身自由，有关强制戒毒措施的一些基本内容在法律中作出比较详尽的规定更为妥当。

条文解读

根据本条的规定，禁毒法的立法目的可以从“预防和惩治毒品违法犯罪行为”“保护公民身心健康”“维护社会秩序”三个方面来理解。这三个方面是相互联系、有机统一的整体。预防和惩治毒品违法犯罪行为是整个禁毒工作的主要内容，而保护公民身心健康、维护社会秩序则是全部禁毒工作的出发点和归宿。通过制定禁毒法为禁毒工作提供重要的法律依据和保障，是禁毒法立法的直接目的；通过卓有成效地依法开展禁毒工作，有效预防和惩治毒品违法犯罪行为，是实现保护公民身心健康、维护社会秩序这两个立法目的的重要前提条件和手段。

第一，制定禁毒法是预防和惩治毒品违法犯罪行为的需要。

1. 我国当前面临的毒品违法犯罪形势严峻。毒品问题是困扰当今世界几乎所有国家的严重社会问题之一。对于中华民族而言，毒害更是心头永远难以平复之痛。灾难深重的中国近代史，就是以中国人民反对英帝国主义鸦片贸易而引发的第一次鸦片战争为开端的。曾给中华民族造成深重的灾难与屈辱的毒品，是导致近代中国民族素质减弱、巨额财富流失和使中国沦为半殖民地半封建社会的原因之一。因此，毒品违法犯罪行为历来为我国法律所禁止。新中国成立以后，国家针对危害中华民族一个多世纪的毒品问题，发动了一场轰轰烈烈的人民禁毒运动。党和政府颁布了《关于严禁鸦片烟毒的通令》《中共中央关于肃清毒品流行的指示》等一系列文件和规定，自 1950 年 2 月到 1952 年 12 月，历时两年十个月，取得了令人瞩目的成就。数以千万计的中国烟民，彻底戒除了毒瘾，成为社会主义制度下新的一代人。在之后不长的一段时间里，全国范围内基本肃清了种植鸦片、制造毒品，以及贩毒、吸毒现象。但是，自 20 世纪 80 年代开始，国际贩毒集团和贩毒分子利用我国改革开放之机以及地理上毗邻“金三角”毒源地的位置，通过中国将境外毒品跨国贩运至国际毒品市场。我国境内毒品违法犯罪活动又死灰复燃且呈国际化趋势。针对这种情况，党和政府高度重视，积极采取措施抵制境外毒品对国内的渗透。1990 年，第七届全国人民代表大会常务委员会第十七次会议通过了《全国人民代表大会常务委员会关于禁毒的决定》，对严厉打击毒品犯罪活动，抑制毒品上升趋势发挥了重要作用。2005 年以来，以遏制毒品来源、遏制毒品危害、遏制新吸毒人员滋生为目标，以禁毒预防、禁吸戒毒、堵源截流、禁毒严打、禁毒严管五大战役为重点，深入开展禁毒人民战争的禁毒战略，取得了明显的阶段性成效。一些地方毒品问题严重的局面得到了初步扭转，一些突出的毒品问题得到了初步遏制，海洛因等传统毒品发展蔓延的势头得到了初步控制，为禁毒工作的长远发展打下了较好的基础。但是，由于国际、国内以及历史、地缘、政治、经济等诸多复杂原因，我国毒品问题发展蔓延的总体趋势尚未得到根本扭转，毒品违法犯罪活动仍日趋严重，禁毒工作面临的形势十分严峻。从全球情况看，毒品持续泛滥，据联合国毒品和犯罪问题办公室统计，全球有 170 多个国家和地区涉及毒品贩运问题，2.5 亿人染毒。在毒品问题全球背景下，世界范围毒品泛滥对中国构成重大威胁和严重影响：“金三角”“金新月”等境外毒源地仍不断向中国进行毒品渗透；国内制造合成毒品问题仍较突出，毒品消费市场特别是滥用合成毒品规模持续扩大；非法种植毒品原植物尚未禁绝，洗钱、有组织犯罪等关联性犯罪日趋严重；走私、贩卖易制毒化学品问题比较严重；麻醉药品、精神药品流入非法渠道问题突出；需要特别注意的是，国内吸毒人员及毒品滥用规模不断扩大，吸毒人群的构成中低收入人群和青少年所占比例大，吸毒人数居高不下，毒品社会危害依然严重，总体上毒品问题仍呈快速蔓延的趋势。同时，随着互联网、物流寄递等新业态迅猛发展，不法分子越来越多地利用现代技术手段，通过海陆空邮港各种渠道走私贩运毒品，渠道立体化、手段智能化现象突出。根据《2018 年中国毒品形势报告》，这体现在：一是“互联网 + 物流”已成为贩毒活动主要方式，不法分子通过互联网发布、订购、销售毒品和制毒物品，网上物色运毒“马仔”，或通过物流寄递等渠道运毒，收寄不用真名，联络使用隐语、暗语，采用微信、支付宝、Q 币等在线支付方式，交易活动“两头不见人”。二是海上大宗毒品走私贩运增多。贩毒渠道涉及“海陆空邮港”，全年破获陆路贩毒案件 5. 12 万起，占全国案件总数四成以上，缴获各类毒品 28. 7 吨，占全国缴毒总量六成以上，海运运毒量大、隐蔽性好、机动性强，成为大宗毒品走私贩运的主要途径。

2. 制定禁毒法、进一步完善我国预防和惩治毒品违法犯罪法律体系，是深入开展禁毒工作的需要。禁毒工作的主要内容就是预防和惩治毒品违法犯罪行为。对于做好禁毒工作而言，预防和惩治这两个方面是相互促进、不可或缺的统一体。一方面，毒品危害的特性决定了禁毒工作必须坚持预防为主，通过卓有成效的预防工作，遏制毒品来源、毒品危害和新吸毒人员的滋生，使毒品的蔓延势头得以控制。另一方面，依法严厉惩治制贩毒等严重毒品犯罪活动，是整个禁毒工作的重要依托和保障。同时，依法对吸毒人员予以必要的治疗、教育，做好其戒毒康复工作，也是禁毒工作取得成效的重要基础性工作。长期以来，在党和政府的领导下，我国禁毒工作卓有成效：禁毒宣传教育不断深化，全民拒毒、防毒意识普遍增强；戒毒实效进一步提高；打击毒品犯罪的专项斗争取得巨大成绩；禁毒国际合作得以不断拓展。

与禁毒工作不断深入相适应，禁毒法治工作也取得了长足进展，初步形成了基本适应禁毒工作需要的、多层次的法律体系。在惩治毒品违法犯罪方面，现行有效的法律主要是《中华人民共和国刑法》和《中华人民共和国治安管理处罚法》。刑法分则第六章第七节对走私、贩卖、运输、制造毒品，非法持有毒品，非法生产、买卖、运输制毒物品，非法种植毒品原植物，引诱、教唆、欺骗、强迫、容留他人吸食、注射毒品等涉及毒品的各种犯罪行为规定了严厉的刑事处罚。治安管理处罚法也对非法种植少量毒品原植物，非法持有少量毒品，吸食、注射毒品等毒品违法行为规定了行政处罚。在毒品管制方面，现行有效的法律主要有《中华人民共和国药品管理法》，行政法规有国务院《麻醉药品和精神药品管理条例》《易制毒化学品管理条例》等，规章有公安部《易制毒化学品购销和运输管理办法》、原国家食品药品监督管理局《麻醉药品和精神药品经营管理办法（试行）》等。在戒毒方面，行政法规有《戒毒条例》，规章有公安部《公安机关强制隔离戒毒所管理办法》等。此外，很多省和一些设区的市的人大常委会、人民政府还根据有关法律、行政法规，结合本地方禁毒工作的实际情况，制订了相当数量的关于禁毒的地方性法规、地方性规章。在禁毒国际合作方面，我国签署和加入了一系列关于禁毒的国际公约，如《联合国禁止非法贩运麻醉药品和精神药物公约》《1961 年麻醉品单一公约》《1971 年精神药物公约》等。在上述禁毒法制工作取得成绩的基础上，制定一部专门的禁毒法律，进一步完善禁毒法律体系，是推进禁毒工作不断深入的重要举措。

第二，保护公民身心健康、维护社会秩序是制定禁毒法的重要目的。

一方面，毒品严重危害公民身心健康。就吸毒者个体来说，毒品直接损害吸毒者的身心健康，破坏吸毒者正常的生理机能和免疫功能等人体机能：严重损害心、肝、肾等重要器官，严重者可致死；严重损害神经系统，引起脑栓塞、脑脓肿、脊髓炎、周围神经炎等；严重损害人体免疫系统，导致吸毒者易感染各种传染性疾病；严重损害性功能。作为一个社会问题，吸毒不仅对吸毒者本人造成身心健康的损害，更祸及家庭、亲友乃至社会。由于吸毒成瘾者对毒品有难以摆脱的依赖性，为了获得毒品，往往不择手段，例如有的吸毒者以贩养吸，不断发展新的吸毒者供自己吸食，有的以卖淫等手段筹措毒资，从而致使吸毒人群不断扩大，艾滋病等恶性传染病不断扩散。据不完全统计，我国在册吸毒人数逐年上升：1990 年在册吸毒人数为 7 万人，1994 年为 25 万人，2003 年为 105.3 万人，2018 年为 240.4 万人。如果按国际通行的估算标准，一个吸毒者周围有隐性吸毒者 5 名至 10 名，那么我国的隐性吸毒人数则是极为惊人的。从 20 世纪 80 年代到 2005 年 9 月底，我国因吸毒死亡的人数已有 49378 人。吸毒导致艾滋病等传染性疾病扩散的问题也非常严重，全国登记在册的吸毒人员中有相当比例人员患有各种传染病。截至2007年10月底，在国家累计报告的223501例艾滋病病毒感染者中，42%的感染者是因静脉注射毒品。静脉注射毒品居艾滋病传播途径的首位。一项来自中国疾病预防控制中心的专家研究报告提出，根据对艾滋病病毒毒株的结构变异、蔓延方式的分析，我国艾滋病源自1989年云南某州的146名吸毒者。由此可见，预防和惩治毒品违法犯罪行为，不仅关系到吸毒者本人的健康，而且关系到全社会的公共健康。

另一方面，毒品的严重危害不仅在于损害公民身心健康，毒品问题还是诱发其他刑事犯罪和社会治安问题的温床。吸毒人员以贩养吸、以盗养吸、以抢养吸、以骗养吸、以娼养吸现象严重，一些地区抢劫、抢夺和盗窃案件中60%甚至80%是吸毒人员所为。

可以说，毒品已经严重危害人民群众身心健康，影响社会治安稳定和社会主义现代化建设。依法开展禁毒工作关系到全面建设小康社会战略目标的实现，关系到构建社会主义和谐社会的进程，关系到国家安危和民族兴衰。根据《2018年中国毒品形势报告》，禁毒工作主要是深入推进以打击制毒犯罪、打击贩毒犯罪和管控制毒物品、管控吸毒人员为重点的“禁毒2018两打两控”专项行动；推进禁毒重点整治和示范城市创建等重点工作，持续深化毒品预防宣传教育，推动禁毒人民战争取得重要阶段性成果。大力开展打击制毒犯罪专案工作，严厉打击了制造合成毒品犯罪活动；创新完善堵源截流工作机制，有力遏制了毒品入境内流；集中打击网络涉毒违法犯罪活动，有效遏制了网上涉毒问题的快速蔓延；深入实施青少年毒品预防教育工程，有效减缓了新吸毒人员滋生；积极推进社区戒毒社区康复工程，有效减轻了毒品社会危害；持续深化禁毒重点整治工作，彻底扭转了一些地方毒品问题严重态势；务实开展禁毒国际合作，深度参与国际缉毒事务和跨国禁毒执法行动，有力服务了禁毒斗争全局。2018 年，共破获毒品犯罪案件 10.96 万起，抓获犯罪嫌疑人 13.74 万名，缴获各类毒品 67.9 吨；查处吸毒人员 71.7 万人次，处置强制隔离戒毒 27.9 万人次，责令社区戒毒、社区康复 24.2 万人次。

相关规定

《中华人民共和国立法法》第 8 条；《2018 年中国毒品形势报告》

第二条　本法所称毒品，是指鸦片、海洛因、甲基苯丙胺（冰毒）、吗啡、大麻、可卡因，以及国家规定管制的其他能够使人形成瘾癖的麻醉药品和精神药品。

根据医疗、教学、科研的需要，依法可以生产、经营、使用、储存、运输麻醉药品和精神药品。

条文主旨

本条是关于毒品定义的规定。

立法背景

世界各国对毒品没有统一的定义，毒品一词的内容和含义随着时代、国家、民族、经济、文化等不同而不断变化。比如，氯胺酮、阿拉伯茶、咖啡因等，在不同的时代、不同的国度、不同的民族中其含义是不同的。随着时代的发展，国际社会对于作为毒品加以严格管制的物品范围不断扩大。从世界范围来看，毒品滥用已经远远不限于鸦片、海洛因、可卡因等传统毒品，越来越多的“新型毒品”，如冰毒、摇头丸、K 粉等，以及一些临床用麻醉药品、精神药品的滥用呈不断增多的趋势。从法律上对毒品的定义加以明确规定，对于准确揭示毒品的危害性，有关部门准确适用法律，打击毒品违法犯罪行为，加强毒品管制是十分必要的。

条文解读

本条分为两款。第一款是关于毒品定义的规定。根据本款的规定，正确理解毒品的含义和范围，需要从毒品的自然属性和法律属性两个方面把握。第一，毒品的自然属性是指毒品本身所具有的物理、化学性状及其对人体所产生的作用。毒品的物理、化学属性因毒品种类的不同而各有差异，如海洛因与甲基苯丙胺在物理特性、化学成分等各方面都是不同的。毒品的物理、化学属性是进行毒品鉴定和鉴别的依据。而毒品对人体的作用，实际上也就是毒品对人体身心健康的损害，也是国家之所以对毒品加以严厉禁止的原因所在。毒品对人体的作用具体表现为对人体的毒害性和使人体对其产生依赖性。毒品是一种对人体有毒害性的物质，在一定条件下，可以引起人体各种急、慢性中毒，严重时可以致人死亡。本条关于毒品的定义中，虽然没有直接揭示毒品的毒害性，但从法律所明确列举的毒品的种类如鸦片、海洛因、甲基苯丙胺、吗啡、大麻、可卡因等，都是对人体有明显毒害作用且毒害性为人们所熟知的毒品。而本款关于“国家规定管制的其他能够使人形成瘾癖的麻醉药品和精神药品”的规定，则要求其他类型的毒品在属性上要与明确列举出来的几类毒品危害性相当。因此，毒害性是毒品的自然属性之一。而毒品最重要的自然属性，是使人体对其产生依赖性，即毒品能够使人形成瘾癖。能不能使人产生依赖性，是区分毒品和一般药品的重要依据。毒品的依赖性源于其独特的物理化学特性，人一旦吸毒成瘾，很难戒除。毒品的依赖性一是表现为生理依赖性，吸毒者一旦成瘾，必须连续使用并有加大剂量的趋势。一旦停止使用毒品，就会出现生理机能异常，一般称为戒断症状。毒品的依赖性更重要的表现为心理依赖性，吸毒成瘾者对毒品有不可抗拒的心理需求和强烈的心理依赖。毒瘾发作会使吸毒者不择手段地寻求毒品以满足生理和心理需要。毒品的依赖性也是毒品会产生严重社会危害的根源所在。

第二，毒品的另一个重要特性就是其法律属性。毒品的法律属性可以概括为受管制性和非法使用性。毒品不仅是能够使人形成瘾癖的具有毒害性的物品，它还是国家依法实行管制的物品。仅仅具有毒害性和依赖性，而没有被国家列入管制范围的物品，在法律上不属于毒品。例如，香烟、酒精等同样具有一定的毒害性和依赖性，但我国并未将它们列入管制之列，它们只是一般嗜好品。而大麻在我国依法受到管制，属于毒品，但在一些欧洲国家，大麻并没有被列入管制物品，因而在当地不属于被查禁之列。毒品的非法使用性是指其被用于非法目的，如非法贩卖、非法使用等。因为毒品本身种类很多，其药理作用很复杂，有的具有一定的药用价值，有的本身就是药品。事实上，人们相对比较熟悉的传统的毒品，如海洛因、吗啡，最初就是作为药品制造和使用的，只是后来发现其严重的毒副作用后才不再使用直至严厉禁止。随着近年来世界各国对传统毒品打击力度的不断加大，一些使用所谓“新型毒品”的行为出现抬头和蔓延的趋势。根据《2018年中国毒品形势报告》，毒品市场花样多，新类型毒品不断出现，为吸引消费者、迷惑公众，一些毒贩不断翻新毒品花样，变换包装形态，“神仙水”“娜塔沙”“0号胶囊”“氟胺酮”等新类型毒品不断出现，具有极强的伪装性、迷惑性和“时尚性”，以青少年在娱乐场所滥用为主，给监管执法增加了难度。据国家毒品实验室检测，全年新发现新精神活性物质31种，新精神活性物质快速发展蔓延是目前全球面临的突出问题。这些“新型毒品”中很多本来就是用于临床医疗或者科学研究用途的药品，对这些药品不可能因噎废食，完全禁止生产和使用。在联合国有关禁毒的公约中，也一再强调麻醉药品、精神药品对于维护人类健康的作用，在医疗、科研中使用是必要的，但必须予以严格的管理，防止其流入非法渠道。麻醉药品和精神药品如果脱离国家的管制，在非法领域里进行生产、制造、买卖、使用，就是通常意义上所说的毒品。如上所述，国家实行管制的麻醉药品、精神药品如果流入非法渠道，就属于本法所说的毒品。但是，麻醉药品、精神药品毕竟也属于特殊的药品，在临床医疗、科学研究等领域有其重要的使用价值。国家对其实施严格管制的目的，就是要做到既不妨碍医疗、教学、科研活动的正常进行，又能防止其流入非法渠道和用途。

本款具体列举了一些常见的传统毒品和合成毒品，主要有：

1. 鸦片。医学名为阿片，俗称大烟、烟土、阿芙蓉等，是从罂粟植物中提取的麻醉药品，是传统毒品。鸦片主要由生物碱、糖、蛋白质、类脂化合物及水等成分所组成。鸦片膏中含有多达40种生物碱，主要是吗啡，含量为4%—21%，平均为

10%。其他生物碱含量较多的毒品包括可待因、蒂巴因、那可汀和罂粟碱。常见的鸦片品种：(1) 生鸦片，割开罂粟未成熟的蒴果后流出的白色浆汁凝结成的深褐色膏状物；(2) 精制鸦片，又称熟鸦片，是生鸦片用水浸泡，加热、过滤去杂质后凝结成的深褐色块状物，久放成黑色硬块状，通常包装在薄布或塑料纸中，吸食时可发出强烈的香甜气味；(3) 鸦片制品，系供医疗使用的制剂，常见的有鸦片粉、鸦片酊、鸦片液及阿片片，主要用于止痛及止泻；(4) 罂粟壳，即去浆汁及籽后剩余的蒴果壳，其吗啡含量为0.02%—0.05%，虽有一定的止痛、止泻作用，但长期食用仍会成瘾；(5) 卡苦，由芭蕉叶纤维晒干、切丝，浸入鸦片液体后，晾干而成的老式烟丝状黑色物。

2. 海洛因。医学名为二乙酰吗啡，俗称白粉、白面，主要为白色柱状结晶或结晶性粉末。海洛因具有镇痛、镇静、镇咳、平喘、缩瞳、催吐、抑制呼吸、精神欣快、影响内分泌等作用，可经消化道、黏膜和肺等途径吸入，可引起呼吸衰竭，导致死亡。使用后有短暂的欣快感，疼痛消失，迅速出现头昏、乏力、眼花、心慌、呼吸困难、肢体湿冷、紫绀、昏迷、瞳孔缩小，对光反射消失等症状。海洛因的致死量为0.12克至0.15克。

3. 甲基苯丙胺。又称为去氧麻黄碱、甲基安非他明。甲基苯丙胺碱无色、透明，是合成毒品。常见的固体是甲基苯丙胺盐酸盐，为无色透明结晶体，形似冰，所以又名“冰毒”。少量服用表现为精神振奋、清醒、机敏、话多、兴致勃勃、思维活跃、情绪高涨，而且长时间工作或学习无疲劳感、无饥饿感。长期滥用可造成慢性中毒、体重下降、消瘦、溃疡、脓肿、指甲脆化和夜间磨牙。静脉注射方式滥用者可引起各种感染合并症，包括肝炎、细菌性内膜炎、败血症和艾滋病等。严重者出现精神错乱、性欲亢进、焦虑、烦躁、幻觉状态。思维方面从最开始的多疑、敏感发展为偏执观念或妄想，并伴有相应的情绪变化。在妄想支配下滥用者可能采取自杀或杀人等暴力行为。过量使用冰毒可导致急性中毒甚至死亡。根据《2018年中国毒品形势报告》，冰毒成为滥用“头号毒品”，在240.4万名现有吸毒人员中，滥用冰毒人员为135万名，占56.1%，冰毒已取代海洛因成为我国滥用人数最多的毒品。

4. 吗啡。吗啡是白色结晶或白色结晶性粉末，是传统毒品。常见品种有：（1）吗啡碱，从鸦片中直接提取的生物碱，在毒品交易中常被称作“黄皮”“黄砒”等，其中吗啡含量为60%—70%，呈浅咖啡色，有鸦片气味，呈细粒状；（2）粗制吗啡，在毒品交易中常被称作“1号海洛因”，其中盐酸吗啡的含量为70%—90%，颜色有深褐色、米色和白色等，呈粉末状或块状；（3）吗啡片，合法生产的麻醉药品，有盐酸吗啡、硫酸吗啡之分，颜色有米色或黄色，呈片状。吗啡是鸦片中最主要的生物碱，因而吗啡的中毒症状、成瘾症状及戒断症状多与鸦片相似。吗啡的毒性主要表现在对中枢神经系统的抑制作用上，对呼吸中枢的麻痹作用为致死的主要原因。急性中毒表现为颜面潮红、疲倦、眩晕、恶心、呕吐、动作不协调、状如酒醉、意识朦胧、昏迷、反射消失，体温、血压下降，两侧瞳孔缩小如针尖样大、脉弱不规则、呼吸浅慢或出现潮式呼吸，多在中毒6—8小时发生肺水肿和呼吸麻痹而死。

5. 大麻。大麻是一年生植物，含有400多种化学物质，其中有60多种具有类似的化学特性，因此被统称为大麻素，是传统毒品。通常用于吸食的大麻植物是指“印度大麻”，它包括大麻植物的叶和花。大麻植物花蕊中能产生一种富含液汁且富含大麻素的树脂，采集并干燥的树脂经过加热或压紧制成黄棕色、褐红色到黑色等颜色各异的大麻脂，可像大麻植物一样吸食。采用石油醚、乙醇等有机溶剂可以从大麻植物或大麻脂中提取大麻素，并获得深棕色或深绿色的黏稠液体——大麻油。大麻可让使用者产生愉悦感，改变心境以及对事物的主观感受，损伤思考及问题解决能力，大剂量使用可造成幻觉、妄想、精神失常。在身体方面，短期使用效果包括镇静、充血、心跳加快、肺部刺激咳嗽、食欲增加以及血压降低等。而吸食大麻的人会出现严重的健康问题，如支气管炎、肺气肿和支气管哮喘。长期大剂量使用大麻可引起脑退行性变化的脑疾病、严重的行为损伤、免疫系统抑制和神经疾病等。长期服用高剂量的大麻，一旦停吸后会导致身体戒断症状，包括头痛、颤抖、出汗、胃痛和恶心。戒断症状还包括一些行为症状，如坐立不安、易怒、睡眠障碍、食欲下降等。大麻依赖以心理依赖为主，躯体依赖较轻，不易产生耐受性。根据《2018 年中国毒品形势报告》，大麻滥用继续呈现上升趋势，截至 2018 年年底，全国滥用大麻人员为 2.4 万名，同比上升 25.1%，在华外籍人员、有境外学习或工作经历人员及娱乐圈演艺工作者滥用出现增多的趋势。

6. 可卡因。又称为苯甲酰甲基芽子碱、甲基苯甲酰爱冈宁、古柯碱，是一种从古柯树叶中提取出来的生物碱，是传统毒品。可卡因纯品（可卡因碱）为无色或白色薄片晶体或粉末，味苦而麻，有辣痛和麻痹感。常见的可卡因盐类主要有盐酸可卡因和硫酸可卡因。盐酸可卡因为无色晶体或白色结晶性粉末，味苦，置舌尖上能引起麻木感。过量吸食可卡因会引起震颤、眩晕、肌肉痉挛、激动不安、被迫害感、头痛、出冷汗、面色苍白、脉搏微弱且急促、恶心、呕吐、昏迷等不良反应。长期吸食可卡因，会引起紧张、兴奋、极度激动不安、敏感度加强、情绪波动、无法入睡、性无能、反射作用加强、食欲减退、精神紊乱、筋疲力尽。大剂量服用可卡因则会抑制心肌而引起心力衰竭，并严重抑制脑部的呼吸中枢，导致精神错乱、呼吸浅急及不规律、抽搐、惊厥和失去知觉，进而引致死亡。

考虑到法律无法列举所有的毒品，因此除本款列举的毒品以外，毒品还包括国家规定管制的其他能够使人形成瘾癖的麻醉药品和精神药品。能够使人形成瘾癖的麻醉药品和精神药品的具体范围，需要结合国家关于毒品管制的具体规定确定。实际上世界各国通常都是采用不定期公布被管制药物清单的方法来确认麻醉药品和精神药物的范围的。根据《麻醉药品和精神药品管理条例》的规定，我国对麻醉药品和精神药品实行目录管理。麻醉药品和精神药品的目录，由国务院药品监督管理部门会同国务院公安部门、国务院卫生主管部门制定、调整并公布。因此，毒品的实际范围是开放性和动态的。随着新药的不断开发，对在医疗使用中发现某些药物具有依赖性，可能造成滥用的危害的，将随时被列为新的受管制药物。《麻醉药品和精神药品管理条例》明确规定，对于上市销售但尚未列入目录的药品和其他物质或者第二类精神药品发生滥用，已经造成或者可能造成严重社会危害的，国务院药品监督管理部门会同国务院公安部门、国务院卫生主管部门应当及时将该药品和该物质列入目录或者将该第二类精神药品调整为第一类精神药品。按照我国有关主管部门公布施行的《麻醉药品品种目录》和

《精神药品品种目录（2013 年版）》，国家实行管制的麻醉药品共 121 种，一类和二类精神药品共 149 种。

此外，针对虽未作为药品生产和使用，但具有成瘾性或者成瘾潜力的物质，在实践中越来越多被滥用的实际情况，公安部、原国家食品药品监督管理总局、原国家卫生和计划生育委员会和国家禁毒委员会办公室根据禁毒法和《麻醉药品和精神药品管理条例》，联合制定了《非药用类麻醉药品和精神药品列管办法》，根据该办法发布《非药用类麻醉药品和精神药品管制品种增补目录》，并负责目录的调整。按照上述规定，对于麻醉药品和精神药品按照药用类和非药用类分类列管。除麻醉药品和精神药品管理品种目录已有列管品种外，新增非药用类麻醉药品和精神药品管制品种在上述增补目录中列示。对于非药用类麻醉药品和精神药品发现医学用途，调整列入药品目录的，不再列入非药用类麻醉药品和精神药品管制品种目录。各级公安机关和有关部门依法加强对非药用类麻醉药品和精神药品违法犯罪的打击处理。

本条第二款是关于在医疗、教学、科学研究中依法可以生产、经营、使用、储存、运输麻醉药品和精神药品的规定。

本条第一款规定了国家规定管制的麻醉药品、精神药品属于毒品，而第二款又考虑到医疗和科学研究中使用麻醉药品和精神药品的实际需要，规定“根据医疗、教学、科研的需要，依法可以生产、经营、使用、储存、运输麻醉药品和精神药品”。这样，一方面肯定了麻醉药品和精神药品可以作医疗、教学、科学研究之用，另一方面明确了医疗、教学、科学研究使用麻醉药品和精神药品，应当严格按照国家有关麻醉药品和精神药品管制的法律、法规规定的程序、条件进行。我国有关麻醉药品和精神药品管制的法律规定，主要是《中华人民共和国药品管理法》和国务院制定的《麻醉药品和精神药品管理条例》。《中华人民共和国药品管理法》第一百一十二条规定："国务院对麻醉药品、精神药品、医疗用毒性药品、放射性药品、药品类易制毒化学品等有其他特殊管理规定的，依照其规定。"国务院根据药品管理法的规定，制定了《麻醉药品和精神药品管理条例》，对麻醉药品和精神药品从原植物的种植、实验研究和生产、经营、使用、储存、运输等各个环节及审批程序和监督管理等方面作了严格规定。实践中，有关单位和个人在依法从事与麻醉药品和精神药品有关的生产、经营、使用、储存、运输活动时，必须严格按照国家法律、法规规定的程序和条件进行，防止麻醉药品和精神药品流入非法渠道和非法用途。

相关规定

《中华人民共和国刑法》第357条；《中华人民共和国药品管理法》第112条；《中华人民共和国执业医师法》第25条；《麻醉药品和精神药品管理条例》第3条；《麻醉药品和精神药品品种目录》(2013年版)；《2018年中国毒品形势报告》

第三条 禁毒是全社会的共同责任。国家机关、社会团体、企业事业单位以及其他组织和公民，应当依照本法和有关法律的规定，履行禁毒职责或者义务。

条文主旨

本条是关于禁毒社会责任的规定。

立法背景

当前，传统毒品尚未禁绝，合成毒品变异加快，新型毒品不断出现，极具伪装性和迷惑性。更应该引起重视的是，在网络越来越发达背景下，毒品销售逐渐网络化，交易手段也更加隐蔽，吸、贩毒活动不再单纯局限于歌厅等娱乐场所，已经蔓延到社会的多个角落。毒品的危害在于不仅损害吸毒者本人的身心健康，累及吸毒者家庭、亲友，而且造成传染病流行，危及公共健康；引发刑事犯罪和违法行为，影响社会治安秩序和社会健康发展。毒品的危害可以简单概括为“毁灭自己，祸及家庭，危害社会”。毒品及其所引发的问题困扰着几乎当今世界各个国家，毒品问题已经成为严重的社会问题。一个毒品泛滥的社会，任何成员都可能遭受其不利影响。禁毒工作是一项非常特殊、任务艰巨的系统工作，由于涉及各行各业和千家万户，需要全社会关注、人人参与。禁毒工作关系到全社会的共同利益，全体社会成员都应当自觉承担起禁毒的责任。国家机关、社会团体、企业事业单位以及其他组织和公民，应当依法履行禁毒职责或者义务，切实增强抓好禁毒工作的社会责任感，广泛深入开展禁毒宣传和毒品预防教育，统筹运用法律、行政、经济、教育、文化等各种手段，充分调动社会力量积极参与，不断提升公众识毒、防毒、拒毒的意识和能力，形成全社会关心支持禁毒工作的氛围。

条文解读

强调禁毒是全社会的责任，是对近年来我国禁毒工作有益经验的总结。做好禁毒工作首先需要有关国家机关切实履行好各自的禁毒职责。毒品问题是一个复杂的社会问题，需要采用综合治理的手段。解决毒品问题，做好禁毒工作，涉及社会管理的各个方面，涉及各个职能部门。除了负有禁毒专门职责的各个国家机关要切实履行自己的职责，充分发挥禁毒专项职能作用外，其他各个有关国家机关，要克服那种认为禁毒主要是公安司法机关的职责，自己只是做好配合工作的错误认识，要深刻认识到禁毒工作对于实现全面建成小康社会战略目标，构建社会主义和谐社会，实现“两个一百年”奋斗目标的重要意义，正确处理好自己的日常工作与所分担的禁毒工作的关系，切实履行好各自与禁毒有关的职责。

做好禁毒工作还需要各社会组织、全体公民自觉履行各自的禁毒义务。走群众路线是我们各项事业取得成功的重要法宝，禁毒工作要真正落到实处，取得实效，不能仅靠国家职能部门单打独斗，还有赖于所有企事业单位等社会组织和全体公民积极履行自己的义务。只有全体社会组织、公民积极参与禁毒工作，依法履行各自的禁毒义务，国家职能部门的禁毒专门工作的基础才能够牢靠。禁毒法根据我国开展禁毒斗争的经验，强化了企事业单位等社会组织和公民个人在禁毒方面的义务。例如，在禁毒宣传教育方面，《中华人民共和国禁毒法》规定：工会、共产主义青年团、妇女联合会应当结合各自工作对象的特点，组织开展禁毒宣传教育；学校应当将禁毒知识纳入教育、教学内容，对学生进行禁毒宣传教育；新闻、出版、文化、广播、电影、电视等有关单位，应当有针对性地面向社会进行禁毒宣传教育；飞机场、火车站、长途汽车站、码头以及旅店、娱乐场所等公共场所的经营者、管理者，负责本场所的禁毒宣传教育；国家机关、社会团体、企事业单位以及其他组织，应当加强对本单位人员的禁毒宣传教育；居民委员会、村民委员会应当协助人民政府以及公安机关等部门，加强禁毒宣传教育；未成年人的父母或者其他监护人应当对未成年人进行毒品危害的教育，防止其吸食、注射毒品或者进行其他毒品违法犯罪活动；等等。在毒品管制方面，根据禁毒法的规定，有关麻醉药品药用原植物种植单位、麻醉药品和精神药品生产、经营、使用、储存、运输单位都有依法进行相关生产经营活动，防止麻醉药品和精神药品流入非法渠道的义务。在戒毒工作方面，禁毒法规定了社区戒毒、戒毒治疗和社区康复等制度。为了我们的明天和民族的未来，为了实现“两个一百年”奋斗目标和中华民族伟大复兴的中国梦，我们每一个人都应该积极关心支持、主动参与禁毒工作，我们不仅要提高自身防毒、识毒、禁毒的能力，更要把毒品的危害和禁毒知识告诉身边的亲友，在自己的家庭和周围，在社会筑牢毒品“防火墙”，真正做到“抵制毒品，参与禁毒”，只有全社会齐心协力，才能形成全民禁毒的氛围，为净化社会环境，维护社会稳定，尽自己所能为社会禁毒工作出一份力。

相关规定

《中华人民共和国禁毒法》第11—18条；《全民禁毒教育实施意见》

第四条 禁毒工作实行预防为主，综合治理，禁种、禁制、禁贩、禁吸并举的方针。

禁毒工作实行政府统一领导，有关部门各负其责，社会广泛参与的工作机制。

条文主旨

本条是关于禁毒工作方针和工作机制的规定。

立法背景

20 世纪 80 年代，毒品重新流入我国，使曾经一度绝迹数十年的毒品问题死灰复燃。我国政府秉持严厉禁毒的一贯立场，展开相应的禁毒工作。为了使全国禁毒工作有纲可循，1991 年，在总结十多年禁毒工作实践的宝贵经验基础上首次提出我国的禁毒工作方针，即“禁吸、禁贩、禁种并举，堵源截流，严格执法，标本兼治”，以作为一段时期内我国禁毒工作的指导准则。随着新型毒品问题日趋严重的新形势，对禁毒工作方针作出相应调整，将“禁制”纳入禁毒工作方针内容，形成“禁吸、禁贩、禁种、禁制并举，堵源截流，严格执法，标本兼治”的禁毒工作方针。上述禁毒工作方针的重点是以打击毒品违法犯罪为主，体现在实践中则是更多地依赖禁毒执法部门开展禁毒工作，且偏向于对毒品违法犯罪的惩治。但随着禁毒工作的不断深入开展，人们认识到毒品问题的真正解决必须更加依赖于事先预防，这才是禁毒工作的根本。另外，禁毒工作是系统性的工程，不能仅靠打击和严禁手段，更需要综合应用社会的、经济的、文化的等各个方面的力量，形成多元禁毒主体共同参与的新局面。在这种新形势下，国家禁毒委员会在 2004 年召开的第四次全国禁毒工作会议上，对“99 禁毒”工作方针予以调整，确定了“禁吸、禁贩、禁种、禁制并举，预防为本，严格执法，综合治理”的禁毒工作方针。制定禁毒法时，在总结实践经验的基础上作了调整，使其更符合禁毒工作的规律：将预防放在首位，将综合治理的地位提前，按照禁种、禁制、禁贩、禁吸的自然顺序对“四禁”的排列顺序作了调整，形成了“预防为主，综合治理，禁种、禁制、禁贩、禁吸并举”的禁毒工作方针。坚持预防为主，综合治理，禁种、禁制、禁贩、禁吸并举的禁毒方针，建立政府统一领导，有关部门各负其责，社会广泛参与的禁毒工作机制，既是对我国禁毒工作实践经验的总结，也是借鉴国际上的有益做法。禁毒工作事关国家安危、民族兴衰、人民福祉，毒品一日不除，禁毒斗争就一日不能松懈。既要依法严厉打击毒品违法犯罪，加大重点地区整治力度，坚决摧毁制贩毒团伙网络，深挖涉毒黑恶势力及其“保护伞”，铲除毒品问题滋生蔓延的土壤；又要坚持关口前移、预防为先，重点针对青少年等群体，深入开展毒品预防宣传教育，在全社会形成自觉抵制毒品的浓厚氛围。

条文解读

本条共分为两款。第一款是关于禁毒工作方针的规定。根据本款的规定，禁毒工作必须坚持预防为主，综合治理，禁种、禁制、禁贩、禁吸并举的方针。禁毒工作之所以要坚持预防为主，综合治理，是因为毒品危害特性之一就是能够使人形成瘾癖，使人产生生理和心理的强烈依赖。毒品易沾难戒，一旦沾染上毒瘾，目前还没有有效的方法完全戒除。长期以来，我国政府一直将戒毒工作作为禁毒工作的一项重要内容，投入了大量的人力、物力，但事实证明收效甚微，吸毒人员戒毒治疗以后重新复吸率居高不下。针对这种情况，除了继续加大对戒毒工作的投入，积极探索新的戒毒方式方法，努力巩固戒毒康复成果，继续严厉打击毒品制造、贩卖等犯罪活动外，必须转变观念，将预防工作放在禁毒工作重中之重的位置。坚持预防为主，是禁毒工作的治本之策。做好毒品预防工作，就能够变被动为主动，大大减轻其他环节的压力。

坚持预防为主，一方面，需要切实重视禁毒宣传教育工作，要扎扎实实开展工作，做到形式多样、内容丰富、通俗易懂、注重实效。很多沾染毒品的吸毒者是出于对毒品危害的无知，因此必须通过加强禁毒宣传教育工作的力度，提高人民群众识毒、拒毒、防毒的能力，充分调动人民群众参与禁毒斗争的热情。在全社会倡导积极、健康的生活态度和生活方式，形成全民抵制毒品、参与禁毒的社会氛围，最大限度地减少毒品需求和危害，不断降低新吸毒人员滋生。只有这样，才能取得禁毒人民战争的胜利。近年来，有关部门、一些地方积极开展了形式多样的禁毒宣传教育活动。如编写《全民禁毒教育读本》，聘请社会公众人物担任禁毒宣传形象大使和义务宣传员，举办禁毒、防治艾滋病宣讲团骨干培训班，利用暑假组织大学生走村入户开展面对面的禁毒宣传工作，开展“社区青少年远离毒品行动”，在互联网上进行禁毒知识竞赛，深化面向吸毒高危人群的禁毒宣传教育活动，等等。事实证明，禁毒宣传教育不是可有可无的，通过这些卓有成效的宣传教育活动，人民群众参与禁毒斗争的热情高涨，初步形成了全民禁毒的浓厚氛围。例如，禁毒志愿者队伍不断壮大，服务领域不断拓宽。另一方面，群众举报毒品违法犯罪活动热情高涨。坚持预防为主，必须切实加强毒品管制工作，严格按照《中华人民共和国药品管理法》《麻醉药品和精神药品管理条例》《易制毒化学品管理条例》等法律法规的规定，建章立制，进一步规范和加强对麻醉药品药用原植物种植、麻醉药品和精神药品以及易制毒化学品的生产、经销、运输、储存、使用环节的管理，从源头上防止上述物品流入非法渠道，危害社会。坚持预防为主，必须进一步加强吸毒人员戒毒康复工作，鼓励吸毒人员自觉参加社区戒毒，对符合条件的吸毒成瘾人员及时予以强制隔离戒毒，落实被解除强制隔离戒毒人员的社区康复措施；加大对强制戒毒场所的投入，加强戒毒场所医疗技术人员的力量配备，积极开展戒毒科学研究，推广先进的戒毒方法。做好吸毒人员戒毒康复工作，有助于最大限度压缩和不断萎缩毒品消费市场，降低毒品造成的社会危害。

禁毒工作还必须坚持综合治理，坚持“禁种、禁制、禁贩、禁吸”四禁并举。毒品问题的发生、发展有一个非常复杂的成因，各种因素错综交织。做好禁毒工作，需要深入分析毒品问题发生的经济、社会根源，毒品情况发展变化的内在规律，准确把握全局，统筹兼顾，堵源截流，标本兼治，综合治理。综合治理，首先，要加强对毒品违法犯罪活动的打击力度，严格按照刑法等有关法律的规定，对贩毒集团、走私毒品等犯罪活动予以惩处，决不手软。其次，禁毒工作各有关职能部门要加强沟通协调，完善缉毒执法协作机制，在国家禁毒委员会统一领导下，协调、高效地开展禁毒工作。最后，在禁毒工作中要自始至终贯彻群众路线的方针，充分依靠和发挥基层组织的作用，调动各方面的积极因素。禁种、禁制、禁贩，是从源头上加强对毒品的管制，从而有效遏制毒品的泛滥；而禁吸则是致力于减轻毒品危害，减少新增吸毒人口，压缩毒品消费市场。两个方面相互促进、缺一不可。只有坚持四禁并举，禁毒工作才能取得实效。

本条第二款是关于禁毒工作机制的规定。根据本款的规定，禁毒工作实行政府统一领导，有关部门各负其责，社会广泛参与的工作机制。首先，禁毒法提出的这一工作机制，是长期以来我国禁毒工作实践不断探索的成果，是实践证明行之有效的经验总结。新中国成立以后之所以能够在很短的时间内基本禁绝毒品危害，就是因为有强有力的政府统一领导。政府统一领导，也充分表明了禁毒工作首先是政府的责任。我国当前面临的毒品形势严峻，毒情非常复杂，禁毒是一项长期、复杂、艰巨的系统工作，牵涉到经济社会生活的各个领域，必须有强有力的政府统一领导。其次，禁毒工作涉及诸多管理部门，各部门必须本着对国家、对人民、对历史高度负责的态度，依法履行各自承担的职责，不扯皮、不推诿，要充分发挥职能优势和专业优势，加强协调联动、资源整合、信息共享，形成有效的管理合力，着力打好禁毒人民战争整体仗、联手仗，共同把涉及禁毒的各项工作做好。最后，毒品问题是一个社会问题，解决社会问题，必须设法动员各种有用的社会资源，要加强禁毒社工力量和禁毒社会组织建设，积极支持和鼓励群众参与禁毒工作，鼓励社会资金参与禁毒公益事业，充分调动起社会各界参与禁毒斗争的积极性、主动性，努力形成全民参与、社会共治、群策群力、群防群治的良好局面。只有全社会都行动起来，禁毒工作才有扎实的群众基础，才能形成政府领导有力、各有关部门各负其责、社会各方积极参与的有效的禁毒工作机制。

相关规定

《全民禁毒教育实施意见》

第五条 国务院设立国家禁毒委员会，负责组织、协调、指导全国的禁毒工作。

县级以上地方各级人民政府根据禁毒工作的需要，可以设立禁毒委员会，负责组织、协调、指导本行政区域内的禁毒工作。

条文主旨

本条是关于禁毒委员会的设立及其职责的规定。

立法背景

禁毒法中明确规定国务院设立国家禁毒委员会，并明确禁毒委员会的职责为组织、协调、指导全国的禁毒工作，实际上是对我国长期以来禁毒工作领导体制的总结。我国的禁毒实践和国际禁毒斗争的经验表明，禁毒工作必须坚持强有力的统一领导。同时，禁毒工作几乎涉及政府管理的方方面面，从易制毒化学品的管理，到麻醉药品药用原植物的种植、麻醉药品、精神药品的科学研究、生产、运输、储存、使用等方面的管制，对走私、贩卖、运输、制造毒品行为的预防、查处和打击，再到禁毒宣传教育、吸毒成瘾人员戒毒康复工作等。只有所有这些相关部门切实履行自己的职责，相互配合、相互协作，形成管理合力，才能够将各项禁毒法律法规和禁毒工作落到实处。禁毒工作的复杂性决定了不可能采取那种设立一个专门机构专司禁毒的工作体制，而必须建立一种既能够有效整合各部门管理资源，形成管理合力，又能够及时协调部门间合作，统筹全局、指导各个相关部门的禁毒工作领导体制。早在1950年，政务院《关于严禁鸦片烟毒的通令》规定：“各级人民政府为使禁烟禁毒工作进行顺利，得设禁烟禁毒委员会。该会由政府民政、公安部门及各人民团体派员组织，民政部门负组织之责。”此后，国家设立过国家禁毒工作领导小组，1990年成立国家禁毒委员会，负责研究制定禁毒方面的重要政策和措施。关于国家禁毒委员会的职责和组成，也先后有多次调整。通过长期的探索，我国有效的禁毒工作领导体制已经初步形成。禁毒法以法律的形式将这种实践证明有效的禁毒工作领导体制确定下来，有利于国家禁毒委员会依法开展禁毒工作。

条文解读

本条共分为两款。第一款是关于国家禁毒委员会的设立及其职责的规定。根据本款的规定，国家禁毒委员会的职责是负责组织、协调、指导全国的禁毒工作。第一，国家禁毒委员会的工作范围是全国的禁毒工作而不是仅限于在中央层面开展工作。第二，国家禁毒委员会的工作职责和方式是组织、协调和指导。组织是指国家禁毒委员会根据禁毒工作的需要，负责筹划、领导和部署相关的禁毒专项工作、行动等事项。协调是指国家禁毒委员会依法对涉及多个部门的与禁毒有关的事项，进行统筹、协商和安排，理顺机制，解决矛盾，保证国家机关之间各负其责，相互协作。指导是指国家禁毒委员会根据禁毒工作的需要或者各相关部门的要求，对禁毒工作相关事项提出指导性意见，以促进有关部门依法履行禁毒职责。根据国务院有关现行的国家禁毒委员会组成的规定，国家禁毒委员会涉及公安、民政、财政、司法、卫生、教育、交通运输、人力资源和社会保障、工业和信息化、海关、宣传、军队等四十多个与禁毒工作有关的部门。禁毒法规定在国务院设立国家禁毒委员会，负责组织、协调、指导全国的禁毒工作，就是为了确立一个既能够从总体上把握国家禁毒工作全局，又能够通过卓有成效的组织、协调和指导工作，充分发挥各相关职能部门作用的，国家强有力的禁毒工作领导体制。

本条第二款是关于地方禁毒委员会的职责的规定。根据本款的规定，县级以上地方各级人民政府根据禁毒工作的需要，可以设立禁毒委员会，负责组织、协调、指导本行政区域内的禁毒工作。需要特别说明的是，法律规定县级以上地方人民政府根据禁毒工作的需要，可以设立禁毒委员会，而不是必须层层设立。根据禁毒工作需要，一是，根据本地方毒品形势和禁毒工作任务，如果毒情复杂、严重，禁毒工作任务较重，确有需要设立专门的禁毒委员会的，可以设立。二是，根据本地方在开展禁毒工作中，各与禁毒相关的部门开展工作的实际需要，如果认为需要加强组织、协调和指导工作，理顺工作机制的，也可以考虑设立专门的禁毒委员会。总之，决定机构设置的出发点是实际工作需要，要符合机构精简、效能的总体原则，而不是因人设事。没有设立禁毒委员会并不表示当地政府不重视禁毒工作，更不意味着当地的禁毒工作就没有机构负责组织、协调和指导。禁毒工作是各级人民政府重要的职责，没有设立禁毒委员会的地方，相关的组织、协调、指导工作应当由当地的人民政府承担。不论是否设立禁毒委员会，都应当把禁毒工作做好。

第六条 县级以上各级人民政府应当将禁毒工作纳入国民经济和社会发展规划，并将禁毒经费列入本级财政预算。

条文主旨

本条是关于禁毒工作纳入国民经济和社会发展规划，禁毒经费列入财政预算的规定。

立法背景

国民经济和社会发展规划是全国或者某一地区经济、社会发展的总体纲要，是具有战略意义的指导性文件，国民经济和社会发展规划统筹安排和指导全国或某一地区的社会、经济、文化建设工作。例如，《中华人民共和国国民经济和社会发展第十三个五年规划纲要（2016—2020 年）》，简称“十三五”规划，主要阐明国家战略意图，明确政府工作重点，引导市场主体行为，是 2016—2020 年中国经济社会发展的宏伟蓝图，是各族人民共同的行动纲领，是政府履行经济调节、市场监管、社会管理和公共服务职责的重要依据。地方各级人民政府也会根据本地区经济社会发展情况，制定本地区的国民经济和社会发展规划。例如，《北京市国民经济和社会发展第十三个五年规划纲要（2016—2020 年）》体现了北京市委市政府的战略意图，阐述了未来五年国民经济和社会发展的指导思想、发展目标、主要任务和重大举措，明确了政府工作重点，引导市场主体行为。禁毒工作本来就是政府公共管理和社会服务的一项重要内容，规定县级以上各级人民政府应当将禁毒工作纳入国民经济和社会发展规划，并将禁毒经费列入本级财政预算，有利于保证各级政府统筹规划、合理安排，做好禁毒工作。

条文解读

根据本条的规定，县级以上地方各级人民政府应当将禁毒工作纳入国民经济和社会发展规划，并将禁毒经费列入本级财政预算。国民经济和社会发展规划是国家和地方各级人民政府根据经济社会发展的要求，对未来规划期内国民经济和社会发展各主要方面所做的统筹部署和安排，是指导国民经济和社会发展的纲领性文件，是国家和地方各级人民政府加强和改善宏观调控的重要手段，也是政府履行经济调节、市场监管、社会管理和公共服务职责的重要依据。科学编制并组织实施国民经济和社会发展规划，有利于政府合理有效地配置公共资源，促进国民经济又好又快发展和社会全面进步。毒品问题是严重的社会问题，不仅严重危害公民身心健康，消耗社会财富，还引发大量社会问题，严重影响经济、社会的健康发展和稳定。毒品问题解决不好，将直接影响我们构建社会主义和谐社会，全面建成小康社会战略目标的实现。因此，必须高度重视禁毒工作，把禁毒工作作为经济和社会健康发展的大事来抓。为此，县级以上地方各级人民政府，应当根据本地区经济社会发展的实际情况以及禁毒工作的实际需要，将禁毒工作作为政府公共管理和社会服务的一项重要内容，纳入国民经济和社会发展总体规划，作为政府制定有关政策和年度计划的依据。有关部门还要根据总体规划的要求，制定有关禁毒工作的专项计划，作为政府制定相关政策、安排和部署相关工作的依据。同时，各级政府还要在相关规划中合理安排用于禁毒工作的财政预算，保证依照相关规划开展的禁毒工作有充足的经费保障。

相关规定

《国务院关于加强国民经济和社会发展规划编制工作的若干意见》

第七条　国家鼓励对禁毒工作的社会捐赠，并依法给予税收优惠。

条文主旨

本条是关于鼓励禁毒工作的社会捐赠和税收优惠的规定。

立法背景

毒品问题是严重的社会问题，也是世界性难题，具有长期性、复杂性、艰巨性等特点。在我国，经过长期不懈的禁毒斗争和禁毒人民战争，禁毒工作取得了一定的成效，但禁毒工作形势仍不容乐观，禁毒斗争任重而道远。禁毒工作既离不开各级党委、政府和有关部门的组织领导、齐抓共管，也离不开社会各界和广大人民群众的大力支持和积极参与。特别是在人力、物力、财力保障方面，各级党委和政府的投入已经很大，但与禁毒斗争的形势任务相比仍不适应，迫切需要动员社会各界的力量广泛参与和积极支持。鼓励一切社会组织和公民个人在力所能及的范围内，积极捐赠禁毒公益活动，是建立社会广泛参与的禁毒工作机制的一个重要方面，对参与社会公益活动捐赠的企业、单位和个人给予税收优惠，在税收征收管理法等有关法律中也都有明确规定。因此，法律明确规定，国家鼓励对禁毒工作的社会捐赠，并依法给予税收优惠。

条文解读

禁毒工作一直以来都是一项长期、艰巨、复杂的系统工程，需要动员全社会一切可以动员的资源，进行一场持久的禁毒人民战争。充分调动社会各方面参与禁毒工作的积极性，使社会组织和公民个人积极参与禁毒工作，形成全社会动员起来的良好禁毒氛围，是做好禁毒工作的重要保障。禁毒法也明确规定，禁毒工作实行政府统一领导，有关部门各负其责，社会广泛参与的工作机制。鼓励社会组织和个人积极参与禁毒公益事业的捐赠正是这种机制的一个方面。当然，禁毒工作所需要的经费主要应当由政府承担。应该说，国家每年投入的禁毒经费是巨大的，国家投入的大量禁毒经费有力地保障了各项禁毒工作顺利开展。但是，禁毒工作牵涉面极广，涉及查毒、缉毒、戒毒、宣传教育以及国际合作等方方面面的工作，客观上需要投入大量的人力、物力、财力。所谓“众人拾柴火焰高”，在坚持以国家投入为主体，切实保障各方面禁毒经费的同时，鼓励和支持社会组织和公民个人积极捐赠禁毒公益事业，也是相关禁毒公益事业经费来源必要和有益的补充。国家鼓励社会组织和公民个人捐赠禁毒公益事业，除了能够为相关禁毒公益事业增加经费外，还能够通过这种形式使社会公众积极参与禁毒事业，形成良好的全民禁毒的社会氛围。需要强调的是，根据《中华人民共和国公益事业捐赠法》的规定，捐赠是社会组织或者公民个人自愿和无偿的行为，任何单位和个人都不得强行摊派或者变相摊派，更不能借禁毒捐赠之名敛财。用于禁毒工作的社会捐赠应当由依法成立的与禁毒有关的公益性社会团体和公益性非营利的事业单位接受。与禁毒有关的公益性社会团体是指依法成立的，以发展禁毒公益事业为宗旨的基金会、慈善组织等社会团体。与禁毒有关的公益性非营利的事业单位是指依法成立的，从事禁毒公益事业的不以营利为目的的教育机构、科学研究机构、医疗卫生机构、社会福利机构等。境外捐赠禁毒公益事业的捐赠人要求县级以上人民政府及其部门作为接受人的，县级以上人民政府及其部门也可以接受捐赠，并依法管理捐赠财产。捐赠财产的使用应当尊重捐赠人的意愿，符合禁毒公益目的，不得将捐赠财产挪作他用。县级以上人民政府及其部门作为捐赠财产接受人的，可以将受赠财产转交公益性社会团体或者公益性非营利的事业单位；也可以按照捐赠人的意愿分发或者兴办公益事业，但是不得以本机关为受益对象。

社会组织和公民积极捐赠禁毒公益事业应当予以鼓励，包括给予税收优惠。对此，公益事业捐赠法和有关税收的法律中都有明确规定。例如，《中华人民共和国公益事业捐赠法》规定，公司和其他企业依照该法的规定捐赠财产用于公益事业，依照法律、行政法规的规定享受企业所得税方面的优惠；自然人和个体工商户依照该法的规定捐赠财产用于公益事业，依照法律、行政法规的规定享受个人所得税方面的优惠；境外向公益性社会团体和公益性非营利的事业单位捐赠的用于公益事业的物资，依照法律、行政法规的规定减征或者免征进口关税和进口环节的增值税；对于捐赠的工程项目，当地人民政府应当给予支持和优惠。《中华人民共和国企业所得税法》规定，企业发生的公益性捐赠支出，在年度利润总额 12% 以内的部分，准予在计算应纳税所得额时扣除。《中华人民共和国个人所得税法》规定，个人将其所得对教育、扶贫、济困等公益慈善事业进行捐赠，捐赠额未超过纳税人申报的应纳税所得额30%的部分，可以从其应纳税所得额中扣除。例如，中国禁毒基金会争取到国家税务总局的免税政策，对纳税人通过中国禁毒基金会的公益、救济性捐赠，在年度企业所得税应纳税所得额3%以内的部分或未超过申报的个人所得税纳税所得额30%的部分，准予在缴纳企业所得税或者个人所得税前据实扣除。

相关规定

《中华人民共和国禁毒法》第4条；《中华人民共和国公益事业捐赠法》第24—26条；《中华人民共和国企业所得税法》第9条；《中华人民共和国个人所得税法》第6条

第八条　国家鼓励开展禁毒科学技术研究，推广先进的缉毒技术、装备和戒毒方法。

条文主旨

本条是关于禁毒工作的科技研究的规定。

立法背景

毒品给人类带来的危害是全世界有目共睹的。为了抵制毒品的危害，各国政府采取各种方法，不惜花费大量人力物力研究新的科学技术来同毒品违法犯罪活动作不懈的斗争。我国也同样遭受毒品的侵害，毒品违法犯罪活动也越来越成为困扰我国经济发展、社会和谐与家庭稳定的严重问题。因此，我们必须采取认真和科学的态度来对待毒品问题。在强调教育公民要珍爱生命，远离毒品和加大司法机关对毒品违法犯罪活动的打击力度的同时，更应该加强对禁毒工作开展科学技术研究，运用各种先进的科学技术和方法开展禁毒工作。我们要清醒地认识到，同毒品违法犯罪活动的斗争，是一项长期和艰苦的工作，任何企盼在短期内彻底根除毒品危害的想法都是不现实的。在充分利用现有的禁毒方法的同时，通过不断研究和发现新的先进、科学的禁毒方法和手段，并及时、充分地在禁毒工作中加以利用，才能使我们的禁毒工作水平不断得以提高，沿着科学的道路不断前进。因此，我们必须认真踏实地开展禁毒的科学技术研究工作，不断提高我们禁毒工作的科技水平，使禁毒工作逐渐规范化和科学化。本条规定的“国家鼓励开展禁毒科学技术研究，推广先进的缉毒技术、装备和戒毒方法”，表明了国家对禁毒工作的重视程度以及采取长期有效的科学方法，同毒品违法犯罪活动进行坚持不懈的斗争的明确态度。

条文解读

本条规定了两个方面的内容：第一，国家鼓励开展禁毒科学技术研究。这一规定是指国家采取各种鼓励方法，提倡对禁毒工作开展科学技术研究，以不断提高我们禁毒工作的科技水平。其中“开展禁毒科学技术研究”，是指国家鼓励和提倡社会各方面，包括有关科研单位、技术部门和个人利用科学的方法，对禁毒工作开展全面的科学技术研究，寻找各种行之有效的科学的禁毒方法。禁毒工作主要包括以下几个方面：首先，及时发现毒品的生产地点，包括毒品的种植地、毒品的加工、制造窝点，并迅速将其铲除和捣毁。这是消除毒品源头的关键。如果能利用先进的卫星探测方法，或者其他科学方法去寻找毒品种植或生产窝点，或者加强对毒品原植物生长习性、种植环境、毒性特征、光谱特征的研究，构建“空天地”信息一体化的毒品原植物监测网络体系，提高推断、发现、铲除毒品原植物种植分布的能力；或者加强对易制毒化学品、麻醉药品、精神药品和新精神活性物质管控技术装备研发，开展易制毒化学品、麻醉药品、精神药品和新精神活性物质运输轨迹图模型与装备研究，实现对运输车辆行程及实际物品装卸的实时监控预警。开展麻醉药品、精神药品和新精神活性物质滥用监测及检验技术与装备研究，建立麻醉药品、精神药品和新精神活性物质滥用监测和预警体系，就能够及时发现并掌握麻醉药品、精神药品等的滥用情况，这样就可以大大强化对毒品违法犯罪活动的打击力度。这是我们进行科学技术研究的方向。其次，及时缉查走私贩卖毒品违法犯罪活动。这就更需要依靠先进的科学技术手段。可以说，当今的贩毒与缉毒，拼的就是科学技术。从目前掌握的资料表明，在我国，走私毒品和贩卖毒品的违法犯罪活动远比种植毒品原植物和毒品加工违法犯罪活动的情况严重得多。可见，如何利用先进的科学技术缉查和严厉打击走私毒品、贩卖毒品违法犯罪活动，是我们目前开展禁毒工作的重中之重。例如，开展毒品痕量检测技术研究，研发快速查缉人体体表、体内藏毒、箱包藏毒、交通工具藏毒的装备，特别是快速通过货物中的毒品查缉技术与装备；开发禁毒现场侦查装备与技术平台，特别是远程搜索定位、特定目标远距离侦查预判技术装备；加强毒品检验鉴定和吸毒检测技术装备研发；开展吸毒人员快速甄别技术研究等，加强这些方面的科学技术研究已经迫在眉睫，刻不容缓。最后，对吸毒人员采取先进的科学技术方法进行戒毒。现在对吸毒人员所采取的戒毒方法，主要是强制戒毒和药物辅助戒毒。其不足之处就是戒毒周期长，效果也不理想。研制出更加科学的戒毒方法，将更利于减少吸毒人员数量，缩减毒品的消费市场，从而进一步遏止毒品违法犯罪活动。由此可见，只有全面开展禁毒科学技术研究，才能使我们取得禁毒工作的最终胜利。

第二，推广先进的缉毒技术、装备和戒毒方法。这一规定是指对于在科学技术研究过程中得到的先进的缉毒技术、装备和戒毒方法，要及时在禁毒工作中推广运用，以促进禁毒工作的有效开展和尽可能快地收到效果。“先进的缉毒技术、装备”，是指司法机关在缉毒工作中所采取的各种技术、装备。这些技术、装备先进与否，关系到能否适应同毒品违法犯罪作斗争的需要，从某种程度上来说，也直接关系到我们的禁毒工作的成败。在各种涉及毒品违法犯罪的活动中，查缉毒品是司法机关对毒品违法犯罪活动取证和进一步将毒品违法犯罪嫌疑人绳之以法以及实现打击毒品违法犯罪活动目的的关键。利用传统的动物缉毒（包括缉毒犬）等方法，已经不能适应复杂的毒品查缉工作的需要。随着形势的发展，毒品违法犯罪分子所采取的各种运输、携带、藏匿毒品的方法，不断翻新。可以说，自毒品诞生之日起，贩毒与缉毒的斗争就一直没有停止过。毒贩为了将毒品偷运出、入境，总是挖空心思，采取千奇百怪的运毒方式，给司法机关查缉毒品工作带来种种困难和新的挑战。据有关资料表明，当前的贩毒方法主要有：（1）高新技术贩毒。例如，利用玩具大小的无人驾驶飞机贩毒，由地面无线电控制，并装有高清晰度摄像机、GPS 全球定位系统，可以准确飞到指定降落地点。如果载有毒品的飞机落入缉毒人员之手，还能启动自爆装置自爆销毁。即使专家采取扰乱无线电波的方法，擒获飞机，司法机关也很难查到真正的罪犯。(2) 化学溶剂贩毒。即采用现代科技方法，利用一些化学溶剂将毒品变成其他物质后，再利用这些含有毒品的物质制成其他制品，混过海关检查后，再将其还原成毒品。(3) 采取各种方法藏匿毒品。例如，利用洗衣粉藏毒品、溶液藏毒品、动物贩毒、交通工具夹层贩毒和人体藏毒等，可谓五花八门、无奇不有。面对如此千奇百怪甚至科技含量高的贩毒方式和手段，司法机关的缉毒侦查手段也必须适应形势的发展和需要。特别是在当今高新技术日新月异的时代，缉毒警察光靠一双雪亮的眼睛以及长年积累起来的老经验显然是不够的，还必须与时俱进，使用高科技缉毒装备，才能有效地提高战斗力和威慑力。如今，无论在国际还是在国内，一些高新技术已成了反毒机构的缉毒利器。例如，在我国云南边境安装了 X 光流动检测机；在厦门，警方装备了目前世界上最先进的便携式毒品探测仪，俗称“电子狗”等。这些先进的科学技术在缉毒工作方面的运用，无疑对查缉毒品违法犯罪活动，起到了很大的作用。但缉毒与反缉毒的形势是在不断发展和变化的，只有坚持不懈地研制和不断推广先进科学的缉毒技术和装备才能适应这种变化，才能在这场贩毒与缉毒的高科技战争中立于不败之地。也只有这样，才能使再狡猾的贩毒分子也逃脱不了处罚。“先进的戒毒方法”，是指利用先进、科学的方法对吸毒人员进行戒毒。传统的戒毒方法主要有三种：一是自然戒断法，即采取强制方法使吸毒人员与毒品隔绝，强迫其通过外界的控制和自身的克制来戒除毒瘾。因此种戒毒方法在戒断症状出现时，汗毛竖起，浑身起鸡皮疙瘩，状如火鸡皮，故称“冷火鸡疗法”，也叫干戒法。这是一种古老的戒断方法。戒毒者要有坚强的毅力忍受戒断症状的折磨。其特点是不用药，缺点是较痛苦。实践结果证明，这种方法对于吸毒时间不长、用量不大、毒瘾不严重者和有坚强毅力自愿戒毒者是可以的，而对严重毒瘾者并不适用。二是药物辅助戒毒，即在医生的指导下对吸毒人员适量地施用有效的戒断药物，以替代、递减的方法，减缓、减轻吸毒者戒断症状的痛苦，逐渐达到脱毒的戒毒方法。在药物戒断法中，阿片类替代疗法是临床治疗中最传统的又是最常用的和最有效的方法。目前，常用的替代药物有美沙酮、丁丙诺啡等。三是亚冬眠戒断法。即采用大剂量盐酸氯丙嗪为主的药品进行脱毒治疗，被称为“亚冬眠疗法”，简写为SHT。这种疗法特点是给吸毒者应用后，可以使其几天内一直处于昏睡，处于亚冬眠状态，使戒断症状在睡眠中度过，痛苦小，费用低。但是该疗法在治疗中有意识障碍、大小便失禁、兴奋躁动、呼吸抑制、肺部感染等不良反应，因此采用亚冬眠法治疗临床脱毒应慎重。除了上述几种戒毒方法外，目前国内外有些专家也在研究、探索一些新的戒毒方法，如脑手术戒毒、芯片戒毒等，以寻求更有效的方法将吸毒人员从毒瘾中解救出来。我国在戒毒工作方面采取的主要也是上述几种戒毒方法。目前，我国也正在加紧这方面的科学技术研究，期待更加科学的戒毒方法早日出现，使我国的戒毒水平不断提高。

第九条 **国家鼓励公民举报毒品违法犯罪行为。各级人民政府和有关部门应当对举报人予以保护，对举报有功人员以及在禁毒工作中有突出贡献的单位和个人，给予表彰和奖励。**

条文主旨

本条是关于公民举报毒品违法犯罪的规定。

立法背景

多年来，同毒品违法犯罪作斗争的实践证明，如何把禁毒工作引向以广大人民群众为主体的人民战争，简言之，就是禁毒工作坚持走群众路线，是夺取禁毒斗争胜利至关重要的环节。只有动员全社会的力量，并且将毒品违法犯罪分子置于过街老鼠、人人喊打的地步，禁毒工作才具有取得最终胜利的广泛群众基础。因此，打击毒品违法犯罪活动，不仅要靠司法机关和专门机构，更要依靠广大人民群众。本条的规定就是要调动广大人民群众积极参与同毒品违法犯罪活动的斗争。为动员全社会力量参与禁毒斗争，鼓励举报毒品违法犯罪活动，减少毒品社会危害，2018 年 8 月，国家禁毒委员会办公室、公安部、财政部联合印发《毒品违法犯罪举报奖励办法》。

条文解读

本条规定了以下三个方面的内容：第一，国家鼓励公民举报毒品违法犯罪行为。这一规定是指国家将采取各种方式，鼓励和推动公民积极举报毒品违法犯罪行为，敢于同毒品违法犯罪活动作斗争。当然，与毒品犯罪分子面对面的较量主要是公安司法机关的职责，但如果公民敢于积极举报毒品违法犯罪活动，将使公安司法机关能更及时、更有效地打击毒品违法犯罪活动。一方面，毒品违法犯罪活动对整个社会以及家庭和个人危害都是极大的，为了净化社会环境和减少毒品违法犯罪活动给社会、家庭和个人带来的危害，每个公民有义务和责任积极投身到同毒品违法犯罪活动的斗争中来。另一方面，仅靠公安司法机关打击毒品违法犯罪活动无论是从人员编制上，还是从现有装备来看都是有限的，只有发动广大人民群众积极参与同毒品违法犯罪活动的斗争，才能使毒品违法犯罪活动处于孤立无援的境地，并受到有效的遏止和及时的打击。从这个角度来说，广大人民群众积极参与同毒品违法犯罪活动作斗争，对打击毒品违法犯罪活动有着极其重要的作用和意义。为了便于公民举报毒品违法犯罪行为，《毒品违法犯罪举报奖励办法》规定，各级禁毒委员会办公室、公安机关应当指定、公布举报受理电话或者其他受理方式。直接向公安部举报毒品违法犯罪线索的，由公安部禁毒局作为指定受理机构。同时还规定，各级禁毒委员会办公室、公安机关应当及时受理群众举报，认真记录举报的方式、时间、内容以及举报人的身份信息、联络方式等基本情况，原始记录应作为奖励的重要依据，破案后及时兑奖。公安部、国家禁毒委员会办公室直接受理举报毒品违法犯罪线索后，应当认真填写《举报毒品违法犯罪案件登记表》，及时转交相关地区、部门核查。各级公安机关应当按照属地管辖原则对举报线索及时调查处理。

第二，各级人民政府和有关部门应当对举报人予以保护。这一规定是指各级人民政府对举报毒品违法犯罪活动的人员，应当积极采取各种措施，对举报人员的人身以及家庭等各方面进行安全保护。由于公民对毒品违法犯罪活动的举报，将会导致毒品违法犯罪分子受到司法机关的追究，并受到相应的法律制裁，因此毒品违法犯罪分子极有可能向勇于举报毒品违法犯罪活动的公民实施各种方式的报复，使举报人的人身安全和家庭成员的安全受到极大威胁。为了保护举报人的积极性和人身安全，鼓励公民同毒品违法犯罪活动作斗争，同时也为了打击毒品违法犯罪分子的嚣张气焰和防止违法犯罪分子的报复行为得逞，各级人民政府有关部门应当通力协作，做好对举报人的保护工作。保护工作的具体方法是多方面的，如对举报人的个人、家庭及有关亲属的情况（包括本人姓名、性别、家庭住址、电话、所在单位等以及一些有关其亲属的情况）及举报信息的来源等，采取各种有效的保密措施，防止泄露；在需要作证时根据案件情况可以对举报人采取一些保密性的技术处理，以及当违法犯罪分子对举报人实施报复行为时应当及时予以制止，并追究其相应的法律责任；等等。总的原则是只要有利于保护举报人的工作，各级人民政府都要积极地想办法，尽力做好，以避免毒品违法犯罪分子的报复行为得逞、挫伤举报人员的积极性。

第三，对举报有功人员以及在禁毒工作中有突出贡献的单位和个人给予表彰和奖励。这一规定是指各级人民政府对举报有功人员以及在禁毒工作中有突出贡献的单位和个人给予各种形式的表彰和奖励。其中“举报有功人员”，主要是指通过其对毒品违法犯罪活动的举报，对发现及抓获违法犯罪嫌疑人、侦破毒品犯罪案件给予了重要帮助的人员。“在禁毒工作中有突出贡献的单位和个人”，则主要是指负有禁毒工作职责的单位和个人，主要包括战斗在一线的公安、边防、海关等缉毒民警等。他们往往直接面对面地同毒品违法犯罪分子作斗争，并担负着严厉打击毒品违法犯罪活动的光荣使命。另外，也包括其他单位和公民积极协助司法机关破获毒品违法犯罪案件或者在抓获毒品违法犯罪分子过程中表现突出、英勇献身的情况。“给予表彰和奖励”，是指各级人民政府对在禁毒工作中的有功人员、有突出贡献的单位和个人，给予各种形式的表彰和奖励。“表彰”可以通过新闻媒体进行表彰宣传，或通过召开通报表彰大会、颁发荣誉证书等形式对有功人员进行表彰。“奖励”则包括给予适当的物质奖励。《毒品违法犯罪举报奖励办法》第七条规定：“举报毒品违法犯罪，给予一次性奖励。各地可参照下列标准，根据本地区实际情况予以调整：（一）缴获毒品、易制毒化学品数量分别以海洛因、麻黄碱为基准进行折算。（二）举报毒品犯罪活动或者线索，缴获毒品10克以下，奖励300元；缴获10克以上50克以下，奖励500元；缴获50克以上500克以下，奖励1000元；缴获500克以上1千克以下，奖励2000元；缴获1千克以上10千克以下，奖励2万元；缴获10千克以上20千克以下，奖励5万元；缴获20千克以上50千克以下，奖励10万元；缴获50千克以上100千克以下，奖励20万元；缴获100千克以上视情奖励不少于20万元。（三）举报毒品犯罪活动或者线索，缴获易制毒化学品1千克以下，奖励500元；缴获1千克以上5千克以下，奖励1000元；缴获5千克以上25千克以下，奖励2000元；缴获25千克以上50千克以下，奖励5000元；缴获50千克以上100千克以下，奖励2万元；缴获100千克以上300千克以下，奖励5万元；缴获300千克以上500千克以下，奖励10万元；缴获500千克以上1吨以下，奖励20万元；缴获1吨以上视情奖励不少于20万元。（四）举报制毒工厂的，每查处一家，根据抓获犯罪嫌疑人数、缴获毒品及制毒前体、配剂数量等情况，奖励2万元至20万元。（五）举报制毒物品、制毒设备等其他制毒线索破获制毒案件的，根据抓获犯罪嫌疑人数，缴获制毒物品、设备等情况，奖励1万元至10万元。（六）举报重大涉毒犯罪嫌疑人的，抓获公安部悬赏通缉毒贩，按照悬赏金额奖励；抓获公安部在逃人员信息库中毒贩，按照公安部追逃奖励办法奖励。（七）举报聚众吸食毒品人员的，查获3名以上不满5名的，奖励3000元；查获5名以上不满10名的，奖励1万元；查获10名以上的，奖励2万元。（八）举报吸食、注射毒品后驾驶机动车的，每抓获1人，奖励500元。（九）举报正在非法种植罂粟或大麻的，1亩以下每案奖励1000元；1亩以上的，每案奖励2000元；举报发现非法买卖、运输、携带、持有未经灭活的罂粟毒品原植物种子50克以上或罂粟幼苗5千株以上、大麻种子50千克或大麻幼苗5万株以上的，奖励1000元人民币；经举报人提供线索，公安机关抓获非法种植毒品原植物犯罪嫌疑人的，每抓获1人奖励2000元。（十）对符合多项奖励的同一举报，合计最高奖励金额不超过30万元。（十一）举报其他涉毒违法犯罪线索的，根据查证情况在上述奖励幅度内视情予以奖励。（十二）举报人或其所提供的举报信息在特别重大毒品案件侦办中，发挥重要作用或作出特殊贡献的，最高可奖励30万元。”建立对禁毒有功人员和单位的表彰奖励制度，是为了达到鼓励公民和单位积极同毒品违法犯罪活动作斗争的目的，特别是对在禁毒工作中付出鲜血和生命代价的有功人员，更应当大力表彰和宣传，借以在社会上树立起严厉打击毒品违法犯罪活动，同毒品违法犯罪活动作斗争的良好风气，以不断涌现出更多的勇于同毒品违法犯罪行为作斗争的先进人物和事迹。

相关规定

《毒品违法犯罪举报奖励办法》

第十条 国家鼓励志愿人员参与禁毒宣传教育和戒毒社会服务工作。地方各级人民政府应当对志愿人员进行指导、培训，并提供必要的工作条件。

条文主旨

本条是关于志愿人员参与禁毒宣传教育和戒毒社会服务工作的规定。

立法背景

如何做好禁毒工作是我们整个社会都必须面对和正视的问题。只有充分调动全社会的力量，才能使禁毒工作充分、顺利地展开并达到预期的效果。对全民进行有关禁毒知识的广泛宣传教育和普及毒品预防知识，以增强公民的禁毒意识，才能使毒品对社会、家庭和个人的危害人人皆知。而要做好禁毒宣传教育工作和戒毒社会服务工作，不能仅依靠人民政府和司法机关。在禁毒工作人力资源有限的情况下，调动人民群众中的踊跃人士组成志愿者队伍，积极投身到禁毒工作中去，不失为一种有效方式和好的办法。在志愿人员队伍中，来自社会各个方面的人员，可以深入社会的各个角落进行禁毒宣传教育和戒毒社会服务工作。禁毒工作走群众路线，就是充分体现了全民参与禁毒工作的重要方针。这也是我们做好禁毒工作的重要法宝。

条文解读

本条规定了以下两个方面的内容：第一，国家鼓励志愿人员参与禁毒宣传教育和戒毒社会服务工作。这一规定是指国家提倡和鼓励自愿参与禁毒工作的积极分子组成志愿人员，深入社会的各个方面进行禁毒宣传教育和戒毒社会服务工作。“志愿人员”，是指来自社会各个方面的，自愿参加有关禁毒的社会工作的人员，包括工人、农民、干部、学生、待业人员、离退休人员等来自社会各个方面的力量。志愿人员所进行的禁毒宣传教育和戒毒社会服务工作一般是无偿的，是一种志愿为社会做贡献的行为，但政府或有关方面可以视情况给予适当的补贴。“参与禁毒宣传教育”，主要是指志愿人员围绕毒品给社会、家庭和个人带来的危害，严厉打击毒品违法犯罪活动的重要性和每个公民要爱惜生命、远离毒品等内容所进行的宣传教育活动。开展宣传教育活动的主题和主要内容可以按照人民政府有关部门的布置或指导进行。形式可以是多种多样的。在志愿人员中，还有一些可能是曾经受过毒品危害的人员，他们可以通过切身经历，现身说法，讲述毒品给家庭和个人带来的危害，可以达到更好的效果。“参与戒毒社会工作”，主要是指志愿人员协助司法机关和专门的戒毒机构，对本社区内的吸毒人员进行帮助戒毒的社会工作。一些吸毒人员在政府设立的戒毒所或专门的戒毒机构进行了一段时间的戒毒后，要回归社会进行正常的生活和工作。他们在离开戒毒机构后要面临一定时间的康复期。在康复期内如果不严加约束，很可能又会复吸，重蹈覆辙。此外，还包括一些直接在社区进行戒毒的人员。志愿人员参与戒毒社会服务工作，其中的一项主要内容就是努力帮助这些人员，在基层组织指导下，在戒毒人员家属的配合和支持下，督促、约束他们远离昔日的毒友，切断他们的毒品来源，并经常组织他们开展一些有益于身心健康的活动，并对他们经常不断地进行有关禁毒的宣传教育。可以说，志愿人员的工作是辛苦和烦琐的，然而从对整个社会的和谐发展和家庭的稳定方面来说，意义却是深远的。

第二，地方各级人民政府应当对志愿人员进行指导、培训，并提供必要的工作条件。这一规定是指地方各级人民政府应当做好对志愿人员的指导、培训工作，因为要想做好禁毒宣传教育和戒毒社会服务工作，志愿人员仅凭满腔热情还远远不够，必须具备和掌握有关禁毒、戒毒的相关知识和本领，只有这样才能胜任禁毒宣传教育工作和戒毒社会服务工作。在此方面，地方各级人民政府应当给予他们必要的指导，在必要的情况下还应当对他们进行培训。例如，请有关专业人士给他们讲解毒品的种类及危害的基本知识和做好戒毒社会服务工作应当具备的常识和本领。“提供必要的工作条件”，是指地方各级人民政府不仅应对志愿人员做好指导、培训工作，根据需要还应当给他们提供必要的工作条件。“必要的工作条件”是多方面的，如给他们提供有利开展工作的条件和场地，提供一定的物质条件，尽量帮助他们协调和解决在进行禁毒宣传教育活动和进行戒毒社会服务工作中遇到的各种问题和困难等。只有在有政策指导和物质保障的条件下，志愿人员才能开展好禁毒宣传教育活动和戒毒社会服务工作，也才能使这方面的工作长期稳定地开展下去。

第二章　禁毒宣传教育

第十一条　国家采取各种形式开展全民禁毒宣传教育，普及毒品预防知识，增强公民的禁毒意识，提高公民自觉抵制毒品的能力。

国家鼓励公民、组织开展公益性的禁毒宣传活动。

条文主旨

本条是关于国家开展全民禁毒宣传教育的规定。

立法背景

禁毒工作是一项综合治理工程，其中一项重要工作，就是通过各种形式的宣传教育，来提高公民自觉抵制毒品的能力。国家历来重视禁毒宣传教育工作。2018 年国际禁毒日前夕，习近平总书记就禁毒工作作出重要指示，强调要坚持关口前移、预防为先，重点针对青少年等群体，深入开展毒品预防宣传教育，在全社会形成自觉抵制毒品的浓厚氛围。国家禁毒委员会发布《关于加强新时代全民禁毒宣传教育工作的指导意见》，明确了新时期全民禁毒预防宣传教育工作的基础性、方向性、全局性和战略性问题，为新时代全民毒品预防教育工作提供了有力指导。近年来，全国禁毒部门加强新时代全民禁毒宣传教育工作，建立完善全覆盖毒品预防教育体系，深入推进青少年毒品预防教育“6·27”工程，有效提升了公众特别是青少年识毒、防毒、拒毒意识，在全社会形成自觉抵制毒品的浓厚氛围，最大限度减少毒品社会危害，成效是明显的。《2018年中国毒品形势报告》显示，2018年新发现吸毒人员同比减少26.6%，其中35岁以下人员同比下降31%，有30个省（区、市）涉毒违法犯罪人员中未成年人所占比例下降，青少年毒品预防教育成效继续得到巩固。

但是，当前的禁毒形势依然严峻，禁毒宣传工作仍需要继续加强。国家禁毒委员会办公室有关负责人表示：“禁毒宣传教育在整个禁毒工作中具有基础性、战略性、根本性的重要地位，直接关系毒品形势转变、关系禁毒工作全局、关系毒品治理成效，必须置于禁毒工作优先发展的战略位置，以更大的决心和力度抓紧抓好抓实。”根据2019年6月国家禁毒委员会办公室发布的《2018年中国毒品形势报告》，2018年，全国共破获毒品犯罪案件10.96万起，抓获犯罪嫌疑人13.74万名，缴获各类毒品67.9吨；查处吸毒人员71.7万人次，处置强制隔离戒毒27.9万人次，责令社区戒毒社区康复24.2万人次。截至2018年年底，全国现有吸毒人员240.4万名（不含戒断三年未发现复吸人数、死亡人数和离境人数），同比下降5.8%。其中，35岁以上的吸毒人数为114.5万名，占总吸毒人数的47.6%；18岁到35岁的为125万名，占52%；18岁以下的为1万名，占0.4%。报告显示，冰毒成为滥用“头号毒品”，大麻滥用人数增多。在240.4万名现有吸毒人员中，滥用冰毒人员为135万名，占总吸毒人数的56.1%，冰毒已取代海洛因成为我国滥用人数最多的毒品；滥用海洛因的为88.9万名，占37%；滥用氯胺酮的为6.3万名，占2.6%。大麻滥用继续呈现上升趋势。截至2018年年底，全国滥用大麻人员为2.4万名，同比上升25.1%，在华外籍人员、有境外学习或工作经历人员及娱乐圈演艺工作者滥用人数出现增多的趋势。禁毒宣传教育是贯彻禁毒工作预防为主、综合治理方针的重要环节。

吸毒人员多，毒品市场就大，对于贩卖毒品的违法犯罪分子形成了强大的利益驱动。换言之，毒品违法犯罪分子从毒品犯罪中获取的不义之财，正是建立在众多吸毒人员之上。如果每个公民都能珍爱生命，自觉抵制毒品，使制毒、贩毒者找不到毒品市场，就能从根本上遏制毒品的违法犯罪活动。为了使吸毒人员幡然悔过，使更多人不再走上吸毒的道路，开展全民禁毒宣传教育，普及毒品预防知识，增强公民的禁毒意识，提高公民对毒品危害性的认识和自觉抵制毒品的能力，激发公民同毒品违法犯罪行为作斗争的热情是非常重要和刻不容缓的。因此，做好禁毒宣传教育工作具有重要意义。

条文解读

一、国家采取各种形式开展全民禁毒宣传教育

这一规定是指国家采取各种形式，包括利用各种新闻媒介、宣传活动等进行禁毒宣传教育，鼓励创作更多的有关禁毒方面的影视、文学和艺术类作品等，在全社会进行禁毒宣传教育。例如，前述国家禁毒委员会办公室每年定期发布《中国毒品形势报告》。这种宣传教育不是一时的，也不局限于某个部门，而是整个国家所倡导、开展的宣传教育活动，力求达到使禁毒工作的重要性家喻户晓、人人皆知的效果。全民禁毒教育的基本任务是介绍毒品形势，普及禁毒知识，传播禁毒观念，

宣传禁毒法规，动员全民禁毒；其核心是增强全民禁毒意识，提高公民对毒品及其危害的认知能力和抵御能力。对一般人群以普及知识为主，对高危人群以结合干预措施的宣传教育为主。具体任务是：(1) 使公民能够正确识别毒品，了解毒品的种类和特征，认清吸食毒品的后果和危害，提高对毒品的认知能力；(2) 使公民了解毒品泛滥的规律和传播条件，消除认识误区，增强对毒品的警惕性，掌握禁毒的科学知识和预防毒品侵害的方法，养成和保持积极、健康的生活方式，提高对毒品的抵御能力；(3) 使公民了解禁毒斗争的历史和现状，认清毒品泛滥的各种恶果，提高思想道德素质，不断增强禁绝毒品、人人有责的社会责任感；(4) 使公民了解我国的禁毒立场、方针、政策和禁毒法律法规，做到知法守法，不吸毒、不贩毒、不种毒、不制毒，增强同涉毒违法犯罪行为作斗争的积极性；(5) 使公民了解我国的禁毒业绩，进而发扬禁毒传统，树立必胜信心，营造更加有利的禁毒氛围。

二、普及毒品预防知识，增强公民的禁毒意识，提高公民自觉抵制毒品的能力

这一规定是开展全民禁毒宣传教育的主要内容和要达到的最终目的。通过不断普及毒品预防知识的宣传教育，使公民真正了解毒品对人体健康的危害，从而进一步认识远离毒品和珍爱生命的意义，使禁毒的意识深入人心。这种意识和观念的树立，不是一时的，而是长期的，并且是牢固的。有了禁毒意识，就如同一个人具有了抵抗某种病毒的免疫力，可以自觉做到不受毒品的诱惑和侵害。同时，增强公民的禁毒意识还有利于培养公民同毒品违法犯罪行为作斗争的自觉性，客观上也能使我们整个社会遭受毒品的侵害降到最低程度。特别需要指出的是，近年来新类型毒品不断出现，为吸引消费者、迷惑公众，一些毒贩不断翻新毒品花样，变换包装形式，“神仙水”“娜塔沙”“0号胶囊”“氟胺酮”等新类型毒品不断出现，具有很强的伪装性、迷惑性和“时尚性”，以青少年在娱乐场所滥用为主，给监管执法增加了难度。据国家毒品实验室检测，2018年全年新发现新精神活性物质31种，新精神活性物质快速发展蔓延是目前全球面临的突出问题。毒品类型的花样翻新，要求禁毒宣传工作也要与时俱进，提高宣传工作的针对性和有效性。

三、国家鼓励公民、组织开展公益性的禁毒宣传活动

本条第二款是关于国家鼓励公民、组织开展公益性的禁毒宣传活动的规定。进行禁毒宣传活动，创造一个无毒、祥和的社会，每个公民和组织都有义务和责任，因为禁毒工作关系每个公民和家庭的切身利益。国家鼓励公民个人和组织开展公益性的禁毒宣传活动，正是为了调动全社会的积极因素让每个公民都关心、参与禁毒宣传工作，并在禁毒宣传活动中同样受到深刻的教育，从而提高整体公民的防范毒品意识。开展公益性禁毒宣传活动的形式是多种多样的，比如有些文艺单位或者个人，将演出的所得无偿捐献给禁毒公益事业，或免费进行一些有针对性的禁毒宣传演出等，这些活动对于营造良好的社会禁毒氛围，都是很有意义的。公民个人也可以以多种形式参与禁毒宣传活动。例如，自发组织起来，采取各种各样的形式在社区进行有关禁毒方面的宣传活动等。总之，走群众路线体现在禁毒工作的各个方面，发动社会各种力量和各方面的积极性，做好禁毒宣传教育工作更是这一重要原则的具体体现。

第十二条 各级人民政府应当经常组织开展多种形式的禁毒宣传教育。

工会、共产主义青年团、妇女联合会应当结合各自工作对象的特点，组织开展禁毒宣传教育。

条文主旨

本条是关于各级人民政府和有关社会团体组织开展禁毒宣传教育的规定。

立法背景

禁毒宣传教育工作的重要性是不能忽视的，更不能停留在一般性工作层面上进行。各级人民政府应当把禁毒宣传教育工作作为一项重要工作来抓。工会、共产主义青年团、妇联也应当积极配合政府部门，并结合各自工作对象的特点，组织开展禁毒宣传教育。长期以来，各级人民政府在禁毒工作方面非常重视，投入了大量人力物力，在禁毒工作方面也取得了不小的成绩，但要将禁毒工作有效、长期地开展下去，就要不懈地把禁毒宣传教育当作一项战略任务来抓。只有通过不断加强禁毒宣传教育工作，使对毒品危害的认识深入人心，打击毒品违法犯罪活动的重要性人人皆知，才能使禁毒工作有牢固的社会基础，也才能使禁毒工作变被动为主动，在取得原有成绩的基础上，扩大战果，并把禁毒工作进一步引向深入，力求做到在本地区将毒品的危害下降到最低的程度，使禁毒工作取得更大的成绩。

条文解读

本条第一款是关于各级人民政府应当经常组织开展多种形

式的禁毒宣传教育的规定。“应当经常组织开展多种形式的禁毒宣传教育”，是指各级人民政府要将禁毒宣传教育工作当作一项经常性的工作来抓，并采取多种多样的形式。“经常组织”就是要结合本地区的禁毒工作开展情况，经常性地组织，而不是需要了才组织或者组织几次就大功告成了。应当清醒地认识到，禁毒宣传教育工作是一项细致入微的工作，各级人民政府应当把它当成一项长远的工作来抓。要想达到通过宣传教育使人人都牢固树立起抵制毒品意志的效果，仅凭一两次的宣传教育是远远不够的。“多种形式的禁毒宣传教育”，是指在进行禁毒宣传教育过程中，宣传教育的形式不能简单化，走过场，这样不能达到良好的效果。可以采取结合一些毒品违法犯罪的案例以现身说法的形式，或者制作一些有关禁毒的影视、文学和艺术类作品进行宣传教育，也可以采取展览、报告会的形式，让有关专家讲述有关毒品的预防知识，或者让受过毒品危害的人讲述其遭受毒品危害的亲身经历，或者开展禁毒工作的宣传月、宣传周等发放有关禁毒方面的宣传手册或其他宣传品等，形式可以是多种多样的。但有一点必须强调的是，禁毒宣传教育的内容，要重视有关毒品的基础性知识的教育。即什么是毒品，毒品对人体有哪些危害，对社会、家庭的危害是什么，国家为什么要严厉打击毒品违法犯罪活动，我们怎样抵制毒品的诱惑，如何科学使用麻醉药品等。只有让公民掌握了这些有关毒品的基本知识，我们的宣传教育才真正落到了实处。另外，要想使禁毒宣传教育工作有针对性，达到良好效果，各级人民政府还应当根据本地区禁毒工作的特点，采取多种形式进行禁毒宣传教育工作。比如，有的地区存在严重的种植毒品原植物现象，就应当在由公安司法机关查处和彻底铲除种植的毒品原植物的同时，除对责任人追究法律责任外，还可以采取召开现场会的形式，对当地公民进行毒品危害的宣传教育和种植毒品原植物要负法律责任的法制宣传教育。这样可以收到非常好的效果。还有的地区是贩卖毒品的重灾区，表明可能这里存在众多的吸毒人员。当地政府可以在严厉打击贩卖毒品违法犯罪活动的同时，针对这种情况，大力开展毒品对社会、家庭和人体的危害的宣传教育，增强公民抵制毒品特别是新型毒品的自觉性，尽量消除毒品消费市场，对于已经沾有毒瘾的人员，做好他们的戒毒工作，切断他们的毒品来源，从而达到从根本上遏制本地区的毒品违法犯罪活动的目的。

本条第二款是关于工会、共产主义青年团、妇女联合会应当结合各自工作对象的特点，组织开展禁毒宣传教育的规定。其中，“工会”是职工自愿结合的工人阶级的群众组织；“共产主义青年团”是接受共产党领导的由先进青年组成的政治性组织；“妇女联合会”是由妇女组成的代表妇女利益和维护妇女权益的组织。“应当结合各自工作对象的特点，组织开展禁毒宣传教育”，是指上述组织或团体，应当结合各自工作对象的特点，如工会是以单位为基本组织形式的，就应当结合本单位工会成员的工作特点，进行禁毒宣传教育。工会的成员一般为成年人，家庭事业相对稳定。对于那些生活富裕的工会成员，应当教育他们如何抵制贪图享受，不受毒品的诱惑。特别是作为工会的领导者，要经常组织工会开展禁毒宣传教育活动。在对每个工会会员的个人和家庭情况掌握和了解的同时，特别要注意他们身边是否具有毒品侵害的可能性，及时发现才能及时采取防范措施。共青团是由先进青年组成的，其主要任务是发挥青年先锋队的作用，带动广大青少年贯彻共产党的方针政

赛共有 14.9 万所学校的 5235 万余名中（职）小学生通
青少年毒品预防教育数字化平台参与网络初赛，带动
人（次）关注、学习禁毒知识。禁毒部门坚持突出重点、
年抓起，大力实施青少年毒品预防教育工程，持续开展
一”活动，举办全国青少年禁毒知识竞赛和大学生辩论
7 万所学校近 1.4 亿名学生接受毒品预防教育，全国高校
公益联盟参与学校达到 1300 余所，在册禁毒师资、校外辅
分别达到 112 万人、23 万人，基本实现了在校学生毒品预
育的全覆盖。“青骄第二课堂”即全国青少年毒品预防教
字化平台，已发展成为全国互联网上规模最大、教育内容
威、最全面的禁毒专门宣传教育平台。截至目前，全国已
9.6 万余所学校的 7500 余万名学生在该平台注册并接受禁
专题学习教育，初步实现了“教育一个孩子，影响一个家
带动整个社会”的目的，积极推进了全民毒品预防教育全
盖。教育行政部门应当及时总结禁毒宣传工作中的有益经
，查找问题和不足，进一步推动面向学生的禁毒宣传工作。

实践中，教育行政部门、学校在帮助青少年正确认识毒品
识的基础上，还要逐步使青少年认清毒品对个体的危害，
使他们知晓毒品对中枢神经系统、心血管系统、消化系统和
免疫系统都有很大损害，可使人产生异常兴奋，并出现一系
列神经、精神症状。此外，还应教育引导青少年从以下几个
方面提高拒毒意识：不出入或少出入娱乐场所，尽量少喝场
所内提供的饮料，不随便离开座位，不盲目攀比等；不滥用
减肥药、兴奋剂等药品。遇到无法解决的问题时，不能沉溺
其中自暴自弃，更不能借毒解愁；不结交社会上有不良行为习
惯的朋友，不轻信谎言，对引诱、教唆、欺骗保持警惕。

策。由于青少年自身尚未成年，正确的世界观尚未形成，抵抗不良影响的能力薄弱，加之他们自身好奇、好强的特点，往往容易在违法分子的引诱下沾上毒瘾。尤其在目前生活娱乐形式比较丰富的情况下，歌厅、迪厅等娱乐场所是年轻人经常出入的场所，而在部分场所里，吸毒的情况正呈蔓延发展之势，形势令人担忧。共青团组织要针对青少年自身的特点，经常开展禁毒宣传教育并组织一些有利于青少年身心健康的活动。共青团组织要重视流动人口的禁毒宣传教育工作，特别是那些随父母外出打工的青少年、由于种种原因辍学的青少年，容易形成这方面管理的死角。这不仅关系青少年自身的身心发育问题，更重要的是关系国家的未来和民族的前途问题。当然，仅依靠共青团组织的力量远远不够，还要依靠整个社会来加以关注和参与，对青少年进行禁毒教育工作。妇联是代表妇女和维护妇女权益的团体。做好妇女的禁毒宣传教育工作，也非常重要。从目前的形势来看，在有的地区，妇女吸毒、参与走私、贩卖毒品违法犯罪活动的情况，也相当严重。特别是许多违法犯罪分子利用妇女进行人体藏毒的方法进行贩运毒品，或利用怀孕哺乳婴儿的妇女进行贩毒，也屡见不鲜。妇联在对妇女进行禁毒宣传教育时，应让他们知道，妇女吸毒，不仅会造成危害自身身体健康的严重后果，而且还会直接危害下一代的身心发育。只有根据妇女本身的特点不断对他们进行禁毒宣传教育，加强他们抵制毒品的能力，才能使他们自觉远离毒品，同时有利于防止其子女沾染毒品，也使我们的下一代能不受毒品的侵害而健康地成长。

第十三条 教育行政部门、学校应当将禁毒知识纳入教育、教学内容，对学生进行禁毒宣传教育。公安机关、司法行政部门和卫生行政部门应当予以协助。

条文主旨

本条是关于将禁毒知识纳入教学内容的规定。

立法背景

禁毒工作关键在于预防，而青少年是预防的重点人群之一。“青年兴则国家兴，青年强则国家强”，不能让毒品成为青少年人生路上的绊脚石。加强青少年毒品预防教育是应对当前毒品形势的必然要求，必须把青少年群体的预防教育放在突出位置，坚持从青少年抓起，最大程度萎缩毒品消费市场。珍爱生命、远离毒品的良好风尚，更应当从学生时代开始培养。从这方面来说，教育行政部门和学校负有义不容辞的责任。应当把对学生的毒品宣传教育工作和禁毒知识纳入教育、教学内容并将其视为一项重要的工作。学校不能忽略对青少年关于毒品知识的宣传，对毒品的宣传不能流于形式，而是要让青少年真正地了解毒品的危害。戒毒实践中，许多吸毒人员对毒品的危害和其所造成的严重后果，知之甚少，这就很难要求他们做到自觉抵制毒品的诱惑，也凸显了学校禁毒教育的重要性。

条文解读

一、教育行政部门、学校应当将禁毒知识纳入教育、教学内容，对学生进行禁毒宣传教育

这一规定要求公民从小接受有关禁毒知识方面的综合性教育。其中，“教育行政部门”，是指从国家教育部到地方各级教

育局等主管教育行政工作的部门。
教育工作的院校，包括小学、中学
校，也包括职业技能教育学校；既
形式的民办学校。“应当将禁毒知
学生进行禁毒宣传教育”，是指上述
将禁毒知识通过编写教学大纲或直
将禁毒知识纳入教学内容，安排教学
传教育。根据禁毒法的要求，负责编
校，都应当将有关禁毒知识的内容编写
学，用正式的教学课本和课时，对学生
育。应当注意的是，编写禁毒教材的部
年龄段学生的特点，有针对性地编写有
材，并注意从小学到中学，中学到高中以
和连贯，这就要求对禁毒知识具体内容的
在内容编写上，要注意由浅入深，全面生动
生通过禁毒知识的学习掌握基本的有关禁毒
规定，又能够随着在不同年龄段所接受的连
教育，使他们在防范毒品侵袭的能力方面也
高。总之，对在校学生的禁毒知识的宣传教育
家百年大计和复兴强国的重大举措，教育行政
把编写好有关禁毒知识的教材和实施教学内容
抓，并在教学内容和课时方面认真加以落实。根
统计，近年来，随着禁毒宣传教育的不断深入，
在“润物细无声”中，已经逐步深入学校教育体
在校学生禁毒知识的学习效果，国家禁毒委员会
年组织开展全国青少年禁毒知识竞赛。2018 年全国

策。由于青少年自身尚未成年，正确的世界观尚未形成，抵抗不良影响的能力薄弱，加之他们自身好奇、好强的特点，往往容易在违法分子的引诱下沾上毒瘾。尤其在目前生活娱乐形式比较丰富的情况下，歌厅、迪厅等娱乐场所是年轻人经常出入的场所，而在部分场所里，吸毒的情况正呈蔓延发展之势，形势令人担忧。共青团组织要针对青少年自身的特点，经常开展禁毒宣传教育并组织一些有利于青少年身心健康的活动。共青团组织要重视流动人口的禁毒宣传教育工作，特别是那些随父母外出打工的青少年、由于种种原因辍学的青少年，容易形成这方面管理的死角。这不仅关系青少年自身的身心发育问题，更重要的是关系国家的未来和民族的前途问题。当然，仅依靠共青团组织的力量远远不够，还要依靠整个社会来加以关注和参与，对青少年进行禁毒教育工作。妇联是代表妇女和维护妇女权益的团体。做好妇女的禁毒宣传教育工作，也非常重要。从目前的形势来看，在有的地区，妇女吸毒、参与走私、贩卖毒品违法犯罪活动的情况，也相当严重。特别是许多违法犯罪分子利用妇女进行人体藏毒的方法进行贩运毒品，或利用怀孕哺乳婴儿的妇女进行贩毒，也屡见不鲜。妇联在对妇女进行禁毒宣传教育时，应让他们知道，妇女吸毒，不仅会造成危害自身身体健康的严重后果，而且还会直接危害下一代的身心发育。只有根据妇女本身的特点不断对他们进行禁毒宣传教育，加强他们抵制毒品的能力，才能使他们自觉远离毒品，同时有利于防止其子女沾染毒品，也使我们的下一代能不受毒品的侵害而健康地成长。

第十三条 教育行政部门、学校应当将禁毒知识纳入教育、教学内容，对学生进行禁毒宣传教育。公安机关、司法行政部门和卫生行政部门应当予以协助。

条文主旨

本条是关于将禁毒知识纳入教学内容的规定。

立法背景

禁毒工作关键在于预防，而青少年是预防的重点人群之一。“青年兴则国家兴，青年强则国家强”，不能让毒品成为青少年人生路上的绊脚石。加强青少年毒品预防教育是应对当前毒品形势的必然要求，必须把青少年群体的预防教育放在突出位置，坚持从青少年抓起，最大程度萎缩毒品消费市场。珍爱生命、远离毒品的良好风尚，更应当从学生时代开始培养。从这方面来说，教育行政部门和学校负有义不容辞的责任。应当把对学生的毒品宣传教育工作和禁毒知识纳入教育、教学内容并将其视为一项重要的工作。学校不能忽略对青少年关于毒品知识的宣传，对毒品的宣传不能流于形式，而是要让青少年真正地了解毒品的危害。戒毒实践中，许多吸毒人员对毒品的危害和其所造成的严重后果，知之甚少，这就很难要求他们做到自觉抵制毒品的诱惑，也凸显了学校禁毒教育的重要性。

条文解读

一、教育行政部门、学校应当将禁毒知识纳入教育、教学内容，对学生进行禁毒宣传教育

这一规定要求公民从小接受有关禁毒知识方面的综合性教育。其中，“教育行政部门”，是指从国家教育部到地方各级教育局等主管教育行政工作的部门。“学校”，是指各类直接从事教育工作的院校，包括小学、中学和大学，既包括普通学历学校，也包括职业技能教育学校；既包括公立学校，也包括各种形式的民办学校。“应当将禁毒知识纳入教育、教学内容，对学生进行禁毒宣传教育”，是指上述教育行政部门和学校应当将禁毒知识通过编写教学大纲或直接编写教科书内容等方式，将禁毒知识纳入教学内容，安排教学课时，对学生进行禁毒宣传教育。根据禁毒法的要求，负责编写教学教材的部门和院校，都应当将有关禁毒知识的内容编写进去，并由学校负责教学，用正式的教学课本和课时，对学生进行有关禁毒知识的教育。应当注意的是，编写禁毒教材的部门和院校应当结合不同年龄段学生的特点，有针对性地编写有关禁毒知识的教学教材，并注意从小学到中学，中学到高中以及高中到大学的衔接和连贯，这就要求对禁毒知识具体内容的编写进行统筹安排。在内容编写上，要注意由浅入深，全面生动，尽量做到既让学生通过禁毒知识的学习掌握基本的有关禁毒的常识和法律法规规定，又能够随着在不同年龄段所接受的连续不断的禁毒宣传教育，使他们在防范毒品侵袭的能力方面也一步步不断地提高。总之，对在校学生的禁毒知识的宣传教育工作，是关系国家百年大计和复兴强国的重大举措，教育行政部门、学校应当把编写好有关禁毒知识的教材和实施教学内容当作重要大事来抓，并在教学内容和课时方面认真加以落实。根据公安部门的统计，近年来，随着禁毒宣传教育的不断深入，毒品预防教育在“润物细无声”中，已经逐步深入学校教育体系。为了检验在校学生禁毒知识的学习效果，国家禁毒委员会办公室连续三年组织开展全国青少年禁毒知识竞赛。2018 年全国青少年禁毒知识竞赛共有14.9万所学校的5235万余名中（职）小学生通过全国青少年毒品预防教育数字化平台参与网络初赛，带动1.6亿人（次）关注、学习禁毒知识。禁毒部门坚持突出重点、从青少年抓起，大力实施青少年毒品预防教育工程，持续开展“五个一”活动，举办全国青少年禁毒知识竞赛和大学生辩论赛，27万所学校近1.4亿名学生接受毒品预防教育，全国高校禁毒公益联盟参与学校达到1300余所，在册禁毒师资、校外辅导员分别达到112万人、23万人，基本实现了在校学生毒品预防教育的全覆盖。“青骄第二课堂”即全国青少年毒品预防教育数字化平台，已发展成为全国互联网上规模最大、教育内容最权威、最全面的禁毒专门宣传教育平台。截至目前，全国已有19.6万余所学校的7500余万名学生在该平台注册并接受禁毒专题学习教育，初步实现了“教育一个孩子，影响一个家庭，带动整个社会”的目的，积极推进了全民毒品预防教育全覆盖。教育行政部门应当及时总结禁毒宣传工作中的有益经验，查找问题和不足，进一步推动面向学生的禁毒宣传工作。

实践中，教育行政部门、学校在帮助青少年正确认识毒品常识的基础上，还要逐步使青少年认清毒品对个体的危害，使他们知晓毒品对中枢神经系统、心血管系统、消化系统和免疫系统都有很大损害，可使人产生异常兴奋，并出现一系列神经、精神症状。此外，还应教育引导青少年从以下几个方面提高拒毒意识：不出入或少出入娱乐场所，尽量少喝场所内提供的饮料，不随便离开座位，不盲目攀比等；不滥用减肥药、兴奋剂等药品。遇到无法解决的问题时，不能沉溺其中自暴自弃，更不能借毒解愁；不结交社会上有不良行为习惯的朋友，不轻信谎言，对引诱、教唆、欺骗保持警惕。

二、公安机关、司法行政部门和卫生行政部门应当予以协助

这一规定主要是指教育行政部门、学校在对学生进行有关禁毒知识的宣传教育时，公安机关、司法行政部门和卫生行政部门应当利用本部门工作的有利条件对教育行政部门、学校的禁毒宣传教育工作给予支持和帮助。如前所述，对在校学生的禁毒宣传教育，表明了我国政府在禁毒工作方面力求达到标本兼治的决心。但要做好这方面的工作，仅凭教育行政部门、学校方面的努力还远远不够。为了取得更好的禁毒宣传教育效果，还需要社会上有关部门给予配合和协作。比如，在对学生进行禁毒宣传教育的时候，为了配合具体教学内容的进行，可以邀请战斗在禁毒工作第一线的公安民警，结合具体打击毒品违法犯罪活动的真实案例来对学生进行法制宣传教育；有时为了让学生加深对毒品危害的感性认识，可以组织学生参观戒毒所，通过亲眼看见吸毒人员的状况，产生对毒品危害的深刻印象；特别是为了使学生掌握有关毒品方面的知识，还有必要让专家走进课堂进行专业的毒品知识的宣传教育。在这些方面，仅靠学习课本知识是不够的，需要结合禁毒斗争实践进行学习，这样就需要公安机关、司法行政部门和卫生行政部门提供条件给予协助和支持。为了下一代的健康成长，为了我们彻底根除毒害的千秋大业，全社会都应当对在校学生的禁毒宣传教育担负起义不容辞的责任，公安机关、司法行政部门和卫生行政部门也应当提供更多的机会和有利的条件，对教育行政部门、学校的禁毒宣传教育工作给予热情的支持和协助，把对学生的毒品宣传教育工作做得有声有色、形式多样。

第十四条 新闻、出版、文化、广播、电影、电视等有关单位，应当有针对性地面向社会进行禁毒宣传教育。

条文主旨

本条是关于宣传单位组织开展禁毒宣传教育活动的规定。

立法背景

宣传媒体是传播信息的有力工具，对于做好禁毒宣传教育工作起着不可替代的作用。因此，在做好禁毒宣传教育工作方面，负责宣传媒体的部门负有重要的职责。利用人们接触各种宣传媒体的时间，进行禁毒宣传教育是一个非常好的机会，也能收到非常好的宣传效果。国家要求负责各类宣传媒体的单位有针对性地面向社会进行禁毒宣传教育，也正是由于宣传媒体所具有的能够及时传播信息的特点。为了使公民增加有关毒品知识的认识和抵制毒品的防范意识，需要不断对公民进行禁毒宣传教育，使公民在潜移默化中不断增强禁毒意识，提高对毒品侵害的抵抗力。各类大众传媒要把禁毒教育作为义不容辞的职责，全年进行禁毒宣传教育，使人民群众能够经常接受禁毒知识的熏陶和教育，铸起抵御毒品侵害的思想防线。中央和地方主要广播、电视、报纸、互联网站等要积极开展禁毒宣传教育，定期播放或刊登禁毒公益广告。进一步加强禁毒题材影视片、图书和音像制品的管理、创作、生产，积极开发和推广适合青少年身心特点和认知规律的禁毒游戏软件产品。禁毒部门要加强与各种新闻媒体的配合和协作，共同推动禁毒宣传教育工作。各级人民政府和宣传主管部门要切实加强对媒体禁毒宣传工作的指导和督查。

条文解读

本条规定的"新闻、出版、文化、广播、电影、电视等有关单位"，是指负责宣传媒体的新闻、出版、文化、广播、电影、电视等政府有关单位和直接进行传播信息的大众传媒，如电视台、广播电台、报社、网站、新闻类应用软件等。这些部门和单位是直接负责有关新闻宣传、文化宣传和信息传播等活动的策划和组织工作，是宣传教育工作的主体。"应当有针对性地面向社会进行禁毒宣传教育"，是指上述单位和媒体，应当负起禁毒宣传教育的主要责任，并利用各自的特点和优势，有针对性地面向社会开展禁毒宣传教育。其中，"新闻单位"可以利用每日向人们播报的新闻报道，经常向公民宣传有关禁毒方面的最新形势和国际、国内打击毒品违法犯罪活动的新闻内容，使公民对禁毒的国际、国内形势有所了解。"出版单位"可以利用各种出版物，包括各种有关禁毒知识的出版物，以及禁毒故事的文学出版物等，向公民宣传各种有关禁毒知识和禁毒故事，使公民提高免遭毒品侵害的辨别能力。"广播、电影、电视"等给公民直接以视听感受的媒体，可以利用生动的音响和画面，并通过编制有关禁毒宣传教育的语音文学作品、影片、电视剧等，向全社会进行禁毒宣传教育。应当注意的是，这些单位对社会的禁毒宣传教育的内容，应当注重基本的禁毒知识的宣传教育，如有关毒品危害的基本常识方面的宣传教育，毒品对人体的危害方面的宣传教育，毒品违法犯罪活动对家庭及整个社会带来的严重危害以及有关法律、法规规定等。所谓"有针对性地面向社会进行禁毒宣传教育"，主要是指上述单位利用各种形式向社会进行禁毒宣传教育，除了要坚持经常开展外，还要注意针对性。比如，配合国家的各阶段禁毒活动主题开展禁毒宣传教育活动。有些地方的宣传媒体，还可以根据本地禁毒工作形势的需要以及本地禁毒工作的特点，开展禁毒宣传教育活动。或者，针对不同的人群和不同年龄的公民开展适合他们特点的禁毒宣传教育活动。总之，禁毒宣传教育的形式是多种多样的，内容也是丰富多彩的，在掌握了具有针对性的基础上，可以把禁毒宣传教育工作做得颇具特色和更有成效。新闻媒体开展禁毒宣传教育切忌呆板和教条化，近年来，禁毒部门积极创新宣传手段和方式，让防毒、拒毒理念深入人心。电视剧《湄公河大案》与《破冰行动》、电影《湄公河行动》等一系列叫好又叫座的禁毒题材影视作品接连上映，吸引了包括青少年群体在内的社会公众对禁毒工作的广泛关注和支持，是新闻媒体有针对性地开展禁毒宣传教育的生动实践。工作中，新闻媒体单位可以进一步总结经验，推动禁毒宣传教育工作深入开展。

需要指出的是，随着“互联网+”时代的来临，禁毒宣传教育也应紧跟时代步伐，坚持科技引领、创新方式方法，着力推进网上宣传理念、内容、形式、方法、手段等创新，构建网上网下同心圆，更好地凝聚社会共识。除依托报纸、杂志、网站等传统媒体外，还要充分发挥互联网、微信、微博等新媒体的作用，积极创新宣传手段和方式，着力加强微信公众平台、政务微博等新平台、新阵地建设，着力推进禁毒媒体整合发展。当前，微博、微信以及各种新闻类应用软件，已经成为人民群众特别是青少年沟通、交流、联络和聚集的新途径，新兴媒体具有人际互动能力、社会传播能力和组织动员能力，深刻地改变了信息传递方式、舆论引导格局。根据本条的规定，新兴媒体也应有针对性地面向社会开展禁毒宣传教育。新型媒体要充分认识开展禁毒宣传教育工作的重要意义，充分发挥其受众广泛、反应迅速、贴近生活的特色，积极支持和参与禁毒宣传，如发布禁毒权威信息、宣传禁毒工作政策、普及毒品预防知识、引导禁毒社会舆论等。

第十五条 **飞机场、火车站、长途汽车站、码头以及旅店、娱乐场所等公共场所的经营者、管理者，负责本场所的禁毒宣传教育，落实禁毒防范措施，预防毒品违法犯罪行为在本场所内发生。**

条文主旨

本条是关于公共场所的禁毒宣传教育义务的规定。

立法背景

2000 年国务院新闻办公室发表的《中国的禁毒》白皮书指出："毒品是全人类共同面对的世界性公害，禁毒是国际社会刻不容缓的共同责任。毒品危害人民健康，滋生犯罪和腐败，破坏可持续发展，危及国家安全和世界和平。因此，对一切毒品违法犯罪活动必须严加禁绝。中国人民对毒品危害有切肤之痛，禁毒是中国人民的根本利益所在。保障公民的生命安全，维护人民的生存发展，是中国政府的崇高责任。多年来，中国政府以'禁绝毒品'为根本目标，制定并实施了一系列严厉禁毒的方针、政策和措施。"为了预防毒品违法犯罪行为，实现禁绝毒品的目标，加强飞机场、火车站、长途汽车站、码头以及旅店、娱乐场所等公共场所的禁毒宣传教育，落实相关的禁毒防范措施是十分必要的。

条文解读

一、负有禁毒宣传教育职责的主体是公共场所的经营者、管理者

根据本条的规定，飞机场、火车站、长途汽车站、码头以及旅店、娱乐场所等公共场所的经营者、管理者是负有禁毒宣传教育职责的主体。这里的“公共场所”，主要是指人们经常聚集的场所，或者供公众使用或服务于大众的场所。飞机场、火车站、长途汽车站、码头是重要的交通枢纽，是人们往来于各地的途经、中转场所，这些场所成为违法犯罪人员从事贩卖、运输毒品的必经之地。这里所说的“旅店”，根据《旅馆业治安管理办法》的规定，是指经营接待旅客住宿的旅馆、饭店、宾馆、招待所、客货栈、车马店、浴池等场所。“娱乐场所”，根据《娱乐场所管理条例》的规定，是指以营利为目的，并向公众开放、消费者自娱自乐的歌舞、游艺等场所。当前，在一些旅店和娱乐场所中，吸食海洛因、大麻或者吸食冰毒、摇头丸、氯胺酮等新型毒品问题蔓延很快，严重污染社会风气，这就要求公共场所的经营者、管理者必须加强对本场所的监督管理，预防毒品违法犯罪行为在本场所内发生。

二、公共场所的禁毒宣传教育义务

根据本条的规定，飞机场、火车站、长途汽车站、码头以及旅店、娱乐场所等公共场所的经营者、管理者应当负责本场所的禁毒宣传教育。开展禁毒宣传教育活动，是强化毒品预防教育工作、遏制毒品问题发展蔓延的重要措施。公共场所的经营者、管理者要从深入贯彻落实科学发展观和促进社会和谐发展的高度，充分认识开展宣传教育活动的重要性和必要性，切实将禁毒宣传工作摆在重要位置，遵循以人为本、促进人的全面发展的理念和“面向全民、突出重点、常抓不懈、注重实效”的方针，坚持普及教育与重点教育相结合，增强人们的禁毒意识，提高人们自觉抵制毒品的能力。公共场所的经营者、管理者可以根据本场所的特点、条件以及可能发生的毒品违法犯罪行为，建立禁毒宣传教育的长效机制，因地制宜，在本场所通过发放禁毒宣传册和宣传单，张贴禁毒宣传画，设置禁毒警示标牌等形式，向广大人民群众介绍预防毒品知识，以及如何防范毒品违法犯罪活动等知识；可以通过其他多种形式的宣传活动，有计划、有重点地组织开展禁毒预防宣传教育，不断扩大禁毒预防宣传教育的广度和深度，增强人们对毒品危害的认知能力和抵御毒品的能力，积极参与禁毒斗争。

三、公共场所的禁毒防范措施义务

根据本条的规定，飞机场、火车站、长途汽车站、码头以及旅店、娱乐场所等公共场所的经营者、管理者负责落实禁毒防范措施，预防毒品违法犯罪行为在本场所内发生。为了阻止毒品的流入，危害社会，公共场所的经营者、管理者有必要配合公安、文化、工商等部门落实禁毒防范措施，切断毒品的贩卖、运输通道，在落实防范措施时应当做到：一是制订相关的禁毒防范措施预案。公共场所的吸食、贩卖、运输毒品的情况时有发生，其经营者、管理者必须采取切实有效的措施，防患于未然，坚决遏制其发展蔓延的势头，争取把问题解决在萌芽状态。一旦发现毒品违法犯罪活动，尽快采取有效措施予以处理。二是建立巡查制度，发现场所内有违法犯罪活动的，应当立即向公安机关报告。三是加强内部管理，建立健全禁毒管理制度，增强从业人员自律意识，有效预防和减少毒品违法行为的发生。四是有条件的场所，可以在营业场所或主要通道安装必要的电视监控设备，或采用一些科技手段加强禁毒防范措施。

相关规定

《旅馆业治安管理办法》第 2 条、第 12 条；《娱乐场所管理条例》第 2 条、第 13 条、第 14 条

第十六条　国家机关、社会团体、企业事业单位以及其他组织，应当加强对本单位人员的禁毒宣传教育。

条文主旨

本条是关于单位对内部人员禁毒宣传教育的规定。

立法背景

毒品是世界性的公害，它的危害可以概括为“毁灭自己，祸及家庭，危害社会”。“毁灭自己”，主要表现在：一是不同的毒品摄入体内，都会对人体的消化系统、呼吸系统、心血管系统、免疫系统造成影响，引起急慢性肝炎、肺炎、败血症、肾功能衰竭、心律失常、器质性脑损害、中毒性精神病、性病及艾滋病等疾病，严重损害人们的身心健康，甚至导致死亡。二是毒品不仅对人的躯体造成巨大的损害，由于毒品的生理依赖性与心理依赖性，使吸毒者成为毒品的奴隶，长期吸毒会导致精神萎靡，形销骨立，从而失去工作、生活的兴趣与能力。“祸及家庭”，主要表现在：一个人一旦吸毒成瘾，就有可能丧失人格，道德沦落，为购买毒品耗尽正当收入后，就会变卖家产，四处举债，倾家荡产，六亲不认，危害家庭的正常生活。

"危害社会"，主要表现在：一是毒品是诱发其他刑事犯罪和社会治安问题的温床，吸毒人员以贩养吸、以盗养吸、以抢养吸、以骗养吸、以娼养吸现象严重，《2018 年中国禁毒报告》指出，毒品滥用不仅给吸毒者本人及其家庭带来严重危害，也诱发盗抢骗等一系列违法犯罪活动。长期滥用合成毒品还极易导致精神性疾病，导致自伤自残、暴力伤害他人、"毒驾"等肇事肇祸案事件在各地时有发生，给公共安全带来风险隐患。二是吸毒人员一般都丧失工作能力与正常生活，对吸毒人员的各种治疗费用，缉毒、戒毒力量的投入，药物滥用防治工作的开展，这些都给社会经济带来很大负担。毒品问题严重影响我国经济社会协调发展与和谐社会的构建，禁毒是全社会的共同责任，国家机关、社会团体、企业事业单位以及其他组织，必须加强对本单位职工的禁毒宣传教育，依照有关法律的规定，履行禁毒职责或者义务。

条文解读

国家机关、社会团体、企业事业单位以及其他组织必须高度重视禁毒问题，深刻认识开展禁毒教育的重要性和紧迫性，要认识到与毒品违法犯罪行为作斗争是维护社会治安、维护广大人民群众利益的根本需要，是促进经济发展、构建和谐社会、提高执政能力的一项重要工作。在禁毒斗争中必须从科学发展观的高度，准确把握我国禁毒工作面临的形势，认真研究禁毒工作出现的新情况和新动向，增强做好禁毒宣传教育的责任感和使命感，加大力度，强化措施，落实责任，加强对本单位人员禁毒宣传教育的深入开展，促进经济社会发展，创造安定有序的社会环境。

国家机关、社会团体、企业事业单位以及其他组织，应当根据本单位的条件，充分利用本单位的资源，结合当前的毒品形势和禁毒工作的重点，制订切实可行的宣传教育活动方案。在开展禁毒宣传教育活动中，要以科学发展观为指导，遵循以人为本、促进人的全面发展的理念和“面向全民、突出重点、常抓不懈、注重实效”的方针，坚持禁毒宣传教育工作与毒品形势的发展变化相适应，坚持普及教育与重点教育相结合，坚持禁毒教育与国民素质教育相互融合、相互促进，以提高本单位人员禁毒意识和自觉抵制毒品的能力为核心，不断增强禁毒宣传教育的科学性、广泛性、针对性和实效性，倡导积极、健康的生活态度和生活方式，通过多种形式讲解毒品形势，普及禁毒知识，传播禁毒观念，宣传禁毒法规等活动，增强本单位人员禁毒意识，提高对毒品及其危害的认知能力和抵御能力，在单位形成抵制毒品、参与禁毒的氛围，从而支持国家禁毒事业的发展，为预防和减少毒品违法犯罪行为，构建社会主义和谐社会做贡献。

2005 年，中共中央宣传部、公安部、教育部、民政部、司法部、文化部、国家广播电影电视总局、全国总工会、共青团中央、全国妇联、国家禁毒委员会办公室联合印发《全民禁毒教育实施意见》，对有关单位的禁毒宣传教育作出了明确指示，指出各级工会组织要按照全国总工会关于开展“职工拒绝毒品零计划”活动的部署，大力推动面向企业、单位和广大职工的禁毒宣传教育，要将禁毒知识纳入职工岗位培训的重要内容，广泛开展创建“无毒单位”活动。通过多种形式的宣传教育，使广大职工尤其是青年职工、临时工和农民工增强禁毒意识，自觉抵制毒品，参与禁毒工作。要积极帮助吸毒职工和会员戒毒治疗，重新回归社会。各级个体劳动者协会、私营企业协会要在基层协会和广大会员中开展形式多样的禁毒宣传教育活动，积极开展创建“无毒基层协会”活动。要配合公安和工商行政管理等部门，加强对文化娱乐服务业、出租车业等重点行业会员的禁毒教育和培训。

相关规定

《全民禁毒教育实施意见》

第十七条　居民委员会、村民委员会应当协助人民政府以及公安机关等部门，加强禁毒宣传教育，落实禁毒防范措施。

条文主旨

本条是关于基层组织的禁毒宣传教育义务的规定。

立法背景

根据《中华人民共和国城市居民委员会组织法》的规定，居民委员会是居民自我管理、自我教育、自我服务的基层群众性自治组织。居民委员会的主要任务是：宣传宪法、法律、法规和国家的政策，维护居民的合法权益，教育居民履行依法应尽的义务，爱护公共财产，开展多种形式的社会主义精神文明建设活动；办理本居住地区居民的公共事务和公益事业；调解民间纠纷；协助维护社会治安；协助人民政府或者它的派出机关做好与居民利益有关的公共卫生、计划生育、优抚救济、青少年教育等各项工作；向人民政府或者它的派出机关反映居民的意见、要求和提出建议。根据《中华人民共和国村民委员会组织法》的规定，村民委员会是村民自我管理、自我教育、自我服务的基层群众性自治组织，实行民主选举、民主决策、民主管理、民主监督。村民委员会的主要任务是：办理本村的公共事务和公益事业，调解民间纠纷，协助维护社会治安，向人民政府反映村民的意见、要求和提出建议。因此，居民委员会、村民委员会属于群众性的自治组织，是进行社会治安综合治理，预防违法犯罪行为，维护社会和谐稳定的重要力量，也是加强禁毒宣传教育、落实禁毒防范措施的重要力量。

条文解读

当今世界，全球化的毒品问题已对人类的生存和发展构成重大威胁。历史的教训告诉我们，毒品问题往往会成为一个国家、一个地区经济落后、社会动荡的重要根源，是危害国家安全，影响经济发展和社会稳定的一大祸患。当前，我国仍面临境外毒品渗透和国内毒品来源增多的双重压力，毒品问题日益突出，并有蔓延发展之势，加强禁毒宣传教育，对于预防和减少毒品违法犯罪行为具有重要的意义。《全民禁毒教育实施意见》指出，广泛深入地开展禁毒教育，提高全民禁毒意识和抵制毒品能力，是禁毒工作的治本之策。《2018 年中国禁毒报告》也指出，坚持以深化禁毒人民战争为载体，持之以恒抓好禁毒斗争各项措施的落实，深入开展“禁毒 2019 两打两控”专项行动，着力构建全覆盖毒品预防教育、全环节管理服务吸毒人员、全链条打击毒品犯罪、全要素监管制毒物品、全方位监测毒情态势、全球化禁毒国际合作的“六全”中国特色毒品治理体系，忠实履行好党和人民赋予的重大职责使命，坚决打赢新时代禁毒人民战争。为了实现报告提出的目标，打好这一场禁毒的人民战争，居民委员会、村民委员会需要走在禁毒宣传的第一线，宣传法律法规和国家政策，教育居民或村民依法履行应尽的义务，积极配合人民政府以及公安机关等部门做好禁毒宣传教育，通过发放宣传单、张贴宣传画，以及组织开展一系列形式多样、内容丰富、注重实效的禁毒宣传教育活动，增强人民群众识毒、防毒和拒毒能力，以及参与禁毒斗争的高涨热情。在禁毒宣传教育过程中，应当使城市居民和农村村民充分认识和了解以下禁毒知识：一是毒品的种类和特征等相关知识，认清吸毒的后果和危害，提高对毒品的认知能力；二是毒品泛滥的规律和传播条件，消除认识误区，增强对毒品的警惕性，掌握禁毒的科学知识和预防毒品侵害的方法，养成和保持积极、健康的生活方式，提高对毒品的抵御能力；三是禁毒斗争的历史和现状，认清毒品泛滥的各种恶果，提高思想道德素质，不断增强禁绝毒品、人人有责的社会责任感；四是国家的禁毒立场、方针、政策和禁毒法律法规，做到知法守法，不吸毒、不贩毒、不种毒、不制毒，增强同涉毒违法犯罪行为作斗争的积极性；五是我国的禁毒业绩，树立必胜信心，营造浓厚的禁毒人民战争氛围。

居民委员会、村民委员在做好禁毒宣传教育的同时，还应当协助人民政府以及公安机关等部门，落实禁毒防范措施，预防毒品违法犯罪的发生。禁吸戒毒是根本解决毒品问题的突破口。近年来，内蒙古自治区、云南省、广西壮族自治区、贵州省等地区，从开展社会帮教工作，发展到创建“无毒社区”活动，逐步探索出一条从基层社区抓起，以禁吸戒毒为重点，带动整个禁毒工作的新路子。其基本做法是：以城乡小型社区（城市一般是街道，农村一般是乡镇）为单位，在社区政权组织统一领导下，建立覆盖整个社区的禁毒管理机制和工作责任制，把禁毒责任分解落实到社区内的各个单位和每个人，分片包干实现无毒目标，创建“无毒社区”。实践证明，创建“无毒社区”适合我国的国情，符合全民动员、综合治理的战略要求；“无毒社区”是持久开展禁毒斗争的有效载体。创建“无毒社区”“无毒村”活动，就是以禁吸戒毒工作为重点，把禁种、禁制、禁贩、禁吸工作的各项目标、任务、措施和责任落实到各有关部门和居民委员会、村民委员会等基层组织，使政府部门禁毒行为转化为全社会的行为，逐步扩大“无毒社区”“无毒村”的范围，积小区为大区、积小胜为大胜、积大胜为全胜，直到实现全国“禁绝毒品”的目标。

居民委员会、村民委员会应当利用基层组织的自身优势，依靠群众，积极协助人民政府以及公安机关等部门，落实相关的禁毒预防、禁吸戒毒、堵源截流、禁毒严打、禁毒严管等禁毒防范措施，发动居民、村民进行禁毒自我教育、自我防范和自我管理，为推动创建“无毒社区”“无毒村”活动的深入开展，全力遏制毒品危害，实现无毒目标作出努力。

相关规定

《中华人民共和国城市居民委员会组织法》第2条、第3条；《中华人民共和国村民委员会组织法》第2条、第6条

第十八条 未成年人的父母或者其他监护人应当对未成年人进行毒品危害的教育，防止其吸食、注射毒品或者进行其他毒品违法犯罪活动。

条文主旨

本条是关于监护人对未成年人毒品危害教育的规定。

立法背景

毒品对未成年人的危害主要有：一是吸毒严重损害未成年人的身体健康。各类毒品都会对人体的中枢神经产生高度的刺激，长期吸毒，则会严重损害人的大脑、心脏、肺、肾等内分泌系统和自身的免疫系统。特别是吸毒成瘾后，吸毒者往往面黄肌瘦、浑身无力、精神恍惚，严重时还会丧失学习能力。二是吸毒还会严重地损害未成年人的心理健康。未成年人吸毒后，毒品的药物作用使脑部萎缩，造成智力明显下降，注意力不集中，生活上自我控制能力减退，情绪不稳，易发脾气，思想上缺乏积极向上的进取心，丧失正确的人生观和世界观，自私自利，意志消沉。三是毒品会诱发未成年人违法犯罪。吸毒和犯罪是孪生兄弟，未成年人吸毒后，就对毒品产生了依赖，但毒品大多价格昂贵，为获取毒资，吸毒成瘾的人往往会不择手段地进行偷窃、抢劫、诈骗、敲诈等犯罪活动。因此，必须着重强调未成年人的父母或者其他监护人的职责，他们有责任和义务对未成年人进行毒品危害的教育。

条文解读

未成年人是祖国未来的建设者，是中国特色社会主义事业的接班人，他们肩负着国家强盛、民族兴旺、社会进步的重任，是国家的未来和民族的希望。当前，毒品大量泛滥，许多未成年人在毒品的烟雾中沉沦、堕落，毒品直接危害着未成年人的健康成长，这是一个关系中华民族兴衰成败，关系国家前途和命运的问题。试想，那些嗜毒如命、病体萎弱、萎靡不振的吸毒者，又怎能挑得起振兴中华民族、推进中国特色社会主义伟大事业、全面建成小康社会的重担呢？因此，必须高度重视对未成年人的教育培养，努力提高未成年人思想道德素质，积极营造有利于未成年人健康成长的良好舆论氛围和社会环境，是全社会共同的责任。为了保护未成年人的身心健康，保障未成年人的合法权益，促进未成年人在品德、智力、体质等方面全面发展，有效地预防未成年人犯罪，国家颁布了《中华人民共和国未成年人保护法》《中华人民共和国预防未成年人犯罪法》《中共中央、国务院关于进一步加强和改进未成年人思想道德建设的若干意见》等有关法律和政策，强化了家庭和社会对未成年人的教育和培养。为了防止毒品侵害未成年人，本条规定，未成年人的父母或者其他监护人应当对未成年人进行毒品危害的教育，防止其吸食、注射毒品或者进行其他毒品违法犯罪活动。

本条包含两层意思：第一，明确未成年人的父母或者其他监护人负有对未成年人进行毒品危害教育的责任。这样规定，主要有以下几点考虑：一是家庭的环境和父母的品行对未成年人的成长有着极其重要的影响，家庭教育是预防未成年人进行毒品违法犯罪行为的第一道防线。我们知道，家庭是社会的细胞和窗口，是未成年人出生后的第一所启蒙学校，父母是未成年人的第一任启蒙老师，未成年人生活的主要环境就是家庭，所受到的最初教育就是父母的教育，父母的言传身教，对未成年人的心理、个性、道德品质、理想、情操的形成，都起着非常重要的作用。良好的家庭教育，父母优良的品行，可以使未成年人积极向上，健康成长，远离毒品；不良的家庭环境和不当的家庭教育，可能使未成年人养成不良的行为习惯，甚至走上吸毒、贩毒等违法犯罪的道路。因此，父母或者其他监护人对未成年人负有毒品危害教育的责任。二是父母或其他监护人和未成年人生活在一起，照料他们的衣食住行，而未成年人对父母或其他监护人有很大的依赖性，使父母便于了解他们的行为情况，掌握他们的心理和要求，有利于及时、有针对性地对其进行毒品危害教育。三是有关法律对未成年人的父母或者其他监护人规定了相应的职责。例如，《中华人民共和国未成年人保护法》规定，父母或者其他监护人应当创造良好、和睦的家庭环境，依法履行对未成年人的监护职责和抚养义务，父母或者其他监护人应当学习家庭教育知识，正确履行监护职责，抚养教育未成年人。《中华人民共和国预防未成年人犯罪法》规定，未成年人的父母或者其他监护人对未成年人的法制教育负有直接责任。学校在对学生进行预防犯罪教育时，应当将教育计划告知未成年人的父母或者其他监护人，未成年人的父母或者其他监护人应当结合学校的计划，针对具体情况进行教育。基于上述原因，本法要求未成年人的父母或者其他监护人应当对未成年人进行毒品危害的教育，防止其吸食、注射毒品或者进行其他毒品违法犯罪活动。这里的“未成年人”，是指未满18周岁的公民。“监护”，是指对未成年人的人身、财产及其他一切合法权益的监督和保护。承担这种监护任务的人叫监护人。监护人一般由公民担任，在特殊情况下也可由有关的组织担任。《中华人民共和国民法总则》第二十七条规定：“父母是未成年子女的监护人。未成年人的父母已经死亡或者没有监护能力的，由下列有监护能力的人按顺序担任监护人：（一）祖父母、外祖父母；（二）兄、姐；（三）其他愿意担任监护人的个人或者组织，但是须经未成年人住所地的居民委员会、村民委员会或者民政部门同意。”父母或者其他监护人担负着保护未成年人的人身健康和安全的责任，排除来自于各方面的对未成年人身心健康的侵害。同时，父母或者其他监护人还负有对未成年人进行德、智、体、美、劳等方面培养和教育的职责，加强对未成年人毒品危害的教育是一项极其重要的任务。

第二，未成年人的父母或者其他监护人对未成年人教育的内容，应当是进行毒品危害的教育，防止其吸食、注射毒品或者进行其他毒品违法犯罪活动。首先，未成年人的父母或者其他监护人要对未成年人进行毒品危害教育，告之毒品的有关知识，可以让未成年人通过阅读报纸和收听广播中有关毒品方面的知识，观看电视、电影拍摄有关禁毒的专题片，带他们参观禁毒展览，参加禁毒公益活动，认识和了解毒品的严重危害性。其次，要增强未成年人禁毒、防毒意识，告知未成年人如何远离毒品，要从思想上真正认识毒品的危害，坚决反对毒品侵入，使贩毒分子和吸毒者不能接近他们；要告诫他们决不能以身试毒，千万不能有好奇心理，在吸毒问题上，面临的是生与死的选择，很可能由尝试堕入黑暗的深渊，最终断送年轻的生命。让未成年人珍爱生命，拒绝毒品，是未成年人的父母或者其他监护人的重要职责。最后，要密切关注未成年人的成长，防止其吸毒或者进行其他毒品违法犯罪活动。在吸毒人员中，由于无知、好奇、被他人引诱而吸毒的未成年人比例不小。未成年人正处于生理、心理发展时期，心理防线薄弱，好奇心强，判别是非能力差，不易抵制毒品的侵袭，加之对毒品的危害性和吸毒的违法性缺乏认识，最易受到毒品的侵袭。因此，当未成年人进入青春期后，毒品、酒和香烟对他们的诱惑力便会大大地增强，尤其是学校里有人在尝试这些危险的东西时更是如此。这一时期，父母或者其他监护人应当时常关注未成年人，与未成年人进行沟通，了解未成年人的心思、结交的朋友、空闲时的所作所为等，还应当加强与未成年人所在的学校的联系，以便掌握未成年人在校的情况，有针对性地对未成年人进行教育。发现未成年人有可能涉足毒品的，应当及时采取措施，使其认识到毒品的严重危害性，增强法制观念，帮助其纠正不良行为，防止其走上毒品违法犯罪的道路。只有这样才能使教育更具有针对性，收到良好的效果，这也是法律明确给未成年人的父母或者其他监护人规定的职责和义务。《中华人民共和国民法总则》第三十六条规定："监护人有下列情形之一的，人民法院根据有关个人或者组织的申请，撤销其监护人资格，安排必要的临时监护措施，并按照最有利于被监护人的原则依法指定监护人：（一）实施严重损害被监护人身心健康行为的；（二）怠于履行监护职责，或者无法履行监护职责并且拒绝将监护职责部分或者全部委托给他人，导致被监护人处于危困状态的；（三）实施严重侵害被监护人合法权益的其他行为的。本条规定的有关个人和组织包括：其他依法具有监护资格的人，居民委员会、村民委员会、学校、医疗机构、妇女联合会、残疾人联合会、未成年人保护组织、依法设立的老年人组织、民政部门等。前款规定的个人和民政部门以外的组织未及时向人民法院申请撤销监护人资格的，民政部门应当向人民法院申请。"根据《中华人民共和国未成年人保护法》的规定，父母或者其他监护人不履行监护职责或者侵害被监护的未成年人的合法权益，经教育不改的，人民法院可以根据有关人员或者有关单位的申请，撤销其监护人的资格，依法另行指定监护人。被撤销监护资格的父母应当依法继续负担抚养费用。父母或者其他监护人不依法履行监护职责，或者侵害未成年人合法权益的，由其所在单位或者居民委员会、村民委员会予以劝诫、制止；构成违反治安管理行为的，由公安机关依法给予行政处罚。《中华人民共和国预防未成年人犯罪法》规定："未成年人的父母或者其他监护人不履行监护职责，放任未成年人有本法规定的不良行为或者严重不良行为的，由公安机关对未成年人的父母或者其他监护人予以训诫，责令其严加管教。"

相关规定

《中华人民共和国未成年人保护法》第 2 条、第 10 条、第 11 条、第 12 条、第 53 条、第 62 条；《中华人民共和国预防未成年人犯罪法》第 2 条、第 6 条、第 10 条、第 17 条、第 35 条、第 49 条

第三章　毒品管制

第十九条　国家对麻醉药品药用原植物种植实行管制。禁止非法种植罂粟、古柯植物、大麻植物以及国家规定管制的可以用于提炼加工毒品的其他原植物。禁止走私或者非法买卖、运输、携带、持有未经灭活的毒品原植物种子或者幼苗。

地方各级人民政府发现非法种植毒品原植物的，应当立即采取措施予以制止、铲除。村民委员会、居民委员会发现非法种植毒品原植物的，应当及时予以制止、铲除，并向当地公安机关报告。

条文主旨

本条是关于麻醉药品药用原植物种植管制的规定。

立法背景

受国际毒潮泛滥的影响，我国面临境外毒品渗透加剧与境内毒品来源增多的双重压力，毒品犯罪问题已经成为影响我国社会协调发展、社会稳定的不利因素。我们应当高度重视毒品问题，深刻认识到禁毒斗争是维护社会稳定、促进社会和谐发展的一项重要工作。因此，从源头上禁绝毒品，加强对麻醉药品药用原植物的管制是十分必要的。

条文解读

一、国家对麻醉药品药用原植物种植实行管制

为了加强对麻醉药品和精神药品的管理，保证麻醉药品和精神药品的合法、安全、合理使用，《中华人民共和国药品管理法》第一百一十二条规定，国务院对麻醉药品、精神药品、医疗用毒性药品、放射性药品、药品类易制毒化学品等有其他特殊管理规定的，依照其规定。《麻醉药品和精神药品管理条例》针对麻醉药品药用原植物以及麻醉药品和精神药品的管理进一步作了规定，即国家对麻醉药品药用原植物以及麻醉药品和精神药品实行管制。国家根据麻醉药品和精神药品的医疗、国家储备和企业生产所需原料的需要确定需求总量，对麻醉药品药用原植物的种植、麻醉药品和精神药品的生产实行总量控制。国务院药品监督管理部门和国务院农业主管部门根据麻醉药品年度生产计划，制定麻醉药品药用原植物年度种植计划。药品监督管理部门应当根据规定的职责权限，对麻醉药品药用原植物的种植进行监督检查。这里的“麻醉药品药用原植物”，是指罂粟、古柯植物、大麻植物以及国家规定管制的可以用于提炼加工毒品的其他原植物。

本条针对毒品原植物有两项禁止性规定：

1. 禁止非法种植罂粟、古柯植物、大麻植物以及国家规定管制的可以用于提炼加工毒品的其他原植物。对毒品原植物种植的管制，是整个禁毒斗争的重要组成部分，是禁毒治本的有效措施之一。国家始终把禁种毒品原植物作为工作重点，常抓不懈，防患于未然。众所周知，罂粟、大麻和古柯具有两重性，既可用于医疗，减轻病人痛苦，也可作为毒品被违法滥

用，使人成瘾，危害身体健康。因此，对罂粟、古柯植物、大麻植物等毒品原植物的种植，必须实行严格的管制，这也是禁毒法治建设一项十分重要的内容。国家为此颁布了一系列法律、法规和有关规定，主要有：《中华人民共和国刑法》《中华人民共和国治安管理处罚法》《麻醉药品和精神药品管理条例》《麻醉药品和精神药品生产管理办法（试行）》《罂粟壳管理暂行规定》《关于严禁非法种植罂粟的通知》等。《麻醉药品和精神药品管理条例》第九条规定："麻醉药品药用原植物种植企业由国务院药品监督管理部门和国务院农业主管部门共同确定，其他单位和个人不得种植麻醉药品药用原植物。"罂粟、古柯植物、大麻植物以及国家规定管制的可以用于提炼加工毒品的其他原植物等毒品原植物是用来提炼、加工海洛因、吗啡、可卡因等麻醉药品和精神药品必不可少的自然原料。在禁毒工作中，禁止非法种植毒品原植物，可以起到堵源截流的效果。这里的"罂粟"，是指催眠性罂粟科的植物。罂粟是两年生草本植物，罂粟花期过后，结出椭圆形的蒴果，在成熟蒴果上切割，可渗出白色浆汁，把浆汁晾干，就成为棕黑色的胶状物，即鸦片，鸦片是制造吗啡和海洛因的原料。"古柯植物"，为古柯属的植物，叶呈卵形，边缘光滑，味似茶叶，花小，呈淡黄白色，花序生于一短柄上，浆果为红色。古柯碱是从古柯树叶中分离出来的一种最主要的生物碱，属于中枢神经兴奋剂，其盐类呈白色晶体状，无气味，味略苦而麻，易溶于水和酒精，兴奋作用强，是一种局部麻醉剂。"大麻植物"，系指大麻属的植物，一年生草本，掌状复叶，小叶披针形，有锯齿，春夏间开花，花单性，雌雄异株，瘦果卵形，有棱，大麻性味辛麻、温、有毒，可以制取麻醉药品，具有止痛、抗痉挛与松弛肌肉等作用。这里的“非法”，是指未经国家主管部门批准，私自种植毒品原植物，或者没有按照批准的种植计划、限定数量进行种植。“种植”，是指播种、施肥、灌溉、割取津液、收取种子等过程。“可以用于提炼加工毒品的其他原植物”，是指除罂粟、古柯植物、大麻以外的其他可以用于提炼加工毒品的植物，如卡特树、仙人球毒碱、麦角菌、植物麻黄、毒蝇伞等。对于实施非法种植罂粟、古柯植物、大麻植物以及国家规定管制的可以用于提炼加工毒品的其他原植物的行为，法律作出了明确的处罚规定，分为两种：一是根据《中华人民共和国治安管理处罚法》第七十一条的规定，非法种植罂粟不满五百株或者其他少量毒品原植物的，处十日以上十五日以下拘留，可以并处三千元以下罚款；情节较轻的，处五日以下拘留或者五百元以下罚款。在成熟前自行铲除的，不予处罚。二是根据《中华人民共和国刑法》第三百五十一条的规定，非法种植罂粟、大麻等毒品原植物具有下列情形之一的，处五年以下有期徒刑、拘役或者管制，并处罚金：（1）种植罂粟五百株以上不满三千株或者其他毒品原植物数量较大的；（2）经公安机关处理后又种植的；（3）抗拒铲除的。非法种植罂粟三千株以上或者其他毒品原植物数量大的，处五年以上有期徒刑，并处罚金或者没收财产。非法种植罂粟或者其他毒品原植物，在收获前自动铲除的，可以免除处罚。

2. 禁止走私或者非法买卖、运输、携带、持有未经灭活的毒品原植物种子或者幼苗。对于毒品原植物种子和幼苗的管理，国家也有严格的规定，如刑法、治安管理处罚法、《麻醉药品和精神药品管理条例》等。这些规定体现了国家严厉禁止走私或者非法买卖、运输、携带、持有未经灭活的毒品原植物种子或者幼苗的政策。这里的“走私”，是指携带、运输、邮寄未经灭活的毒品原植物种子或者幼苗非法进出国、边境的行为。“非法买卖”，是指以金钱或者实物作价非法购买或者出售未经灭活的毒品原植物种子或者幼苗的行为。“非法运输”，是指使用邮寄或者其他交通工具非法从事未经灭活的毒品原植物种子或者幼苗的运送行为。“非法携带、持有”，是指违反国家规定，随身携带、私藏未经灭活的毒品原植物种子或者幼苗的行为。“未经灭活的毒品原植物种子或者幼苗”，是指没有经过烘烤、放射线照射等处理手段，还能继续繁殖、发芽的罂粟等毒品原植物种子或者幼苗。因罂粟籽本身不具有毒性，《联合国禁止非法贩运麻醉药品和精神药物公约》和我国麻醉药品表中都未将其列为毒品，但该公约中明确规定对罂粟籽应严格加以管制。对罂粟籽等毒品原植物种子使用必须经灭活处理，有些国家习惯将罂粟籽作为面包上的配料，但如不经灭活处理，就会使不法分子钻空子用于种植。对于实施走私或者非法买卖、运输、携带、持有未经灭活的毒品原植物种子或者幼苗的行为，法律作出了明确的处罚规定，分为两种：一是根据《中华人民共和国治安管理处罚法》第七十一条的规定，非法买卖、运输、携带、持有少量未经灭活的罂粟等毒品原植物种子或者幼苗，或者非法运输、买卖、储存、使用少量罂粟壳的，处十日以上十五日以下拘留，可以并处三千元以下罚款；情节较轻的，处五日以下拘留或者五百元以下罚款。二是根据《中华人民共和国刑法》第三百五十二条的规定，非法买卖、运输、携带、持有未经灭活的罂粟等毒品原植物种子或者幼苗，数量较大的，处三年以下有期徒刑、拘役或者管制，并处或者单处罚金。

二、非法种植毒品原植物的铲除措施

1. 地方各级人民政府发现非法种植毒品原植物的，应当立即采取措施予以制止、铲除。非法种植毒品原植物是其他毒品犯罪的源头，一旦发现非法种植毒品原植物的，地方各级人民政府有义务也有职责立即采取措施予以制止、铲除。公安部、原卫生部颁布的《关于严禁非法种植罂粟的通知》规定："各地公安、卫生部门都要将本地私种罂粟的情况摸清并如实向党委、政府报告，采取有力措施查禁。要根据南方、北方不同的种植季节，切实组织足够的力量，深入农村、山区检查、督促铲除罂粟的工作，不能贻误收割季节。对已种植的，要责令本人铲除或强行铲除。对留存的罂粟种子和已收获的大烟果要全部收缴。"对于未经国家主管部门批准，擅自种植罂粟、古柯植物、大麻植物以及国家规定管制的可以用于提炼加工毒品的其他原植物，或者没有按照批准的种植计划、限定数量进行种植的，应当予以阻止，对已经种植毒品原植物的，应当将毒品原植物铲除干净。国家禁毒委员会办公室多次组织相关省、自治区、直辖市开展铲除行为，实践中还注意运用卫星遥感监测技术等科技手段，提高禁种铲毒工作水平和发现能力，存在非法种植问题的地区进一步落实禁种铲毒工作责任制。特别是在山区、林区组织开展禁种宣传、航测铲毒和人工踏查，及时发现和铲除零星非法种植的毒品原植物，依法处理了一批非法种植的违法犯罪分子，禁种铲毒工作取得历史最好水平，国内零星非法种植毒品原植物问题得到基本解决。

2. 村民委员会、居民委员会发现非法种植毒品原植物的，应当及时予以制止、铲除，并向当地公安机关报告。根据村民委员会组织法的规定，村民委员会办理本村的公共事务和公益事业，协助维护社会治安，协助乡、镇的人民政府开展工作等。因此，村民委员会、居民委员会有责任关心村民、居民的生产和生活，在进行禁毒宣传教育的同时，还应当协助人民政府做好监督检查工作。特别是在农村，村民委员会更有义务了解本区域范围内的种植情况，一旦发现有非法种植毒品原植物的，应当及时予以制止、铲除，并向公安机关报告；居民委员会如果发现有非法种植毒品原植物的，也应当及时予以制止、铲除，并立即向当地公安机关报告。

相关规定

《中华人民共和国刑法》第351条、第352条；《中华人民共和国治安管理处罚法》第71条；《麻醉药品和精神药品管理条例》第4条、第5条、第7条、第8条、第9条、第66条；《麻醉药品和精神药品生产管理办法（试行）》第9条、第14条

第二十条　国家确定的麻醉药品药用原植物种植企业，必须按照国家有关规定种植麻醉药品药用原植物。

国家确定的麻醉药品药用原植物种植企业的提取加工场所，以及国家设立的麻醉药品储存仓库，列为国家重点警戒目标。

未经许可，擅自进入国家确定的麻醉药品药用原植物种植企业的提取加工场所或者国家设立的麻醉药品储存仓库等警戒区域的，由警戒人员责令其立即离开；拒不离开的，强行带离现场。

条文主旨

本条是关于麻醉药品药用原植物种植企业依法种植以及加强对提取加工场所和储存仓库保护的规定。

立法背景

麻醉药品药用原植物是制造麻醉药品的原料，加强对麻醉药品药用原植物种植企业的监督管理是十分必要的，这样可以从源头上控制麻醉药品药用原植物的非法流失，防止其流入非法渠道制造毒品。因此，不仅要对麻醉药品药用原植物种植企业进行严格监管，还要加强对麻醉药品药用原植物种植企业的提取加工场所和麻醉药品的储存仓库的保护措施。

条文解读

一、麻醉药品药用原植物种植企业的管理

对于麻醉药品药用原植物种植企业的管理，本法和《麻醉药品和精神药品管理条例》《麻醉药品和精神药品生产管理办法（试行)》都作了明确的规定。根据本条第一款的规定，国家确定的麻醉药品药用原植物种植企业，必须按照国家有关规定种植麻醉药品药用原植物。这里包含两层意思：

第一，麻醉药品药用原植物种植企业必须是国家确定的种植企业。《麻醉药品和精神药品管理条例》规定，麻醉药品药用原植物种植企业由国务院药品监督管理部门和国务院农业主管部门共同确定，其他单位和个人不得种植麻醉药品药用原植物。由此可见，在我国，麻醉药品药用原植物种植企业必须是由国务院药品监督管理部门和国务院农业主管部门共同确定、

严格审查批准的单位。除此之外，任何单位、个人未经国家有关主管部门批准，不得进行毒品药用原植物的种植。国家在对种植企业数量限制的同时，对种植的数量也有严格的控制，国家根据麻醉药品和精神药品的医疗、国家储备和企业生产所需原料的需要确定需求总量，对麻醉药品药用原植物的种植实行总量控制，国务院药品监督管理部门和国务院农业主管部门根据麻醉药品年度生产计划，制定麻醉药品药用原植物年度种植计划。

第二，麻醉药品药用原植物种植企业，必须按照国家有关规定种植麻醉药品药用原植物。《麻醉药品和精神药品管理条例》规定，麻醉药品药用原植物种植企业应当根据年度种植计划，种植麻醉药品药用原植物，种植企业应当向国务院药品监督管理部门和国务院农业主管部门定期报告种植情况。麻醉药品药用原植物种植企业和麻醉药品、精神药品生产企业，还应当按照要求建立向药品监督管理部门报送信息的网络终端，及时将麻醉药品和精神药品生产、销售、库存情况上报。依照《麻醉药品和精神药品生产管理办法（试行)》的规定，麻醉药品药用原植物种植企业应当于每年 10 月底前向原国家食品药品监督管理局和原农业部报送下一年度麻醉药品药用原植物种植计划。原国家食品药品监督管理局会同原农业部应当于每年 1 月 20 日前下达本年度麻醉药品药用原植物种植计划。因此，种植企业必须严格按照国务院药品监督管理部门审批的年度种植计划组织生产，任何违反指令性计划而超量种植麻醉药品药用原植物的行为，都是非法的，而且种植企业还必须设置储存麻醉药品的专库。为了加强对麻醉药品种植企业的监督管理，《麻醉药品和精神药品管理条例》还规定，药品监督管理部门应当根据规定的职责权限，对麻醉药品药用原植物的种植进行监督检查，各级药品监督管理部门应当将在麻醉药品药用原植物的种植管理中的审批、撤销等事项通报同级公安机关。麻醉药品药用原植物种植企业违反规定，有下列情形之一的，由药品监督管理部门责令限期改正，给予警告；逾期不改正的，处五万元以上十万元以下的罚款；情节严重的，取消其种植资格：（1）未依照麻醉药品药用原植物年度种植计划进行种植的；（2）未依照规定报告种植情况的；（3）未依照规定储存麻醉药品的。

二、麻醉药品的提取加工场所和储存仓库的管理

麻醉药品具有双重性，使用得当，可以缓解病痛，治疗疾病；使用不当或者滥用，则使人产生药物依赖性，损害身体健康。国家为了防止滥用麻醉药品危害人民群众的身心健康，不仅对麻醉药品药用原植物的种植进行了严格的限制，还对麻醉药品药用原植物种植企业的提取加工场所和麻醉药品储存仓库的保护措施作了明确规定，即国家确定的麻醉药品药用原植物种植企业的提取加工场所，以及国家设立的麻醉药品储存仓库，列为国家重点警戒目标。这里所说的“提取加工场所”，是指对成熟的麻醉药品药用原植物进行采集、收成后，对采集、收成的原材料进行提炼、加工、制作成某种药品原料的专门场所。“储存仓库”，是指用于储存麻醉药品、精神药品和药用原植物的专门场所。《麻醉药品和精神药品管理条例》第四十六条第一款规定：“麻醉药品药用原植物种植企业、国家设立的麻醉药品储存单位，应当设置储存麻醉药品和第一类精神药品的专库。该专库应当符合下列要求：（一）安装专用防盗门，实行双人双锁管理；（二）具有相应的防火设施；（三）具有监控设施和报警装置，报警装置应当与公安机关报警系统联网。”《麻醉药品和精神药品生产管理办法（试行）》规定，麻醉药品、第一类精神药品专用仓库必须位于库区建筑群之内，不靠外墙，仓库采用无窗建筑形式，整体为钢筋混凝土结构，具有抗撞击能力，入口采用钢制保险库门。第二类精神药品原料药以及制剂应当在药品库中设立独立的专库存放。麻醉药品生产区、生产车间、仓库出入口以及仓库内部等关键部位应当安装摄像装置，监控生产的主要活动并记录，仓库还应当安装自动报警系统，并与公安部门报警系统联网。

将麻醉药品药用原植物种植企业的提取加工场所和麻醉药品储存仓库列为国家重点警戒目标，采取严格的保护措施进行重点防范，主要是因为：一是避免麻醉药品管理不慎流入非法渠道，危害人们的健康；二是防止不法分子蓄意盗取麻醉药品，谋取暴利，或者故意扰乱、破坏上述场所，给正常的医疗、教学和科研造成重大损失。“国家重点警戒目标”，主要是指运用军队、警察等国家机器来保证一定场所、区域、人员、设备、物品等安全，其安全警卫的措施要比一般场所更加严格，限制人员进出警戒区域，对出入警戒区域的人员的证件、车辆和物品都要进行检查，未经允许，任何人、车辆不得擅自进入该场所。国家重点警戒目标不能随意设立，其设立有严格的条件和程序，必须经过国家有关主管部门批准才能设立。对于国家重点警戒目标的管理，需要根据该场所的性质、特点和安全级别等，由相关部门按照国家有关规定进行管理。

三、擅自进麻醉药品提取加工场所和储存仓库的处理

为了防止麻醉药品和麻醉药品药用原植物被盗、被抢、丢失或者其他流入非法渠道的情形发生，国家对麻醉药品药用原植物种植企业的提取加工场所和麻醉药品储存仓库等区域进行严格的警戒管理，将上述警戒区域列为国家重点警戒目标，并有严格的管理制度来保证国家重点警戒目标的安全，出入警戒区域的人员、车辆必须有相关的证件和手续，任何人未经许可不能擅自进入警戒区域，从而避免无关人员进入上述场所。任何人未经许可擅自进入国家确定的麻醉药品药用原植物种植企业的提取加工场所或者国家设立的麻醉药品储存仓库等警戒区域的，将会扰乱该场所正常的生产、经营秩序，必须采取措施予以制止，从而确保国家重点警戒目标的安全。本条第三款对未经许可擅自进入国家确定的麻醉药品药用原植物种植企业的提取加工场所或者国家设立的麻醉药品储存仓库等警戒区域的行为，规定了两档处理办法：一是由警戒人员责令其立即离开。二是拒不离开的，警戒人员将其强行带离现场。“强行带离现场”，是一种强制性措施，主要是采用抓、扭等限制身体行动自由的方式，强制将行为人带离有关场所。这种强制措施在反恐怖主义法、戒严法、人民警察法、集会游行示威法、治安管理处罚法、铁路法等有关法律中均有规定，主要是针对危害公共安全、严重破坏社会秩序、冲击国家机关或者其他重要单位、场所等情况，在阻止无效的情况下所采取的强制措施。当国家重点警戒目标的安全受到威胁时，必须采取有效措施，迅速予以处置，这是十分必要的，也是保证警戒区域安全的重要手段。警戒人员依法实施“强行带离现场”强制措施时，属于依法执行公务的行为，如果有阻碍、抗拒等行为的，可以依法采取相关措施，并立即向有关部门报告。

相关规定

《中华人民共和国反恐怖主义法》第28条；《中华人民共

和国人民警察法》第8条；《中华人民共和国铁路法》第53条；《中华人民共和国治安管理处罚法》第24条；《中华人民共和国集会游行示威法》第27条；《中华人民共和国戒严法》第31条；《麻醉药品和精神药品管理条例》第7—9条、第46—49条、第66条；《麻醉药品和精神药品生产管理办法（试行)》第9条、第10条、第14条、第16条、第17条、第26条

第二十一条 国家对麻醉药品和精神药品实行管制，对麻醉药品和精神药品的实验研究、生产、经营、使用、储存、运输实行许可和查验制度。

国家对易制毒化学品的生产、经营、购买、运输实行许可制度。

禁止非法生产、买卖、运输、储存、提供、持有、使用麻醉药品、精神药品和易制毒化学品。

条文主旨

本条是关于麻醉药品、精神药品和易制毒化学品的许可和查验制度的规定。

立法背景

为了坚决打击和有效遏制毒品犯罪活动，国家颁布了一系列法律法规，并在全国范围内开展禁毒专项斗争，这些决策对于维护国家、民族和人民的利益，保证国家的长治久安，促进和推动社会主义物质文明和精神文明建设，具有重要的现实意义。当然，我们也要充分认识到当前毒品泛滥的严重危害性和禁毒斗争的艰巨性、长期性，切实提高对禁毒斗争的必要性和

重要性的认识，加强对麻醉药品、精神药品和易制毒化学品的管理，严厉打击毒品违法犯罪行为。

条文解读

一、麻醉药品和精神药品的许可和查验制度

“麻醉药品和精神药品”，根据《麻醉药品和精神药品管理条例》的规定，是指列入国家的麻醉药品和精神药品管制目录的药品和其他物质，麻醉药品和精神药品管制目录由国务院药品监督管理部门会同国务院公安部门、国务院卫生主管部门制定、调整并公布。

“麻醉药品”，是指阿片类、大麻类、可卡因类等天然来源、半合成或合成的一些具有依赖性潜力的药用原植物、药品和物质。根据原国家食品药品监督管理总局、公安部、原国家卫生和计划生育委员会联合公布的《麻醉药品和精神药品品种目录》(2013 年版)，麻醉药品有 121 种，其中有我们比较熟悉的海洛因、吗啡、阿片、大麻、可卡因、美沙酮、二氢埃托啡、度冷丁（杜冷丁，学名哌替啶）等。“精神药品”，是指致幻剂、兴奋剂、镇静催眠剂等一些具有依赖性潜力的药品和物质，分为第一类精神药品和第二类精神药品。《麻醉药品和精神药品品种目录》（2013 年版）规定，第一类精神药品有 68 种，第二类精神药品有 81 种，第一类精神药品有我们比较熟悉的去氧麻黄碱、司可巴比妥、三唑仑等；第二类精神药品有咖啡因、安钠咖等。上市销售但尚未列入目录的药品和其他物质或者第二类精神药品发生滥用，已经造成或者可能造成严重社会危害的，国务院药品监督管理部门会同国务院公安部门、国务院卫生主管部门应当及时将该药品和该物质列入目录或者将

该第二类精神药品调整为第一类精神药品。

麻醉药品在临床医学上主要用于镇痛，对癌症等伴有剧烈疼痛的疾病的临床治疗具有不可替代的作用，常用品种有吗啡、度冷丁、芬太尼等。精神药品在临床医学上主要用于镇静催眠、兴奋等，是治疗癫痫、失眠、抑郁症等精神疾病的主要药物，常用品种有安定、速可眠、利他林等。但是，麻醉药品和精神药品又具有较强的药物依赖性，不合理使用或者滥用会成瘾，产生身体依赖或者精神依赖，流入非法渠道更会产生严重的社会问题。鉴于麻醉药品和精神药品的这种双重性质，联合国先后通过了《1961 年麻醉品单一公约》和《1971 年精神药物公约》，要求各缔约国对麻醉药品和精神药品实行严格管制，并保证合理用药需求，我国于 1985 年加入了上述两个公约。按照公约的要求，国务院制定了《麻醉药品和精神药品管理条例》，原国家药品监督管理局颁布《麻醉药品和精神药品生产管理办法（试行）》《麻醉药品和精神药品经营管理办法（试行）》《麻醉药品和精神药品邮寄管理办法》《麻醉药品和精神药品运输管理办法》等。这些规定对麻醉药品和精神药品生产、经营、使用、储存、运输等采取严格审批、定点控制等多项管制措施，对麻醉药品和精神药品的合法、安全、合理使用，防止其流入非法渠道，发挥了积极作用。禁毒法重申了国家对麻醉药品和精神药品的管制，根据本条的规定，国家对麻醉药品和精神药品实行管制，对麻醉药品和精神药品的实验研究、生产、经营、使用、储存、运输实行许可和查验制度。这里主要包含以下几个方面的内容：

1. 对麻醉药品和精神药品的实验研究实行许可和查验制度。这里的“实验研究”，是指以医疗、科学研究或者教学为目的的临床前药物研究。《麻醉药品和精神药品管理条例》第十条规定："开展麻醉药品和精神药品实验研究活动应当具备下列条件，并经国务院药品监督管理部门批准：（一）以医疗、科学研究或者教学为目的；（二）有保证实验所需麻醉药品和精神药品安全的措施和管理制度；（三）单位及其工作人员 2 年内没有违反有关禁毒的法律、行政法规规定的行为。"第十一条规定："麻醉药品和精神药品的实验研究单位申请相关药品批准证明文件，应当依照药品管理法的规定办理；需要转让研究成果的，应当经国务院药品监督管理部门批准。"条例还规定，药品监督管理部门应当根据规定的职责权限，对麻醉药品和精神药品的实验研究活动进行监督检查。

2. 对麻醉药品和精神药品的生产实行许可和查验制度。国家对麻醉药品和精神药品实行定点生产制度。《麻醉药品和精神药品管理条例》第十五条规定："麻醉药品和精神药品的定点生产企业应当具备下列条件：（一）有药品生产许可证；（二）有麻醉药品和精神药品实验研究批准文件；（三）有符合规定的麻醉药品和精神药品生产设施、储存条件和相应的安全管理设施；（四）有通过网络实施企业安全生产管理和向药品监督管理部门报告生产信息的能力；（五）有保证麻醉药品和精神药品安全生产的管理制度；（六）有与麻醉药品和精神药品安全生产要求相适应的管理水平和经营规模；（七）麻醉药品和精神药品生产管理、质量管理部门的人员应当熟悉麻醉药品和精神药品管理以及有关禁毒的法律、行政法规；（八）没有生产、销售假药、劣药或者违反有关禁毒的法律、行政法规规定的行为；（九）符合国务院药品监督管理部门公布的麻醉药品和精神药品定点生产企业数量和布局的要求。"第十六条规定："从事麻醉药品、精神药品生产的企业，应当经所在地省、自治区、直辖市人民政府药品监督管理部门批准。"第十九条规定："定点生产企业应当严格按照麻醉药品和精神药品年度生产计划安排生产，并依照规定向所在地省、自治区、直辖市人民政府药品监督管理部门报告生产情况。"药品监督管理部门应当根据规定的职责权限，对麻醉药品和精神药品的生产活动进行监督检查，省级以上人民政府药品监督管理部门根据实际情况建立监控信息网络，对定点生产企业的生产数量以及流向实行实时监控，并与同级公安机关做到信息共享。

3. 对麻醉药品和精神药品的经营实行许可和查验制度。国家对麻醉药品和精神药品实行定点经营制度，跨省、自治区、直辖市从事麻醉药品和第一类精神药品批发业务的企业，应当经国务院药品监督管理部门批准；在本省、自治区、直辖市行政区域内从事麻醉药品和第一类精神药品批发业务的企业，应当经所在地省、自治区、直辖市人民政府药品监督管理部门批准；专门从事第二类精神药品批发业务的企业，应当经所在地省、自治区、直辖市人民政府药品监督管理部门批准。药品监督管理部门应当根据规定的职责权限，对麻醉药品和精神药品的经营活动进行监督检查，省级以上人民政府药品监督管理部门根据实际情况建立监控信息网络，对定点批发企业的进货、销售数量实行实时监控，并与同级公安机关做到信息共享。

4. 对麻醉药品和精神药品的使用实行许可和查验制度。对麻醉药品和精神药品使用的许可和查验主要包括以下几个方面的内容：一是药品生产企业需要以麻醉药品和第一类精神药品为原料生产普通药品的，应当向所在地省、自治区、直辖市人民政府药品监督管理部门报送年度需求计划，由省、自治区、直辖市人民政府药品监督管理部门汇总报国务院药品监督管理部门批准后，向定点生产企业购买。药品生产企业需要以第二类精神药品为原料生产普通药品的，应当将年度需求计划报所在地省、自治区、直辖市人民政府药品监督管理部门，并向定点批发企业或者定点生产企业购买。二是食品、食品添加剂、化妆品、油漆等非药品生产企业需要使用咖啡因作为原料的，应当经所在地省、自治区、直辖市人民政府药品监督管理部门批准，向定点批发企业或者定点生产企业购买。三是科学研究、教学单位需要使用麻醉药品和精神药品开展实验、教学活动的，应当经所在地省、自治区、直辖市人民政府药品监督管理部门批准，向定点批发企业或者定点生产企业购买。四是医疗机构需要使用麻醉药品和第一类精神药品的，应当经所在地设区的市级人民政府卫生主管部门批准，取得麻醉药品、第一类精神药品购用印鉴卡，医疗机构应当凭印鉴卡向本省、自治区、直辖市行政区域内的定点批发企业购买麻醉药品和第一类精神药品；医疗机构抢救病人急需麻醉药品和第一类精神药品而本医疗机构无法提供时，可以从其他医疗机构或者定点批发企业紧急借用，抢救工作结束后，应当及时将借用情况报所在地设区的市级药品监督管理部门和卫生主管部门备案。五是因治疗疾病需要，个人凭医疗机构出具的医疗诊断书、本人身份证明，可以携带单张处方最大用量以内的麻醉药品和第一类精神药品。六是医疗机构、戒毒机构以开展戒毒治疗为目的，可以使用美沙酮或者国家确定的其他用于戒毒治疗的麻醉药品和精神药品，具体管理办法由国务院药品监督管理部门、国务院公安部门和国务院卫生主管部门制定。七是药品监督管理部门应当根据规定的职责权限，对麻醉药品和精神药品的使用活动进行监督检查，省级以上人民政府药品监督管理部门根据实际情况建立监控信息网络，对使用单位的进货、使用的数量以及流向实行实时监控，并与同级公安机关做到信息共享。

5. 对麻醉药品和精神药品的储存实行许可和查验制度。麻醉药品定点生产企业、全国性批发企业和区域性批发企业以及国家设立的麻醉药品储存单位，应当设置储存麻醉药品和第一类精神药品的专库，该专库应当符合下列要求：(1) 安装专用防盗门，实行双人双锁管理；(2) 具有相应的防火设施；(3) 具有监控设施和报警装置，报警装置应当与公安机关报警系统联网。麻醉药品和第一类精神药品的使用单位应当设立专库或者专柜储存麻醉药品和第一类精神药品，专库应当设有防盗设施并安装报警装置；专柜应当使用保险柜；专库和专柜应当实行双人双锁管理。药品监督管理部门应当根据规定的职责权限，对麻醉药品和精神药品的储存活动进行监督检查，省级以上人民政府药品监督管理部门根据实际情况建立监控信息网络，对定点生产企业、定点批发企业和使用单位的库存的数量和流向实行实时监控，并与同级公安机关做到信息共享。

6. 对麻醉药品和精神药品的运输实行许可和查验制度。对麻醉药品和精神药品运输的许可和查验主要有三个方面的内容：一是通过铁路运输麻醉药品和第一类精神药品的，应当使用集装箱或者铁路行李车运输，具体办法由国务院药品监督管理部门会同国务院铁路主管部门制定；没有铁路需要通过公路或者水路运输麻醉药品和第一类精神药品的，应当由专人负责押运。二是托运或者自行运输麻醉药品和第一类精神药品的单位，应当向所在地设区的市级药品监督管理部门申请领取运输证明。三是邮寄麻醉药品和精神药品，寄件人应当提交所在地设区的市级药品监督管理部门出具的准予邮寄证明。邮政营业机构应当查验、收存准予邮寄证明；没有准予邮寄证明的，邮政营业机构不得收寄。药品监督管理部门应当根据规定的职责权限，对麻醉药品和精神药品的运输活动进行监督检查。

二、易制毒化学品的许可制度

“易制毒化学品”，是指国家规定管制的可用于制造麻醉药品和精神药品的化学原料及配剂，分为三类，第一类是可以用于制毒的主要原料，包括黄樟油、异黄樟素、邻氨基苯甲酸、麻黄素等物质；第二类、第三类是可以用于制毒的化学配剂，第二类有苯乙酸、醋酸酐、三氯甲烷、乙醚、哌啶，第三类有甲苯、丙酮、甲基乙基酮、高锰酸钾、硫酸、盐酸。根据《易制毒化学品管理条例》第二条的规定，易制毒化学品的分类和品种需要调整的，由国务院公安部门会同国务院药品监督管理部门、安全生产监督管理部门、商务主管部门、卫生主管部门和海关总署提出方案，报国务院批准；省、自治区、直辖市人民政府认为有必要在本行政区域内调整分类或者增加条例规定以外的品种的，应当向国务院公安部门提出，由国务院公安部门会同国务院有关行政主管部门提出方案，报国务院批准。易制毒化学品具有双重性，既广泛运用于工农业生产和人们的日常生活，又可能流入非法渠道用于制造毒品。随着国际毒潮日益泛滥，尤其是制贩和滥用冰毒、摇头丸等合成毒品的不断蔓延，利用易制毒化学品进行违法犯罪问题日益严重，导致大量易制毒化学品流入非法地下毒品加工厂被用于制造毒品。加强对易制毒化学品生产、经营各环节的管理，可以从源头上控制易制毒化学品流入非法渠道制造毒品，从而减少毒品的供应。

为此，我国有关部门分别制定了《易制毒化学品管理条例》《易制毒化学品购销和运输管理办法》《非药品类易制毒化学品生产、经营许可办法》等有关规定。本法进一步重申了我国政府对易制毒化学品进行严格管理的精神，根据本条第二款的规定，国家对易制毒化学品的生产、经营、购买、运输实行许可制度。主要有以下几个方面的内容：

1. 对易制毒化学品的生产实行许可制度。申请生产第一类易制毒化学品，应当具备下列条件：（1）属依法登记的化工产品生产企业或者药品生产企业；（2）有符合国家标准的生产设备、仓储设施和污染物处理设施；（3）有严格的安全生产管理制度和环境突发事件应急预案；（4）企业法定代表人和技术、管理人员具有安全生产和易制毒化学品的有关知识，无毒品犯罪记录；（5）法律、法规、规章规定的其他条件。申请生产第一类中的药品类易制毒化学品，还应当在仓储场所等重点区域设置电视监控设施以及与公安机关联网的报警装置。申请生产第一类中的药品类易制毒化学品的，由省、自治区、直辖市人民政府药品监督管理部门审批。申请生产第一类中的非药品类易制毒化学品的，由省、自治区、直辖市人民政府安全生产监督管理部门审批；生产第二类、第三类易制毒化学品的，应当自生产之日起三十日内，将生产的品种、数量等情况，向所在地的设区的市级人民政府安全生产监督管理部门备案，行政主管部门应当于收到备案材料的当日发给备案证明。

2. 对易制毒化学品的经营实行许可制度。申请经营第一类易制毒化学品，应当具备下列条件：（1）属依法登记的化工产品经营企业或者药品经营企业；（2）有符合国家规定的经营场所，需要储存、保管易制毒化学品的，还应当有符合国家技术标准的仓储设施；（3）有易制毒化学品的经营管理制度和健全的销售网络；（4）企业法定代表人和销售、管理人员具有易制毒化学品的有关知识，无毒品犯罪记录；（5）法律、法规、规章规定的其他条件。申请经营第一类中的药品类易制毒化学品的，由省、自治区、直辖市人民政府药品监督管理部门审批；申请经营第一类中的非药品类易制毒化学品的，由省、自治区、直辖市人民政府安全生产监督管理部门审批；经营第二类易制毒化学品的，应当自经营之日起三十日内，将经营的品种、数量、主要流向等情况，向所在地的设区的市级人民政府安全生产监督管理部门备案；经营第三类易制毒化学品的，应当自经营之日起三十日内，将经营的品种、数量、主要流向等情况，向所在地的县级人民政府安全生产监督管理部门备案，行政主管部门应当于收到备案材料的当日发给备案证明。

3. 对易制毒化学品的购买实行许可制度。申请购买第一类易制毒化学品，应当提交下列证件：（1）经营企业提交企业营业执照和合法使用需要证明；（2）其他组织提交登记证书（成立批准文件）和合法使用需要证明。申请购买第一类中的药品类易制毒化学品的，由所在地的省、自治区、直辖市人民政府药品监督管理部门审批；申请购买第一类中的非药品类易制毒化学品的，由所在地的省、自治区、直辖市人民政府公安机关审批。持有麻醉药品、第一类精神药品购买印鉴卡的医疗机构购买第一类中的药品类易制毒化学品的，无须申请第一类易制毒化学品购买许可证。购买第二类、第三类易制毒化学品的，应当在购买前将所需购买的品种、数量，向所在地的县级人民政府公安机关备案。个人自用购买少量高锰酸钾的，无须备案。

4. 对易制毒化学品的运输实行许可制度。对易制毒化学品的运输许可主要有以下几种情况：一是跨设区的市级行政区域（直辖市为跨市界）或者在国务院公安部门确定的禁毒形势严峻的重点地区跨县级行政区域运输第一类易制毒化学品的，由运出地的设区的市级人民政府公安机关审批；运输第二类易制毒化学品的，由运出地的县级人民政府公安机关审批；运输第三类易制毒化学品的，应当在运输前向运出地的县级人民政府公安机关备案，公安机关应当于收到备案材料的当日发给备案证明。对许可运输第一类易制毒化学品的，发给一次有效的运输许可证；对许可运输第二类易制毒化学品的，发给三个月有效的运输许可证，对于六个月内运输安全状况良好的，发给十二个月有效的运输许可证。二是运输供教学、科研使用的100克以下的麻黄素样品和供医疗机构制剂配方使用的小包装麻黄素以及医疗机构或者麻醉药品经营企业购买麻黄素片剂6万片以下、注射剂1.5万支以下，货主或者承运人持有依法取得的购买许可证明或者麻醉药品调拨单的，无须申请易制毒化学品运输许可。三是因治疗疾病需要，患者、患者近亲属或者患者委托的人凭医疗机构出具的医疗诊断书和本人的身份证明，可以随身携带第一类中的药品类易制毒化学品药品制剂，但是不得超过医用单张处方的最大剂量。

三、禁止非法生产、买卖、运输、储存、提供、持有、使用麻醉药品、精神药品和易制毒化学品

麻醉药品、精神药品和易制毒化学品都具有双重性，既要保证其日常的合法使用，又要防止其流入非法渠道，危害社会。《联合国禁止非法贩运麻醉药品和精神药物公约》于1988年通过，我国于1989年正式加入该公约。为了履行公约的义务和规范易制毒化学品的生产、经营、购买、运输活动，我国法律明确规定，禁止非法生产、买卖、运输、储存、提供、持有、使用麻醉药品、精神药品和易制毒化学品；县级以上人民政府公安机关、药品监督管理部门、海关等有关部门，应当依照有关法律、行政法规的规定，在各自的职责范围内，加强对麻醉药品、精神药品和易制毒化学品的监督检查，严厉打击针对麻醉药品、精神药品和易制毒化学品的违法犯罪行为。

为了严惩针对麻醉药品、精神药品和易制毒化学品的违法犯罪行为，治安管理处罚法和刑法都作了明确的规定。

1.《中华人民共和国治安管理处罚法》第七十二条规定："有下列行为之一的，处十日以上十五日以下拘留，可以并处二千元以下罚款；情节较轻的，处五日以下拘留或者五百元以下罚款：（一）非法持有鸦片不满二百克、海洛因或者甲基苯丙胺不满十克或者其他少量毒品的；（二）向他人提供毒品的；（三）吸食、注射毒品的；（四）胁迫、欺骗医务人员开具麻醉药品、精神药品的。"

2. 针对不同的毒品犯罪行为，我国刑法作出相应的处罚规定：

（1）走私、贩卖、运输、制造毒品罪。《中华人民共和国刑法》第三百四十七条第一款规定："走私、贩卖、运输、制造毒品，无论数量多少，都应当追究刑事责任，予以刑事处罚。"第二款规定："走私、贩卖、运输、制造毒品，有下列情形之一的，处十五年有期徒刑、无期徒刑或者死刑，并处没收财产：（一）走私、贩卖、运输、制造鸦片一千克以上、海洛因或者甲基苯丙胺五十克以上或者其他毒品数量大的；（二）走私、贩卖、运输、制造毒品集团的首要分子；（三）武装掩护走私、贩卖、运输、制造毒品的；（四）以暴力抗拒检查、拘留、逮捕，情节严重的；（五）参与有组织的国际贩毒活动的。”第三款规定：“走私、贩卖、运输、制造鸦片二百克以上不满一千克、海洛因或者甲基苯丙胺十克以上不满五十克或者其他毒品数量较大的，处七年以上有期徒刑，并处罚金。”第四款规定：“走私、贩卖、运输、制造鸦片不满二百克、海洛因或者甲基苯丙胺不满十克或者其他少量毒品的，处三年以下有期徒刑、拘役或者管制，并处罚金；情节严重的，处三年以上七年以下有期徒刑，并处罚金。”

（2）非法持有毒品罪。《中华人民共和国刑法》第三百四十八条规定：“非法持有鸦片一千克以上、海洛因或者甲基苯丙胺五十克以上或者其他毒品数量大的，处七年以上有期徒刑或者无期徒刑，并处罚金；非法持有鸦片二百克以上不满一千克、海洛因或者甲基苯丙胺十克以上不满五十克或者其他毒品数量较大的，处三年以下有期徒刑、拘役或者管制，并处罚金；情节严重的，处三年以上七年以下有期徒刑，并处罚金。”

（3）非法生产、买卖、运输制毒物品、走私制毒物品罪。《中华人民共和国刑法》第三百五十条规定：“违反国家规定，非法生产、买卖、运输醋酸酐、乙醚、三氯甲烷或者其他用于制造毒品的原料、配剂，或者携带上述物品进出境，情节较重的，处三年以下有期徒刑、拘役或者管制，并处罚金；情节严重的，处三年以上七年以下有期徒刑，并处罚金；情节特别严重的，处七年以上有期徒刑，并处罚金或者没收财产。明知他人制造毒品而为其生产、买卖、运输前款规定的物品的，以制造毒品罪的共犯论处。单位犯前两款罪的，对单位判处罚金，并对其直接负责的主管人员和其他直接责任人员，依照前两款的规定处罚。”

（4）非法提供麻醉药品、精神药品罪。《中华人民共和国刑法》第三百五十五条规定："依法从事生产、运输、管理、使用国家管制的麻醉药品、精神药品的人员，违反国家规定，向吸食、注射毒品的人提供国家规定管制的能够使人形成瘾癖的麻醉药品、精神药品的，处三年以下有期徒刑或者拘役，并处罚金；情节严重的，处三年以上七年以下有期徒刑，并处罚金。向走私、贩卖毒品的犯罪分子或者以牟利为目的，向吸食、注射毒品的人提供国家规定管制的能够使人形成瘾癖的麻醉药品、精神药品的，依照本法第三百四十七条的规定定罪处罚。单位犯罪的，对单位判处罚金，并对其直接负责的主管人员和其他直接责任人员，依照前款的规定处罚。"

相关规定

《中华人民共和国刑法》第 347 条、第 348 条、第 350 条、第 355 条；《中华人民共和国治安管理处罚法》第 72 条；《麻醉药品和精神药品管理条例》第 3 条、第 10—84 条；《麻醉药品和精神药品生产管理办法（试行）》第 3—35 条；《麻醉药品和精神药品经营管理办法（试行）》第 3—41 条；《麻醉药品和精神药品运输管理办法》第 2—17 条；《麻醉药品和精神药品邮寄管理办法》第 2—10 条；《易制毒化学品管理条例》第 2—25 条、第 32—44 条

第二十二条 国家对麻醉药品、精神药品和易制毒化学品的进口、出口实行许可制度。国务院有关部门应当按照规定的职责，对进口、出口麻醉药品、精神药品和易制毒化学品依法进行管理。禁止走私麻醉药品、精神药品和易制毒化学品。

条文主旨

本条是关于麻醉药品、精神药品和易制毒化学品进口、出口管理制度的规定。

立法背景

麻醉药品、精神药品和易制毒化学品都具有双重性质。麻醉药品在临床医学上主要用于镇痛，对癌症等伴有剧烈疼痛的疾病的临床治疗具有不可替代的作用。精神药品主要用于镇静催眠、兴奋等，是治疗癫痫、失眠、抑郁症等精神疾病的主要药物，在临床医学上应用广泛。但是，麻醉药品和精神药品又具有较强的药物依赖性，不合理使用或者滥用会成瘾，产生身体依赖和精神依赖。麻醉药品和精神药品一旦流入非法渠道就会严重破坏人民群众的身心健康，滋生违法犯罪活动，给社会带来极大的危害。易制毒化学品包括许多种化工原料和试剂，它们在工农业生产、医疗和科研中被广泛使用，对国民经济的发展有着重要的作用。但这些化工原料和试剂在许多毒品的制造中又是不可缺少的原料和辅助配剂，一旦流入非法渠道，就极有可能会被用于制造毒品，给社会带来极大的危害。因此，国际公约和国家法律法规都对麻醉药品、精神药品和易制毒化学品实行严格的管理制度。近年来，随着经济全球化和国际贸易的发展，国际麻醉药品、精神药品和易制毒化学品的非法贸易活动也泛滥起来，许多国际制贩毒犯罪集团在国家间走私毒品，甚至建立起跨国毒品运销网络，或者利用国际贸易的渠道获得易制毒化学品，用作加工制作毒品的原料和配剂。在这样的情况下，加强对麻醉药品、精神药品和易制毒化学品在国际贸易、流通环节的管制就成为管制麻醉药品、精神药品和易制毒化学品，防止其流入非法渠道，遏制国际毒潮泛滥的重要环节。联合国《1961 年麻醉品单一公约》第二十四条、第三十条、第三十一条规定了对麻醉品国际贸易的管理措施，《1971 年精神药物公约》第十二条规定了对精神药物国际贸易的管理措施，《联合国禁止非法贩运麻醉药品和精神药物公约》第十二条规定了对“经常用于非法制造麻醉药品和精神药物的物质”，即易制毒化学品的国际贸易的管制措施。我国政府十分重视对麻醉药品、精神药品和易制毒化学品进口、出口的管理工作，在《中华人民共和国药品管理法》《麻醉药品和精神药品管理条例》《易制毒化学品管理条例》等法律、行政法规和公安部、商务部等部门的规章中规定了一系列对麻醉药品、精神药品和易制毒化学品进口、出口的管理制度。本条规定再次明确了国家对麻醉药品、精神药品和易制毒化学品进口、出口工作实行许可制度和国务院有关部门在麻醉药品、精神药品和易制毒化学品进口、出口管理工作中的责任，体现了麻醉药品、精神药品和易制毒化学品进口、出口管理工作在国家禁毒工作全局中的重要地位，为有关部门进行这项管理工作提供了更加充分的法律依据。

条文解读

本条首先规定了国家对麻醉药品、精神药品和易制毒化学品的进口、出口实行许可制度。本条所称的“麻醉药品和精神药品”，是指列入国家公布的麻醉药品、精神药品目录的药品和其他物质。“易制毒化学品”，是指列入国家公布的易制毒化学品目录的物质。“进口”，是指将货物由其他国家或地区输入我国境内。“出口”，是指将货物由我国境内向其他国家或地区输出。“许可制度”即行政许可制度，是指有权的行政机关根据公民、法人或者其他组织的申请，经依法审查，准予其从事特定活动的制度。麻醉药品、精神药品和易制毒化学品的进口、出口，涉及国家安全和人民群众的身心健康，根据《中华人民共和国行政许可法》第十二条第一项“直接涉及国家安全、公共安全、经济宏观调控、生态环境保护以及直接关系人身健康、生命财产安全等特定活动，需要按照法定条件予以批准的事项”的规定，有关法律、行政法规分别对麻醉药品、精神药品和易制毒化学品的进口、出口设定了行政许可。《中华人民共和国药品管理法》第六十六条规定，进口、出口麻醉药品和国家规定范围内的精神药品，必须持有国务院药品监督管理部门发给的《进口准许证》《出口准许证》。《易制毒化学品管理条例》第二条第一款规定，国家对易制毒化学品的生产、经营、购买、运输和进口、出口实行分类管理和许可制度。本条规定和上述规定共同构成对麻醉药品、精神药品和易制毒化学品进口、出口实行许可制度的法律依据，并把对易制毒化学品进口、出口实行许可制度的法律依据层级从行政法规提升为法律。未经许可从事麻醉药品、精神药品和易制毒化学品进口、出口的，将构成违法乃至犯罪行为。

本条规定了国务院有关部门在麻醉药品、精神药品和易制毒化学品进口、出口管理工作中的责任，即国务院有关部门应当按照规定的职责，对进口、出口麻醉药品、精神药品和易制毒化学品依法进行管理。麻醉药品、精神药品和易制毒化学品的进口、出口管理，有许多环节，涉及国务院多个部门。本条所称“规定的职责”，是指与麻醉药品、精神药品和易制毒化学品的进口、出口管理有关的法律、行政法规和规章规定的职责。具体来说，包括本法和《中华人民共和国药品管理法》等法律，《麻醉药品和精神药品管理条例》《易制毒化学品管理条例》等行政法规，《药品进口管理办法》《易制毒化学品进出口管理规定》《易制毒化学品进出口国际核查管理规定》等部门规章规定的职责。根据这些规定，对麻醉药品、精神药品进口、出口承担管理职责的是国务院药品监督管理部门和海关等部门。进（出）口麻醉药品、精神药品的单位，应当向国家药品监督管理部门提交麻醉药品、精神药品进（出）口申请表、进（出）口企业的企业法人营业执照等申请材料。国家药品监督管理部门进行审查后，决定予以许可的，向申请单位核发《麻醉药品进（出）口准许证》《精神药品进（出）口准许证》。进（出）口单位持上述证件向海关办理麻醉药品、精神药品进（出）口手续，海关凭上述证件办理麻醉药品、精神药品的报关验放手续，并在验放时在相应进（出）口证件的指定位置签注盖章。对易制毒化学品进口、出口承担管理职责的是国务院商务主管部门、公安部门和海关等部门。进（出）口易制毒化学品的单位应当向国务院商务主管部门或者其委托的省、自治区、直辖市人民政府商务主管部门提交对外贸易经营者备案登记证明、营业执照副本、易制毒化学品生产、经营、购买许可证或者备案证明等申请材料。受理申请的商务主管部门进行审查，必要的时候还可以根据有关规定会同公安部门进行国际核查，决定予以许可的，向申请单位核发易制毒化学品进（出）口许可证。进（出）口单位持许可证向海关办理易制毒化学品进（出）口手续，海关凭许可证办理通关手续。

本条还规定了禁止走私麻醉药品、精神药品和易制毒化学品。“走私麻醉药品、精神药品和易制毒化学品”，是指违反国家法律、法规，逃避海关监管，非法运输、携带、邮寄麻醉药品、精神药品和易制毒化学品进出国（边）境的行为。走私麻醉药品、精神药品和易制毒化学品的行为，破坏国家对麻醉药品、精神药品和易制毒化学品的管理秩序和海关监管秩序，还可能对人民群众的身心健康造成极大损害，为国家法律所禁止。走私麻醉药品、精神药品和易制毒化学品，构成刑法规定的走私毒品等犯罪的，应当依法追究刑事责任。

相关规定

《中华人民共和国药品管理法》第 66 条；《中华人民共和国行政许可法》第 12 条；《中华人民共和国刑法》第 347 条、350 条；《麻醉药品和精神药品管理条例》第 2 条；《易制毒化学品管理条例》第 2 条、第 26—31 条；《1961 年麻醉品单一公约》第 31 条；《1971 年精神药物公约》第 12 条；《联合国禁止非法贩运麻醉药品和精神药物公约》第 12 条

第二十三条 发生麻醉药品、精神药品和易制毒化学品被盗、被抢、丢失或者其他流入非法渠道的情形，案发单位应当立即采取必要的控制措施，并立即向公安机关报告，同时依照规定向有关主管部门报告。

公安机关接到报告后，或者有证据证明麻醉药品、精神药品和易制毒化学品可能流入非法渠道的，应当及时开展调查，并可以对相关单位采取必要的控制措施。药品监督管理部门、卫生行政部门以及其他有关部门应当配合公安机关开展工作。

条文主旨

本条是关于麻醉药品、精神药品和易制毒化学品流入非法渠道时如何处理的规定。

立法背景

麻醉药品、精神药品和易制毒化学品都具有双重性质。麻醉药品、精神药品对特定患者的治疗起着不可或缺的作用，在临床医学上应用十分广泛，但一旦脱离管制流入非法渠道，就会给社会带来巨大的危害。流入非法渠道的麻醉药品、精神药品如果被吸毒人员滥用，会给他们的健康带来严重的损害，同时还容易导致吸毒人员从事违法犯罪活动。流入非法渠道的麻醉药品、精神药品如果被犯罪分子用以贩卖牟利，则会给人民群众的身心健康和社会秩序带来更大的危害。易制毒化学品是工农业生产、医疗和科研中不可或缺的化工原料和试剂，但如果脱离管制进入非法渠道，就可能被犯罪分子用作制造毒品的原料和辅助配剂，给社会带来危害。因此，国家对用于合法医疗、科研、工农业生产等用途的麻醉药品、精神药品和易制毒化学品规定了严格的管制措施，在各个环节设立行政许可和监督检查制度，以防止其流入非法渠道。但实际情况非常复杂，不法分子的作案手段十分狡猾，生产、运输、使用等环节接触和管理麻醉药品、精神药品和易制毒化学品的工作人员可能出现工作疏漏，还存在许多可能导致流失的不确定因素，有关单位合法使用的麻醉药品、精神药品和易制毒化学品流入非法渠道的事故时有发生。在发生这类事故的时候，如果有关部门和单位的应急反应迅速，措施严密，处理得当，就可能把事故造成的损失和对社会的危害降到最低的程度，如果反应不及时，处理不当，就很可能造成事故损失和危害的扩大。《麻醉药品和精神药品管理条例》《易制毒化学品管理条例》等行政法规和规章中就对发生麻醉药品、精神药品和易制毒化学品可能流入非法渠道时的应急处理作出了规定，本条综合了有关行政法规和规章的规定，明确了发生这类事故时案发单位和有关政府部门的责任，为这类事故的应急处理工作提供了更充分的法律依据。

条文解读

本条共分为两款。第一款是关于发生麻醉药品、精神药品和易制毒化学品流入非法渠道的事故时案发单位应急处理责任的规定。案发单位是事故的当事方，而且往往首先知悉事故的发生，案发单位采取及时有效的应急处理措施是处理好事故的前提。国家对麻醉药品、精神药品和易制毒化学品规定了严格的管理制度，对麻醉药品和精神药品的实验研究、生产、经营、使用、储存、运输实行许可和查验制度。对易制毒化学品的生产、经营、购买、运输实行许可制度。未经有关部门许可从事上述活动的，都属于非法行为。本条规定的麻醉药品、精神药品和易制毒化学品流入非法渠道的情形主要包括被盗、被抢、丢失或者其他流入非法渠道的情形。“被盗”，是指被不法分子采取不易被发现的方法秘密窃取。“被抢”，是指被不法分子公然强行劫取或者夺取。“丢失”，是指因有关人员保管不慎而遗失。“其他流入非法渠道的情形”，是指除被盗、被抢、丢失以外的流入非法渠道的情形，如麻醉药品被骗购冒领等。在发生这些情形的时候，本条规定，案发单位应当立即采取必要的控制措施，并立即向公安机关报告，同时依照规定向有关主管部门报告。“案发单位”，是指合法拥有麻醉药品、精神药品和易制毒化学品，发生麻醉药品、精神药品和易制毒化学品流入非法渠道事故的单位，包括麻醉药品、精神药品的生产、加工企业、经营企业、运输企业，使用麻醉药品、精神药品的科研单位、医疗机构和易制毒化学品的生产企业、经营企业、使用单位等。“必要的控制措施”，是指案发单位可以采取的减少事故损失、控制事故危害的必要措施，如对丢失药品的储存场所采取更加严格的保卫措施，对本单位所有的麻醉药品、精神药品进行清点检查，对了解事故情况的有关人员进行询问等。“规定”，是指《麻醉药品和精神药品管理条例》《易制毒化学品管理条例》等法律法规和卫生、商务、安全生产等部门的规章。“有关主管部门”，是指除公安机关外，依照有关规定对麻醉药品、精神药品和易制毒化学品负有监督管理职责的部门。对麻醉药品、精神药品负有监督管理职责的部门包括药品监督管理部门、卫生主管部门等，对易制毒化学品负有监督管理职责的部门包括药品监督管理部门、安全生产监督管理部门、商务主管部门、卫生主管部门等。本条之所以这样规定，是因为案发单位处在事故发生的第一线，他们采取好必要控制措施，往往可以在第一时间控制事故的损失和危害。麻醉药品、精神药品和易制毒化学品流入非法渠道的事故，大多数涉及毒品违法犯罪活动，公安机关负责对毒品违法犯罪活动的查处打击，所以案发单位在事故发生时应该立即在采取必要的控制措施的同时报告公安机关。同时，药监、卫生、商务、安全生产等部门依照有关规定对麻醉药品、精神药品和易制毒化学品以及有关医疗机构、企业等负有监管职责，案发单位也应该将事故情况向它们报告。

本条第二款是关于发生麻醉药品、精神药品和易制毒化学品流入非法渠道时公安机关等政府部门职责的规定。公安机关等部门对麻醉药品、精神药品和易制毒化学品依法负有监督管理职责，发生流入非法渠道的事故时，各个部门各尽其责，协作配合，依法采取措施是处理好事故的关键。根据本款的规定，公安机关负有查处麻醉药品、精神药品和易制毒化学品流入非法渠道事故的职责。案发单位或者有关当事人向公安机关报告事故情况后，公安机关应当立即对麻醉药品、精神药品和易制毒化学品是否流入非法渠道，流向何处，事故相关人员的责任等情况进行调查或侦查。“必要的控制措施”，是指公安机关依照法律的规定为控制事故的损失、危害和进行调查，对有关场所、物品采取的控制措施，如对案发场所采取警戒措施，进行现场勘查，扣押涉案物品，收集相关证据等。药品监督管理部门、卫生行政部门等部门也负有在各自职责范围内对麻醉药品、精神药品和易制毒化学品进行监督管理的义务，本条也规定了它们在发生麻醉药品、精神药品和易制毒化学品可能流入非法渠道的事故时的职责，即配合公安机关开展工作。配合公安机关开展工作的方式可以是向公安机关提供本部门在监管中了解的信息，为公安机关开展对本部门管理单位的调查提供便利条件等。

相关规定

《麻醉药品和精神药品管理条例》第 64 条；《易制毒化学品管理条例》第 34 条

第二十四条 **禁止非法传授麻醉药品、精神药品和易制毒化学品的制造方法。公安机关接到举报或者发现非法传授麻醉药品、精神药品和易制毒化学品制造方法的，应当及时依法查处。**

条文主旨

本条是关于禁止非法传授麻醉药品、精神药品和易制毒化学品的制造方法的规定。

立法背景

由于麻醉药品、精神药品和易制毒化学品的特殊性质，国家对麻醉药品、精神药品和易制毒化学品生产规定了严格的管制措施。国家对麻醉药品、精神药品的生产实行行政许可制度，企业必须具备法定的条件，经过药品监督管理部门审查批准，并依照药品管理法的规定取得药品批准文号，方可进行麻醉药品、精神药品的生产。科学研究机构开展麻醉药品、精神药品的实验研究，也需要具备法定的条件，经过国务院药品监督管理部门的批准。国家对易制毒化学品的生产实行分类管理和许可制度。按照目前国家规定，易制毒化学品分为三类，第一类是可以被用于制造毒品的主要原料，第二类、第三类是可以被用于制造毒品的化学配剂。企业生产第一类易制毒化学品，需要具备法定的条件，并经过药品监督管理部门或者安全生产监督管理部门的批准。生产第二类、第三类易制毒化学品，应当向安全生产监督管理部门备案。违反上述规定，未经许可或备案制造麻醉药品、精神药品和易制毒化学品，是违法乃至犯罪的行为。制造麻醉药品、精神药品和易制毒化学品，需要许多化学、药学和工业方面的专业知识，还需要一些专业原料和设备。掌握了麻醉药品、精神药品和易制毒化学品制造方法的人，如果出于牟利或者其他非法目的，向从事非法制造麻醉药品、精神药品和易制毒化学品的不法分子非法传授麻醉药品、精神药品和易制毒化学品的制造方法，实际上是为毒品违法犯罪活动提供帮助，其性质是在传授犯罪方法，将给人民群众的身心健康带来极大的潜在威胁。因此，本条明确规定国家禁止非法传授麻醉药品、精神药品和易制毒化学品制造方法和公安机关依法查处此种违法犯罪行为的职责。

条文解读

所谓“非法”，是指违反国家法律、法规等规定向他人传授麻醉药品、精神药品和易制毒化学品的制造方法。有关单位和个人合法地向生产麻醉药品的员工进行麻醉药品生产方法的培训，或学校老师向学生讲授药品生产、化学品生产知识等行为，都是国家允许的。“传授”，是指以语言、文字、动作、图像或者其他方法，将麻醉药品、精神药品和易制毒化学品的制造方法教授给他人。“制造方法”的范围比较广泛，包括麻醉药品原植物的种植方法，麻醉药品、精神药品或者易制毒化学品的生产原料、生产设备、提取方法、加工方法、配方等，可以是全套的生产流程，也可以是生产过程中的某个步骤。

公安机关是承担打击毒品违法犯罪活动职责的部门，根据本条的规定，公安机关接到人民群众举报或者主动发现存在非法传授麻醉药品、精神药品和易制毒化学品制造方法活动的，应当及时依法予以查处，对构成犯罪的，应当依法予以打击。

相关规定

《中华人民共和国刑法》第 295 条；《麻醉药品和精神药品管理条例》第 15 条；《易制毒化学品管理条例》第 9 条

第二十五条　麻醉药品、精神药品和易制毒化学品管理的具体办法，由国务院规定。

条文主旨

本条是关于授权国务院规定麻醉药品、精神药品和易制毒化学品管理具体办法的规定。

立法背景

本章规定了国家对麻醉药品、精神药品和易制毒化学品进行管理的基本原则和基本制度，如对麻醉药品药用原植物进行管制，对麻醉药品和精神药品的实验研究、生产、经营、使用、储存、运输实行许可和查验制度，对易制毒化学品的生产、经营、购买、运输实行许可制度，对麻醉药品、精神药品和易制毒化学品的进口、出口实行许可制度等。但麻醉药品、精神药品和易制毒化学品的管理涉及很多环节，包括许多具体的内容，比如对麻醉药品、精神药品和易制毒化学品在生产、经营、使用、储存、运输、进口、出口等环节具体的管制措施，各种涉及麻醉药品、精神药品和易制毒化学品的违法行为的法律责任等。对于这些具体内容，一方面本法不可能一一作出规定，另一方面需要制定更为细化的操作性规定，对此类物品实施严格管理，防止非法流入毒品犯罪渠道。因此，本条规定麻醉药品、精神药品和易制毒化学品管理的具体办法，由国务院规定。

条文解读

本条授权国务院规定麻醉药品、精神药品和易制毒化学品管理的具体办法。国务院在本法制定前，已经制定了《麻醉药品和精神药品管理条例》《易制毒化学品管理条例》等麻醉药品、精神药品和易制毒化学品管理方面的行政法规。这些法规与本法的规定是一致的，在本法施行后继续有效。本法施行后，国务院还可以根据本法和实际情况完善现有规定或者制定新的规定。

1.《麻醉药品和精神药品管理条例》(国务院令442号)

该条例于2005年3月颁布，同年11月1日起实施。根据2013年《国务院关于修改部分行政法规的决定》、2016年《国务院关于修改部分行政法规的决定》，结合行政审批制度改革和机构改革的要求，对有关审批权限、审批主体称谓等作了个别修改。条例共分为八章，对种植、实验研究和生产、经营、使用、储存、运输、审批程序和监督管理等有关麻醉药品、精神药品管理的各个环节作了细化规定，体现了严管精神。同时，对法律责任作了规定。此外，有关方面还根据条例公布了麻醉药品、精神药品具体目录并及时调整，制定了《麻醉药品和精神药品生产管理办法（试行)》等。

2.《易制毒化学品管理条例》(国务院令第445号)

该条例由国务院于2005年8月颁布，同年11月1日起实施。2014年、2016年、2018年国务院三次对条例作了个别修改，主要是机构改革涉及有关部门称谓的事项。条例共分为八章，从易制毒化学品的生产经营管理、购买管理、运输管理、进口、出口管理、监督检查等方面作了细化规定和要求，对违反规定的有关法律责任作了规定，体现了国家对易制毒化学品的生产、经营、购买、运输和进口、出口实行分类管理、许可制度的从严管理制度。同时，条例以附件形式对易制毒化学品的分类和品种目录作了规定，第二条中规定，“易制毒化学品的分类和品种需要调整的，由国务院公安部门会同国务院药品监督管理部门、安全生产监督管理部门、商务主管部门、卫生主管部门和海关总署提出方案，报国务院批准。省、自治区、直辖市人民政府认为有必要在本行政区域内调整分类或者增加本条例规定以外的品种的，应当向国务院公安部门提出，由国务院公安部门会同国务院有关行政主管部门提出方案，报国务院批准”。需要注意的是，根据易制毒化学品违法犯罪的新情况、新问题，以及实践中惩治易制毒化学品违法犯罪的需要，有关部门不断对易制毒化学品目录作出修改补充。这主要是因为，近年来毒品形势发生了很大变化，采用化学合成方法生产制造易制毒化学品并制造毒品的违法犯罪案件大量发生，社会危害严重。有的易制毒化学品在生产工艺和技术上不断变化，一些犯罪分子不断寻找替代性的未列管原料，意图逃避监管和制裁。因此，易制毒化学品目录也需要根据实践情况不断作出调整。如经国务院批准，公安部等于 2017 年 12 月发布公告，将 4－苯胺基－N－苯乙基哌啶、N－苯乙基－4－哌啶酮、N－甲基－1－本基－氯－2－丙胺、溴素、1－本基－1－苯酮等 5 种物质列入目录管理。《刑法修正案（九)》也针对易制毒化学品犯罪的新情况，对刑法有关易制毒化学品犯罪规定作了修改完善，增加了非法生产、运输易制毒化学品的犯罪，提高了法定刑，加大了对涉易制毒化学品犯罪的惩治力度。

相关规定

《中华人民共和国立法法》第65条

第二十六条 公安机关根据查缉毒品的需要，可以在边境地区、交通要道、口岸以及飞机场、火车站、长途汽车站、码头对来往人员、物品、货物以及交通工具进行毒品和易制毒化学品检查，民航、铁路、交通部门应当予以配合。

海关应当依法加强对进出口岸的人员、物品、货物和运输工具的检查，防止走私毒品和易制毒化学品。

邮政企业应当依法加强对邮件的检查，防止邮寄毒品和非法邮寄易制毒化学品。

条文主旨

本条是关于公安机关、海关、邮政企业等部门和单位依法进行毒品和易制毒化学品检查，防止有关毒品和易制毒化学品的违法犯罪活动的规定。

立法背景

毒品犯罪活动的重要特点是具有极强的流动性和隐蔽性。就传统毒品而言，世界范围内大面积种植罂粟、古柯等毒品原植物并大规模生产海洛因、可卡因等毒品的地区主要集中在“金三角”“金新月”“银三角”等区域。各种新型毒品也都有相对固定的生产地区。制贩毒团伙需要把生产区域相对集中的毒品销售给遍布全世界的吸毒人员，还需要从各地把生产毒品所需要的各种原料和辅助配剂运输到其制毒工厂所在地。这样，他们就要通过各种途径，利用各种交通工具进行毒品和易制毒化学品的走私、非法运输活动。近年来，随着经济全球化和交通、通信技术的飞速发展，毒品和易制毒化学品的走私、非法运输活动在世界范围内日渐猖獗。许多大的制贩毒集团构建起了跨地区、跨国的毒品和易制毒化学品运输、销售网络，长途走私、贩运毒品和易制毒化学品。我国西南、西北境外毗邻“金三角”“金新月”两大毒源地，境内外毒枭相互勾结，利用我国对外开放政策，通过公路、铁路、航空、水运、邮寄等多种方式向我国境内走私贩运大量毒品。毒品入境后，国内毒枭又通过各种方式，把毒品从边境地区贩运到内地，从集散地分销到各个地区。这些毒品和易制毒化学品走私、贩运活动成为毒品违法犯罪活动中关键的一环，给社会秩序和人民群众的身心健康带来了极大的危害。查处打击走私、非法运输毒品和易制毒化学品的违法犯罪活动，在贩运的途中堵住毒品和非法易制毒化学品，避免其危害社会，成为与毒品违法犯罪活动作斗争的关键环节。公安机关作为对打击毒品违法犯罪活动的职能部门，在查处和防止走私、非法运输毒品和易制毒化学品违法犯罪活动的工作中承担着重要的职责，也需要必要的执法手段。铁路、民航、交通、海关、邮政企业等部门和单位，管理着人员和货物、物品的流通渠道，对查处和防止走私、非法运输毒品和易制毒化学品违法犯罪活动也负有重要的责任。公安机关与上述部门和单位依法对经各种渠道流动的人员、物品、货物进行检查，是发现和查处走私、非法运输毒品和易制毒化学品违法犯罪活动的基本手段。本条规定了公安机关和海关、邮政企业等部门和单位依法进行毒品和易制毒化学品检查的职责，为其进行有关执法活动提供了法律依据。

条文解读

本条共分为三款。第一款是关于公安机关在特定场所进行毒品和易制毒化学品检查，民航、铁路、交通部门予以配合的规定。毒品违法犯罪分子走私、非法运输毒品和易制毒化学品，绝大多数都是采取各种方式将毒品和易制毒化学品隐藏、伪装后，经过公路、水运、铁路、民航等公共交通途径，利用汽车、轮船、火车、飞机等交通工具进行运输。例如，让携带毒品、易制毒化学品的团伙成员或被雇用的人伪装成公共交通工具的乘客进行走私、非法运输活动，也包括自己驾驶汽车、轮船等交通工具通过公路、河道等进行走私、非法运输活动。机场、车站、码头等公共交通的人流、物流集散地是走私、非法运输的毒品和易制毒化学品的必经之地，边境地区、口岸则是跨国走私的毒品、易制毒化学品的重要通道。在这些地方依法进行毒品和易制毒化学品的检查，对于发现走私、非法运输的毒品和易制毒化学品，抓获相关违法犯罪行为人，防止走私、非法运输的毒品和易制毒化学品危害社会十分必要。本款规定了公安机关可以在这些特定的地点进行毒品和易制毒化学品检查。检查的目的是查缉毒品，即发现和打击毒品违法犯罪活动。“边境地区”，是指我国与其他国家或地区，内地与我国香港地区、澳门地区陆地边界线及附近的地区。“交通要道”，是指交通发达、来往人流物流集中的地区，如铁路枢纽、公路枢纽等。“口岸”，是指供人员、货物和交通工具出入国（边）境的港口、机场、车站、通道等，包括陆路口岸、航空口岸、水路口岸等。“飞机场”，是指供航空器起飞、降落、滑行、停放以及乘客等候航班的划定区域，一般是指民航机场。“火车站”，是指供火车停靠、上下乘客、装卸货物的站区，包括客运站和货运站。“长途汽车站”，是指供长途汽车停靠、上下乘客、装卸货物的站区。“码头”，是指供客货运船舶停靠、上下乘客、装卸货物的设施，包括客运码头和货运码头。检查的对象是来往人员、物品、货物和交通工具，包括往来于上述地区的乘客、司机、装卸货物的人员，乘客的行李，被检查人员随身携带的物件，还有通过交通工具运输的物件等。“交通工具”，是指用以载运人员、货物、物品的各种船舶、车辆、航空器和驮畜。上述检查可以与为保证公共交通工具安全进行的安全检查一起进行，也可以分开进行，如民航的安全检查，就是一项综合性的检查，既检查是否携带枪支弹药、爆炸物、管制刀具等危险物品，也检查是否携带毒品。在一些毒品走私频繁的边境地区，有时对交通工具、乘客进行专门的毒品检查，设立毒品检查站。民航、铁路、交通等部门是机场、火车站、长途汽车站、码头等场所的主管部门，公安机关在对上述场所进行毒品和易制毒化学品检查工作时，有关主管部门应当予以配合。查缉毒品过程中，发现涉嫌刑法规定的走私、贩卖、运输、制造毒品罪，非法生产、买卖、运输制毒物品、走私制毒物品罪等犯罪的，应当依法追究刑事责任。

本条第二款是关于海关依法加强对进出口岸的人员、物品、货物和运输工具的检查的规定。海关是国家的进出境监督管理机关，对发现和查处跨越我国国境的毒品和易制毒化学品走私活动负有重要的职责。根据《中华人民共和国海关法》第六条第一项、第二项的规定，海关有权检查进出境运输工具，查验进出境货物、物品；对违反海关法或者其他有关法律、行政法规的，可以扣留。海关有权查阅进出境人员的证件；查问违反海关法或者其他有关法律、行政法规的嫌疑人，调查其违法行为。上述规定中的“其他法律、行政法规”，就包括本法及其他有关禁毒方面的法律、行政法规。本款的规定，明确了海关应当把防止走私毒品和易制毒化学品作为进出关检查工作的重要目标。海关检查的对象是进出口岸的人员、物品、货物和运输工具。这里的“货物”是贸易性的，“物品”是非贸易性的。“运输工具”，是指用以载运人员、货物、物品进出境的各种船舶、车辆、航空器和驮畜。《中华人民共和国海关法》第二章、第三章、第四章分别规定了海关对进出口岸的运输工具、货物和物品进行检查的具体办法，海关应当依照这些规定，加强对进出口岸的人员、物品、货物和运输工具的检查力度，严防毒品进出我国国境。国家对易制毒化学品进出口实行许可证管理制度。以任何方式进出口易制毒化学品均需申领许可证。海关应当严查易制毒化学品进出境，防止易制毒化学品非法流入制毒渠道。近年来，海关部门不断加强对走私涉毒犯罪的惩治工作力度。2018 年，全国海关累计查处走私涉毒犯罪案件 604 起，缴获各类毒品、易制毒化学品 37. 5 吨。

本条第三款是关于邮政企业依法加强对邮件的检查的规定。毒品违法犯罪分子为了达到走私、非法运输毒品和易制毒化学品的目的，运用各种手段，其中包括利用国际国内邮件邮寄毒品和易制毒化学品。随着互联网技术、支付技术和物流、快递业的发展，利用网络和快递渠道非法买卖、运输、走私毒品和易制毒化学品的违法犯罪大量增加，不少犯罪是通过网络和邮政快递渠道进行的。公安机关在打击毒品违法犯罪活动的过程中多次查获邮寄毒品和非法邮寄易制毒化学品的案件。邮政企业、快递企业、互联网服务提供者等也负有防止不法分子邮寄毒品和非法邮寄易制毒化学品的责任。需要注意的是，此处的“邮政企业”不仅包括中国邮政集团公司及其提供邮政服务的全资企业、控股企业等，还应当包括快递企业。《快递暂行条例》第三十三条规定，经营快递业务的企业发现寄件人交寄禁止寄递物品的，应当拒绝收寄；发现已经收寄的快件中有疑似禁止寄递物品的，应当立即停止分拣、运输、投递。对快件中依法应当没收、销毁或者可能涉及违法犯罪的物品，经营快递业务的企业应当立即向有关部门报告并配合调查处理；对其他禁止寄递物品以及限制寄递物品，经营快递业务的企业应当按照法律、行政法规或者国务院和国务院有关主管部门的规定处理。“邮件”，是指通过邮政企业寄递的信件、印刷品、邮包等。依照邮政法的相关规定，用户交寄邮件，必须遵守国务院有关主管部门关于禁止寄递物品、限量寄递物品的规定。用户交寄除信件以外的其他邮件，应当交邮政企业或者其分支机构当面验视内件。拒绝验视的，不予收寄。用户交寄的信件必须符合准寄内容的规定，必要时邮政企业及其分支机构有权要求用户取出进行验视。《中华人民共和国反恐怖主义法》第二十条规定，铁路、公路、水上、航空的货运和邮政、快递等物流运营单位应当实行安全查验制度，对客户身份进行查验，依照规定对运输、寄递物品进行安全检查或者开封验视。对禁止运输、寄递，存在重大安全隐患，或者客户拒绝安全查验的物品，不得运输、寄递。上述规定的物流运营单位，应当实行运输、寄递客户身份、物品信息登记制度。《快递暂行条例》第三十一条第一款规定，经营快递业务的企业收寄快件，应当依照《中华人民共和国邮政法》等的规定验视内件，并作出验视标识。寄件人拒绝验视的，经营快递业务的企业不得收寄。根据上述规定，邮政、快递企业有权对邮件、快递进行检查，本款规定明确了邮政快递企业应当依法加强对邮件快递的检查，把防止邮寄毒品和非法邮寄易制毒化学品作为邮件快递检查工作的重要目的。当然，邮政、快递企业在对邮件快递进行检查时，应当依照宪法和有关法律的规定保护公民的通信自由和通信秘密。邮政、快递企业违反有关检查、验视规定的，应当依法承担法律责任。对于检查中发现涉嫌毒品、易制毒化学品犯罪的，应当及时告知公安机关查处。

相关规定

《中华人民共和国海关法》第 6 条、第 14—52 条；《中华人民共和国邮政法》第 20 条、第 21 条；《中华人民共和国邮政法实施细则》第 33 条、第 35 条；《中华人民共和国反恐怖主义法》第 20 条；《快递暂行条例》第 31 条、第 33 条

第二十七条　娱乐场所应当建立巡查制度，发现娱乐场所内有毒品违法犯罪活动的，应当立即向公安机关报告。

条文主旨

本条是关于娱乐场所建立巡查制度并报告场所内毒品违法犯罪活动的规定。

立法背景

加强对容易发生毒品违法犯罪活动的特定场所的管理，对

于有效地打击毒品违法犯罪活动，遏制毒品的泛滥，具有十分重要的意义。娱乐场所毒品违法犯罪行为集中多发，是需要严格管理的场所。近年来，在一些娱乐场所中，吸毒、贩毒活动猖獗。不法分子在娱乐场所中公然出售毒品，引诱青少年吸食甲基苯丙胺（冰毒）、摇头丸、K粉等新型毒品的现象，在一些地区比较突出。而一些娱乐场所的经营者，在经济利益的驱动下，对场所内的毒品违法犯罪活动不闻不问，甚至与吸、贩毒人员勾结，为他们从事毒品违法犯罪活动提供条件。这些娱乐场所内的毒品违法犯罪活动，扰乱了娱乐场所的正常经营，影响了公共场所的治安秩序，给人民群众的身心健康带来极大的危害。特别是一些缺乏毒品危害知识的青少年，以为冰毒、摇头丸等新型毒品没有海洛因那样的毒性，偶尔吸食只是娱乐消遣，结果深陷毒瘾不能自拔，身心受到严重摧残。打击娱乐场所内的毒品违法犯罪活动，成为禁毒斗争的重要一环。娱乐场所的经营者，对防范本场所内的毒品违法犯罪活动责无旁贷。娱乐场所履行禁毒义务，加强管理的重要措施就是建立巡查制度，并负有发现本场所内有毒品违法犯罪活动时立即报告公安机关的义务。《娱乐场所管理条例》第三十一条规定，娱乐场所应当建立巡查制度，发现娱乐场所内有违法犯罪活动的，应当立即向所在地县级公安部门、县级人民政府文化主管部门报告。对于娱乐场所经营者有勾结贩毒人员，教唆、引诱欺骗他人吸食、注射毒品行为的，《中华人民共和国刑法》第三百五十三条规定了引诱、教唆、欺骗他人吸食毒品罪；对于娱乐场所经营者容留他人吸食、注射毒品行为的，第三百五十四条规定了容留他人吸毒罪。有上述犯罪行为的，执法机关应依法追究其刑事责任。

条文解读

所谓“娱乐场所”，是指以营利为目的，并向公众开放的歌舞、游艺等场所，包括歌厅、舞厅、KTV 等以人际交谊为主的场所和电子游戏厅、台球厅等依靠游艺器械经营的场所。“巡查制度”是娱乐场所经营者建立的，由专人负责，定时定期对本场所内情况进行巡回检查和监督，及时发现场所内涉及毒品违法犯罪行为的制度。巡查制度对确保娱乐场所的安全与合法经营，防止和及时发现包括毒品违法犯罪活动在内的违法犯罪活动具有重要的意义。巡查制度具体的巡查时间、范围等内容，可以由娱乐场所的经营者根据本场所的实际情况自主确定，也可以根据公安机关的要求确定。一般应当建立人员相对固定的巡查小组，落实巡查的方式和具体任务。巡查人员应当熟悉本场所的情况，具有一定的法律知识。巡查人员在巡查中发现违法犯罪活动或者可疑人员、行为的，应当立即报告娱乐场所的负责人或者直接报告公安机关。

相关规定

《娱乐场所管理条例》第 31 条；《中华人民共和国刑法》第 353 条、第 354 条

第二十八条 **对依法查获的毒品，吸食、注射毒品的用具，毒品违法犯罪的非法所得及其收益，以及直接用于实施毒品违法犯罪行为的本人所有的工具、设备、资金，应当收缴，依照规定处理。**

条文主旨

本条是关于对依法查获的毒品和涉毒财物收缴与处理的规定。

立法背景

公安机关在办理涉毒违法犯罪案件时，除抓获违法犯罪嫌疑人外，还会查获毒品和涉毒财物，如吸食、注射毒品的用具，毒品违法犯罪所得及其收益，用于实施毒品违法犯罪行为的本人所有的工具、设备、资金等。对被依法查获的毒品及涉毒财物的处理，是打击毒品违法犯罪活动的一个重要方面，必须严格依法办理案件，妥善处置涉案毒品和涉毒财物，防止出现新的违法违纪问题。本条对于处理这些财物的方式作了原则规定，对收缴和处理违法犯罪的涉案财物，刑法、刑事诉讼法、治安管理处罚法等有关法律已有规定。一些办案部门也相继出台一系列具体规定，如 2015 年 3 月最高人民检察院出台了《人民检察院刑事诉讼涉案财物管理规定》，2015 年 7 月公安部出台了《公安机关涉案财物管理若干规定》。公安机关等办案机关在办理毒品违法犯罪案件时，必须严格按照这些规定执行，不能擅自违法处理，对该收缴的财物不收缴，对不该收缴的财物予以收缴，更不能截留使用或者擅自变卖、私分。

条文解读

本条规定涉及的被依法查获的物品包括四类：第一类是毒品；第二类是吸食、注射毒品的用具，即吸毒人员用来吸食、注射毒品的注射器等用具；第三类是毒品违法犯罪的非法所得及其收益。“非法所得”，是指违法犯罪分子因为实施毒品违法犯罪行为所非法获得的财物，如贩卖毒品所得的资金，运输毒品所得的报酬，容留贩毒人员在娱乐场所进行贩毒活动所得的抽头，非法传授麻醉药品、精神药品制造方法所得的报酬等。“收益”，是指利用毒品违法犯罪的非法所得所产生的孳息或者进行经营活动所产生的经济利益，如将毒资存入银行所获利息，用毒资购买股票、基金所获红利，用毒资开办公司所获盈利等。第四类是直接用于实施毒品违法犯罪行为的本人所有的工具、设备、资金。这类物品有两个限制条件：一是“直接用于实施毒品违法犯罪行为”，即对于实施毒品违法犯罪行为起到必不可少的作用并直接引起、导致危害后果发生，如贩毒分子将运输工具进行改装，设置不易被发觉的夹层、暗箱，以逃避检查，这种运输工具就属于直接用于毒品违法犯罪行为的工具、设备等；二是“本人所有”，即违法犯罪行为人本人所有，而非他人所有，如有的人借用他人车辆进行贩毒，出借人并不知情，这种情况下不能因为贩毒人使用了车辆就把该车辆予以没收。本条作出这样的限制，主要是为了防止在执法活动中随意扩大收缴的范围，影响一些与违法犯罪行为无关人的正常生活。“工具、设备”，主要是指毒品违法犯罪活动中使用的机器、装备，如提炼海洛因或生产加工冰毒使用的各种机器装备等。“资金”包括毒品违法犯罪行为人用于购买毒品、制毒设备的资金等。本条规定对上述毒品和涉毒财物应当“收缴，依照规定处理”。所谓“收缴”，是指办理案件的执法机关在查获本条规定的毒品和涉毒财物时将其强制扣留。“依照规定处理”，是指对收缴的毒品和涉毒财物，按照国家有关规定，区别情况予以处理。

刑法、刑事诉讼法、治安管理处罚法等法律和法规、司法解释、规章对涉及刑事案件和治安案件的财物的处理办法作出了明确的规定。对于本条规定的四类物品，公安机关等办案机关在依法收缴之后，应当依照这些规定分别予以处理。根据规定，公安机关对收缴的毒品应当一律销毁，不得留存，也不得转作药用。对于吸食、注射毒品的用具，根据《公安机关办理行政案件程序规定》第一百九十六条第三项的规定，对收缴和追缴的财物，经原决定机关负责人批准，按照下列规定分别处理：违禁品、没有价值的物品，或者价值轻微，无法变卖、拍卖的物品，统一登记造册后销毁。对于毒品违法犯罪的非法所得及其收益，《中华人民共和国刑法》第六十四条规定："犯罪分子违法所得的一切财物，应当予以追缴或者责令退赔；对被害人的合法财产，应当及时返还；违禁品和供犯罪所用的本人财物，应当予以没收。没收的财物和罚金，一律上缴国库，不得挪用和自行处理。"《中华人民共和国刑事诉讼法》第二百四十五条第一款规定："公安机关、人民检察院和人民法院对查封、扣押、冻结的犯罪嫌疑人、被告人的财物及其孳息，应当妥善保管，以供核查，并制作清单，随案移送。任何单位和个人不得挪用或者自行处理。对被害人的合法财产，应当及时返还。对违禁品或者不宜长期保存的物品，应当依照国家有关规定处理。"《中华人民共和国治安管理处罚法》第十一条第一款规定："办理治安案件所查获的毒品、淫秽物品等违禁品，赌具、赌资，吸食、注射毒品的用具以及直接用于实施违反治安管理行为的本人所有的工具，应当收缴，按照规定处理。"根据上述规定，对于毒品犯罪的非法所得及其收益，应当由公安机关依法扣押、冻结并妥善保管，需要作为证据使用的随案移送，待人民法院判决生效后，一律没收，上缴国库。对于尚不构成犯罪的涉毒违法行为的非法财务及其收益，应当由公安机关登记造册，公开拍卖或者按照国家有关规定处理，所得款项上缴国库。

相关规定

《中华人民共和国刑法》第 64 条；《中华人民共和国刑事诉讼法》第 245 条；《中华人民共和国治安管理处罚法》第 11 条；《公安机关办理行政案件程序规定》第 196 条

第二十九条　反洗钱行政主管部门应当依法加强对可疑毒品犯罪资金的监测。反洗钱行政主管部门和其他依法负有反洗钱监督管理职责的部门、机构发现涉嫌毒品犯罪的资金流动情况，应当及时向侦查机关报告，并配合侦查机关做好侦查、调查工作。

条文主旨

本条是关于反洗钱行政主管部门等有关单位加强对可疑毒品犯罪资金监测的规定。

立法背景

毒品犯罪不仅严重危害公众身心健康，也是犯罪分子，甚至一些国际恐怖组织大肆掠夺社会和他国财富的一种手段，与毒品交易伴随的是大量的资金流动以及交易后的洗钱活动。因此，加大对毒品犯罪的反洗钱力度，对于及时阻断毒品交易、有效预防和减少毒品违法犯罪、剥夺和限制犯罪分子利用毒品犯罪非法获益和利用非法所得继续犯罪的能力、保护国家金融安全，具有重要作用。国际社会和我国政府一直非常重视打击毒品犯罪以及毒品犯罪洗钱活动。《中华人民共和国刑法》第一百九十一条规定了洗钱罪，将毒品犯罪规定为洗钱犯罪的上游犯罪。2006 年 10 月 31 日，第十届全国人民代表大会常务委员会第二十四次会议审议通过反洗钱法，规定了反洗钱行政主管部门以及其他负有反洗钱监测职责的部门和机构，应当依法进行和加强反洗钱的资金监测工作。在本法中对涉嫌毒品犯罪的资金监测、报告和金融机构配合侦查、调查的义务作出进一步规定，对于提高有关机构和部门的防范意识、加强对毒品犯罪的监控、及早发现犯罪线索、侦破毒品犯罪，具有重要意义。

条文解读

本条规定主要有以下四个方面的内容。

一、可疑毒品犯罪资金监测

根据国际公约和打击犯罪的需要，我国比较早地开展了反洗钱工作，建立了反洗钱资金监测机构。《中国人民银行法》第四条第十项规定，中国人民银行履行反洗钱的资金监测职责。2004 年 4 月，中国人民银行成立了中国反洗钱监测分析中心，负责收集、分析和提供反洗钱情报并进行国际反洗钱情报交流。2006 年通过的反洗钱法，进一步明确了国务院反洗钱行政主管部门组织、协调全国的反洗钱工作，负责反洗钱的资金监测，对反洗钱资金监测机关的机制及职责作出了更明确的规定。一些国际组织对做好反洗钱资金监测也提出了意见和建议，如《金融行动特别工作组关于反洗钱问题的四十项建议》第二十条中建议，金融机构应特别注意那些没有明显经济目的的或合法意图的复杂且不寻常的大额交易，以及所有不寻常的交易方式。金融机构应尽可能审查此类交易的背景和目的，并将审查结果记录下来，供主管部门和审计师使用。

根据反洗钱法的规定，反洗钱行政主管部门在加强可疑毒品犯罪资金监测方面主要履行以下职责：加强金融监管，督促金融机构制定和实施反洗钱内部控制制度，履行客户身份识别、客户信息和交易记录保存以及识别并报告可疑金融交易的义务。有关金融机构、特定非金融机构等部门，在工作中对辖内大额和可疑交易情况进行收集、分析、初步核查，大额交易信息由商业银行直接通过中国反洗钱监测分析中心的报告采集系统向中国反洗钱监测分析中心报送，由人民银行分支机构将商业银行上报的可疑交易信息汇集之后再向中国反洗钱监测分析中心上报。反洗钱监测分析中心对大额和可疑支付交易信息进行分析和甄别，将判定可疑的报告移交给反洗钱局。经反洗钱局调查，对一般性违规行为，由反洗钱局视情况进行处理；对确实涉嫌犯罪的案件，由反洗钱局移交执法部门处理。应当注意的是，反洗钱监测活动不仅包括对犯罪以后的洗钱犯罪活动进行监测，也包括监测可能正在进行的涉及犯罪活动的资金流动情况。有关机构和部门发现可能用于毒品交易的大额资金，也应当列入监测范围。

二、可疑毒品犯罪资金的报告义务

反洗钱行政主管部门和其他依法负有反洗钱监督管理职责的部门、机构发现涉嫌毒品犯罪的资金流动情况，应当及时向侦查机关报告。这一义务，不仅是法律的规定，也是有关国际条约和文件的规定。《中华人民共和国反洗钱法》第十三条规定，反洗钱行政主管部门和其他依法负有反洗钱监督管理职责的部门、机构发现涉嫌洗钱犯罪的交易活动，应当及时向侦查机关报告。第二十条规定，金融机构应当按照规定执行大额交易和可疑交易报告制度。金融机构办理的单笔交易或者在规定期限内累计交易超过规定金额或者发现可疑交易的，应当及时向反洗钱信息中心报告。《联合国打击跨国有组织犯罪公约》第七条（a）规定，各缔约国均应在其力所能及的范围内，建立对银行和非银行金融机构及在适当情况下对其他特别易被用于洗钱的机构的综合性国内管理和监督制度，以便制止并查明各种形式的洗钱。这种制度应强调验证客户身份、保持记录和报告可疑的交易等多项规定。《金融行动特别工作组关于反洗钱问题的四十项建议》第二十条中建议，如果金融机构怀疑或者有理由怀疑某项资金属于犯罪活动的收益或者与恐怖分子筹资有关，应按照法律或法规的要求，立即向金融情报单位报告。因此，对于怀疑可能与毒品违法犯罪有关的资金或者大额资金交易，金融机构负有报告的义务。根据这些规定，反洗钱行政主管部门和其他负有反洗钱管理职责的部门，要报告涉嫌毒品犯罪的资金流动情况，包括已经确认属于毒品交易的资金以及经甄别可能用于毒品犯罪的资金。

三、配合侦查机关侦查、调查的义务

对于反洗钱行政主管部门、金融机构配合侦查、调查的义务，刑事诉讼法、反洗钱法以及相关国际条约、协定都有规定。《中华人民共和国刑事诉讼法》第五十四条第一款规定，人民法院、人民检察院和公安机关有权向有关单位和个人收集、调取证据。有关单位和个人应当如实提供证据。《中华人民共和国反洗钱法》第二十三条第一款规定，国务院反洗钱行政主管部门或者其省一级派出机构发现可疑交易活动，需要调查核实的，可以向金融机构进行调查，金融机构应当予以配合，如实提供有关文件和资料。联合国《与犯罪收益有关的洗钱、没收和国际合作示范法》规定，金融机构不得以保守银行或职业秘密为由拒绝提供与洗钱相关的调查所需要的信息。具体来讲，配合侦查机关的侦查、调查的义务有以下几个方面：(1) 协助的义务。即在侦查机关调查过程中提供必要的人员、技术和设备支持；按要求向调查人员说明情况，协助查阅、复制、封存有关的文件、资料。(2) 如实提供信息义务。如实提供有关的文件和材料，不得弄虚作假。(3) 如实回答侦查机关提问的义务。(4) 不得有拒绝或者阻碍调查、侦查的行为等。

为了加强对可疑毒品犯罪资金的监测，对于本条规定的监测、报告主体，应当作广义的理解。根据中国人民银行法、反洗钱法的有关规定，不仅反洗钱行政主管部门（包括中国人民银行总行及其省一级的派出机构）负有对可疑毒品犯罪资金监测的义务，其他负有反洗钱职责的金融监管机构，比如中国证券监督管理委员会、中国银行保险监督管理委员会等，海关、市场监督管理、税务等部门也应当在各自的范围内加强对可疑毒品犯罪资金的监测。本条虽然只规定了对侦查机关侦查、调查的配合义务，但是根据反洗钱法的规定，国务院反洗钱行政主管部门或者其省一级派出机构发现可疑交易活动，需要调查核实的，可以向金融机构进行调查。因此，上述部门在发现资金可能涉及毒品犯罪，进行调查核实的，金融机构也应当配合。当然，在调查核实以后，如果只是一般金融违规行为，有关金融监管部门就可以直接处理；如果涉及犯罪，则需要报告侦查机关。

为加强反洗钱工作，中国人民银行、原中国保险监督管理委员会、中国银行业协会、中国证券业协会、中国银行保险监督管理委员会发布多个部门规定，对行业反洗钱义务作出规定。2009 年 8 月，《中国银行业协会关于发布〈证券公司反洗钱客户风险等级划分标准指引（试行）〉的通知》（已失效），指导证券公司开展反洗钱客户风险等级划分工作，增强反洗钱工作的针对性和有效性；2009 年 9 月，中国证券业协会发布《基金管理公司反洗钱客户风险等级划分标准指引（试行）》，提高基金管理公司反洗钱工作的针对性和有效性，建立健全基金客户风险等级划分和管理体系；2010 年 8 月，原中国保险监督管理委员会颁布《关于加强保险业反洗钱工作的通知》，加强保险业反洗钱工作，防范保险洗钱风险；2019 年 1 月，中国银行保险监督管理委员会颁布《银行业金融机构反洗钱和反恐怖融资管理办法》，做好银行业金融机构反洗钱和反恐怖融资工作。

四、公安机关与中国人民银行的反洗钱合作

对于反洗钱行政主管部门对可疑毒品犯罪资金报告的程序等，考虑到涉及刑事侦查活动，需要和公安、司法机关的配合，因此本法以及反洗钱法都没有规定。这方面的工作，可以按照有关部门的规定进行。比如，2005 年 3 月，公安部和中国人民银行联合发布《公安部、中国人民银行关于可疑交易线索核查工作的合作规定》，建立了公安部经济犯罪侦查部门与中国人民银行相关部门之间的合作机制，包括联络、协调制度，案件联合督办制度及情报定期会商制度等。为了有效防范和打击洗钱犯罪，维护国家政治、经济金融安全和正常的经济秩序，2004 年，我国建立了反洗钱工作部际联席会议制度，协调各部门、动员全社会开展反洗钱工作。2005 年，公安部和中国人民银行建立了打击洗钱犯罪协调会商机制，公安部在中国人民银行成立了联络员办公室。实践中，有关可疑毒品犯罪资金的监测、分析、识别、跟踪和调查交易线索等可以按照中国人民银行和公安机关建立的上述反洗钱合作和案件会商机制、部际联席会议确定的职责分工等办理。

相关规定

《中华人民共和国刑法》第191条；《中华人民共和国中国人民银行法》第4条第10项；《中华人民共和国反洗钱法》第13条、第20条、第23条；《中华人民共和国刑事诉讼法》第54条；《联合国禁止非法贩运麻醉药品和精神药物公约》第3条（b）；《联合国打击跨国有组织犯罪公约》第7条（a）；《金融行动特别工作组关于反洗钱问题的四十项建议》第20条

第三十条 国家建立健全毒品监测和禁毒信息系统，开展毒品监测和禁毒信息的收集、分析、使用、交流工作。

条文主旨

本条是关于毒品监测和禁毒信息收集、分析、使用和交流的规定。

立法背景

禁毒信息工作是禁毒工作中的重要环节，指以公开、秘密手段及其他方法获得与毒品有关的情况，并运用科学的方法进行分析研究，整理综合及利用计算机网络系统进行储存、分析、检索、传递、管理和提供咨询服务的过程总称。建立健全毒品监测和禁毒信息系统意义重大。由于毒品犯罪和吸毒行

为日益呈现社会化、网络化、更加隐秘的特点，精确、全面的禁毒情报信息工作，可以广泛搜集及分析研究毒品违法犯罪的活动情况，把握其发展规律，预测其发展趋势，不仅对于专项禁毒侦查和打击行动，而且也为提高综合治理、禁毒决策、国际合作，从整体上掌控和部署禁毒工作，掌握禁毒斗争主动权提供依据。而且，禁毒工作是一个包括禁种、禁制、禁贩、禁吸，四禁并举，综合治理，全社会参与的综合工程，单纯在禁毒、戒毒等领域的各自为战很难收到明显的禁毒成效。建立健全禁毒信息系统，把各个领域的信息进行综合，才能整合全社会的力量，合理配置社会资源，在打击毒品犯罪的同时，加强麻醉药品、精神药品的管理，加强戒毒工作的力度。

国家有关部门一直重视禁毒信息的收集、整理、分析、保存、交流和运用，目前已经建立了一些禁毒信息收集、分析、使用的制度。例如，药品管理监督部门建立了麻醉药品和精神药品生产、运输、销售、库存等的网络信息监控和报告制度。但是，我国的禁毒情报信息系统建设仍然存在需要完善和健全的地方。比如，需要从全国层面加强禁毒信息监测和使用的网络建设，健全信息检测、分析、交流、使用机制；地方禁毒部门、不同领域各自为战，协调情报的能力有待加强；禁毒情报系统不够健全，一些地方和部门禁毒情报来源狭窄，情报的全面性、系统性有待加强；情报信息队伍薄弱，情报手段单一，装备不足、落后等问题。进一步加强禁毒情报信息工作，建立以情报信息系统为中心的打击毒品监测和信息系统，对于提高禁毒决策、禁毒战役、综合整治水平具有重要意义。

条文解读

建立健全毒品监测和禁毒信息系统是一项综合工程，应当从以下三个方面着手：

一、健全毒品监测制度体系

毒品监测制度体系的健全，包括各级禁毒机构毒品监测制度的建立和完善，需要从各个方面、各个角度了解本地、全国，乃至世界范围内的毒品种植、制造、运输、消费等信息，为正确的禁毒决策作准备。比如，通过卫星监测系统对全国以及周边国家的毒品原植物种植进行监测，通过国际协作了解世界范围内种毒、制毒的情况；对毒品违法犯罪进行统计整理分析，对吸毒的情况进行社会调查，分析和预测毒品犯罪和消费的现状和态势；针对不特定的人群，乃至吸毒人员收集必要的情报和信息，及时应对各种犯罪活动，及时了解掌握与吸毒有关的各种传染疾病的发展情况。与禁毒管制工作关系密切的麻醉药品、精神药品生产、经营、使用部门和机构，应当建立固定的工作制度和机制，将禁毒信息的收集、整理、分析、交流和使用纳入日常工作。比如，根据《麻醉药品和精神药品管理条例》的规定，麻醉药品和精神药品定点批发企业除应当具备药品管理法规定的药品经营企业的开办条件外，还应当有通过网络实施企业安全管理和向药品监督管理部门报告经营信息的能力。在日常生产、经营、医疗等工作中，有关单位还要加强有关信息的交流。省级以上人民政府药品监督管理部门根据实际情况建立监控信息网络，对定点生产企业、定点批发企业和使用单位的麻醉药品和精神药品生产、进货、销售、库存、使用的数量以及流向实行实时监控，并与同级公安机关做到信息共享。尚未连接监控信息网络的麻醉药品和精神药品定点生产企业、定点批发企业和使用单位，也应当每月通过电子信息、传真、书面等方式，将本单位麻醉药品和精神药品生产、进货、销售、库存、使用的数量以及流向，报所在地设区的市级药品监督管理部门和公安机关；医疗机构还应当报所在地设区的市级人民政府卫生主管部门。

二、建立健全禁毒信息共享系统

对于禁毒信息的收集、分析和使用，应当保障来源的广泛性、分析的精确性及应对的及时性。要实现这一目标，一个重要的工作是健全禁毒信息汇总、分析、储存和使用系统。这包括两个方面的工作，一是建立信息汇总、分析、储存和共享的机制，形成工作制度。比如，国家建立中央信息中心，保证各方面的禁毒信息能够及时、全面、精确的汇总，保证各种信息得到及时深入分析。在分析和储存信息的基础上，建立禁毒信息预警和应对机制，对于那些可能对禁毒工作有重要指导意义的信息，及时反馈到相应的部门和机构，及时采取应对行动。这样的信息系统还包括与国际禁毒组织和其他国家的禁毒信息交流、分享和互动，能够使禁毒信息系统及时协调国际禁毒合作等。

二是为了实现情报信息收集、储存、检索查询和反馈及管理工作的科学化、规范化，进一步提高情报信息工作效率，加强禁毒信息系统的科技化是有必要的。科技化的一个重要手段是建立计算机网络系统，为禁毒信息系统提供科技支持平台。比如，毒品犯罪嫌疑人数据库对于提高数据统计、信息综合、情报研判水平，提升禁毒工作信息化水平，科学、规范禁毒提供了重要技术支持。

三、建立并完善科学、规范的禁毒情报信息工作机制

保证信息渠道实事求是、客观真实，通过比较、演绎、溯源和否定，剔除虚假的情报信息，最大限度地确保情报信息的真实性，提高情报意识，善于从零星的情报信息中发现新动向、新情况、新问题，总结本质的、规律性的东西，把握发展趋势，收集、报告、处理情报信息的各个环节等，对于整个情报信息工作有决定性的意义。只有及时的情报才有价值，只有迅速果断对情报信息进行处置，才能充分发挥其作用，实现情报的时效性等。有关部门需要通过实践和研究逐步建立一套科学的操作规范和方法。

在禁毒信息收集、分析、使用和共享过程中，要注意信息的保密工作，这样不仅对保证禁毒工作的有效进行，也对保护公民的合法权益，保障社会正常运行具有重要的意义。在禁毒工作中，禁毒信息工作人员要有较强的情报意识和保密意识，在情报的搜集、传递、报告和查询等各个环节，严格遵守保密制度和保密纪律，建立严格查阅使用的审批手续，确保毒品犯罪情报的安全和防止发生泄密事件。已建立计算机信息系统的也要采取防病毒与保密措施，确保贮存的机密安全。对因泄密造成严重后果的事件，要认真追查，根据不同情节予以分别处理。

相关规定

《麻醉药品和精神药品管理条例》第58条、第59条

第四章　戒毒措施

第三十一条　国家采取各种措施帮助吸毒人员戒除毒瘾，教育和挽救吸毒人员。

吸毒成瘾人员应当进行戒毒治疗。

吸毒成瘾的认定办法，由国务院卫生行政部门、药品监督管理部门、公安部门规定。

条文主旨

本条是关于我国对吸毒人员实行帮教挽救以及吸毒成瘾人员进行戒毒治疗的规定。

立法背景

帮助吸毒人员戒除毒瘾，教育和挽救吸毒人员，是我国戒毒工作的基本方针。这一方针是基于对毒品及吸毒行为性质和打击毒品的政策考虑确定的。第一，吸毒不仅是一种违法行为，更是一种疾病。尽管吸毒人员因好奇、无知等原因而沾染毒瘾，在开始吸毒时尚有一定的意志控制力，但是一旦成瘾，其对毒品的生理和心理依赖就会表现为一种不可抗拒的力量，强制吸食者连续使用该药并逐渐加大剂量，在毒瘾发作时无论什么兴趣、爱好都难以使其转移注意力，也无法仅凭意志力将毒瘾消除。而一旦停止吸毒，生理上就会出现戒断症状，对身心健康造成极大的损害，甚至危及生命安全。从这一角度来看，吸毒人员是害人者，也是被害者。过分强调吸毒的违法性并实行单纯的处罚，不仅不能让吸毒人员戒除毒瘾，还容易使吸毒人员产生被社会遗弃的感觉，甚至敌视、抵制戒毒。第二，吸毒人员是毒品市场的消费者，吸毒人员的需求决定了毒品的生产和贩卖。毒品犯罪分子不仅靠吸毒人员对毒品的需求获得高额收益，也通过不断吸引更多人员吸毒来扩大市场需求。因此，降低毒品非法需求是禁毒战略的重要方面，一方面要加强对非吸毒者或吸毒高危人群的禁毒宣传，致力于预防和减少新的吸毒发生；另一方面通过合理筛查，尽早发现吸毒人员，并对其采取有效的戒毒治疗和身心康复等综合干预措施，使其尽早停止吸毒行为，减少社会对毒品的需求，萎缩毒品需求市场。所以，我国一直把禁吸戒毒作为禁毒的重要突破口之一。

2011 年 6 月 22 日，为了规范戒毒工作，帮助吸毒成瘾人员戒除毒瘾，维护社会秩序，根据本法的规定，国务院第一百六十次常务会议通过《戒毒条例》，2018 年 9 月 18 日国务院令第 703 号对其予以修正。该条例规定，县级以上人民政府应当建立政府统一领导，禁毒委员会组织、协调、指导，有关部门各负其责，社会力量广泛参与的戒毒工作体制。戒毒工作坚持以人为本、科学戒毒、综合矫治、关怀救助的原则，采取自愿戒毒、社区戒毒、强制隔离戒毒、社区康复等多种措施，建立戒毒治疗、康复指导、救助服务兼备的工作体系。禁毒法及戒毒条例等法律法规，从法律层面上对我国的戒毒工作体制和戒毒措施作出了明确规定。

条文解读

一、国家禁毒工作的方针和目标

本条第一款规定了国家禁毒工作总的方针和目标，即帮助吸毒人员戒除毒瘾，教育和挽救吸毒人员。教育和挽救吸毒人员，是一项复杂的系统工程，需要采取综合措施。对吸毒人员的治疗、教育和挽救，具体可以分为生理断瘾、体能康复、心理戒毒、回归社会四个方面。其中，生理断瘾和体能康复是前提和基础，虽然比较困难，但也是比较短的过程，一般只需要几个月的时间。心理戒毒和回归社会则是必须长期坚持的过程，也是巩固戒毒成果的一个必要条件。吸毒人员以正常的身心状态回归社会，成为社会的一名正常成员，是戒毒的根本目的，也是戒毒成功的最终标志。具体分析，包括以下几个方面：

1. 治疗。即通过用药等医疗措施帮助戒毒人员戒除毒瘾，断绝其在生理上对毒品的依赖。戒毒治疗是让吸毒者回归社会，恢复正常生活的前提。对于戒断生理毒瘾，本法规定了自愿戒毒、社区戒毒和强制隔离戒毒等戒毒治疗措施。对在家庭和社会的监督下有决心、有毅力戒毒，通过家庭和社会监督的形式能保证较强的约束力、戒毒持续性的吸毒人员，国家鼓励其自愿戒毒，自动到医疗机构进行戒毒治疗，或者在社区戒毒。对于通过自愿戒毒和社区戒毒不能戒除毒瘾的人员，可以对其进行强制隔离戒毒。无论采取何种方式，戒毒治疗始终需要坚持的中心理念是将吸毒人员视为病人，考虑其很难单纯通过自身的意志戒除毒瘾的现实，采用药物、隔离戒毒等医疗措施进行。因此，强制隔离戒毒虽然对戒毒人员的人身自由进行限制，甚至采取适当的身体强制措施，但是，这些措施都只是出于保障治疗顺利进行的目的，是一种保护性的约束措施。而且，对于那些短期内无法戒除毒瘾或者因为各种原因导致不能戒除毒瘾的，根据有关规定也可以使用药物替代治疗，以成瘾性较小的药物，比如美沙酮代替毒品，通过以小毒代大毒，逐步减少剂量的方法，使吸毒者逐步摆脱毒瘾。

2. 教育和挽救。所谓教育和挽救，就是使吸毒人员建立正确的世界观、人生观，恢复自尊、自信以及正常的生产、生活能力，回归正常社会生活。

首先，要加强生理和心理康复工作，使吸毒人员恢复健康的体魄和正常的心理。这也可以视为广义的戒毒治疗的一部分。一般来说，戒除生理依赖后的生理和心理康复，实际上也是戒毒后康复和帮教工作的重要内容。吸毒人员普遍体质虚弱，体能较差。同时，这些人意志薄弱，自我控制能力不强，对戒除毒瘾、恢复正常的生活缺乏信心。为了使其尽早以正常状态回归社会，在进行生理戒断治疗的同时，还应当帮助其进行体能康复训练，让他们参加一些体力劳动和体育锻炼，并逐步增加强度，最终使其恢复到正常人的体能状态。同时，要对其进行适当的心理康复训练，不断给吸毒人员灌输吸毒有害的思想，使其认识到吸毒对家庭、社会及自身的损害，鼓励其戒毒的决心和勇气；使他们放弃漠视社会、漠视人生，甚至自暴自弃的思想，增强自信心，将戒毒持之以恒，坚持到底；同时唤起吸毒者对个人、家庭、社会及国家的责任，增强其家庭观念、社会观念，使其认识到自己对家庭的重要性和对社会的有用价值，感受到亲情的温暖与社会的关爱，从内心里激发对家庭、对社会的责任感，增强戒毒拒毒的自觉性。

其次，要加强对吸毒人员的社会教育，使其能够适应社会正常生活。吸毒者最初染毒的原因很复杂，有的是因为好奇或者贪图享乐，有的是因为生活、事业、健康等出现问题，有的则是因为不良嗜好或者交友不慎。要彻底巩固戒毒成果，就要帮助吸毒者改变其嗜好，树立上进、自立、勤劳，守法爱已，乐于付出，有益于社会的观念。为了防止其接触吸毒环境、重蹈覆辙，就要使他们断绝与昔日“毒友”的来往，远离边缘人群。各类社会帮教组织、禁毒志愿工作者要不失时机地在第一时间介入，实现朋友替代和交际群替代，使吸毒者远离毒品，各方面得到正面的引导，社会行为受到一定的制约，逐步培养其正确的人生观、价值观、交友观，增强自律能力，最终成为能够完全自控，彻底远离毒品的人。

最后，要加强其学习和工作技能教育。大多数吸毒人员劳动技能很差，没有任何专长，在社会上谋生困难，戒除毒瘾后，如果找不到像样的工作，无法自立，不能养活自己，很容易与游手好闲者为伍，做社会的“寄生虫”，或者通过各种不正当手段获取钱物，走上重新吸毒或违法犯罪的道路。挽救吸毒人员，就要帮助他们提高劳动技能，为其培训一两门技术，靠社会的帮助提高其劳动技能，找到一份正常的工作，使其能自力更生，自给自足，担当起养家糊口的家庭责任，远离高危环境。

二、吸毒成瘾人员应当进行戒毒治疗

本条第二款规定吸毒成瘾人员应当进行戒毒治疗。这一规定可以从以下两个方面理解：一方面，国家应当对吸毒成瘾人员进行戒毒治疗，并为吸毒人员接受戒毒治疗提供便利。国家应当为吸毒人员提供一定的医疗条件，包括开办医疗机构，为吸毒人员提供替代药物等。法律也规定了社区戒毒和强制戒毒措施下的医疗措施，对于吸毒人员，采取相应的措施帮助其戒除毒瘾。本法第五十条还规定，公安机关、司法行政部门对被依法拘留、逮捕、收监执行刑罚以及被依法采取强制性教育措施的吸毒人员，应当给予必要的戒毒治疗。总之，国家应当通过各种方式全面为吸毒人员接受戒毒治疗提供便利。另一方面，接受戒毒治疗也是吸毒成瘾人员的一项义务，吸毒人员的康复意愿和配合对治疗效果也具有重要的作用。因此，国家要求吸毒成瘾人员接受戒毒治疗，并鼓励吸毒人员主动治疗。比如，本法第六十二条规定，吸毒人员主动到公安机关登记或者到有资质的医疗机构接受戒毒治疗的，不予处罚。对于在社区戒毒和强制戒毒期间配合医疗，遵守体检、服药、检测等规定，戒毒效果良好的人员，也可以缩短戒毒的期限。

总之，戒毒工作应当把戒毒治疗与教育、挽救吸毒人员作为根本宗旨，而不是单纯惩罚了事。要真正实现教育、挽救吸毒人员的目标，需要发动吸毒人员、家庭、社会、国家的力量，采取多种手段加强对吸毒人员的监督和制约，综合行政组织、社会力量等资源对戒毒人员进行有效的监督和帮助，在加强社会约束的同时，提高其遵守法律法规的自觉性，在帮助其戒除生理毒瘾的同时，帮助其恢复正常的心理和社会生活能力，回归社会。

三、吸毒成瘾认定办法的制定

戒毒工作的基础是吸毒成瘾的认定。吸毒成瘾首先是个医学问题，具有相应的认定标准并需要专门的知识和技术才能认定。对于这样的技术问题，法律不宜直接作出规定，由有关部门制定专业技术标准更符合科学工作的规律。在实践中，有关部门已经制定了认定吸毒成瘾的一些规定，比如国家食品药品监督管理局（已撤销）、卫生部对海洛因、苯丙类、阿片类等毒品的成瘾认定都有具体认定标准的原则性规定，公安机关根据戒毒工作的经验，根据检测结果、吸食次数等也对吸毒成瘾的认定作了规定。这些都为吸毒成瘾的认定提供了重要的技术依据。因此，为了使吸毒成瘾认定标准既符合科学规律，又符合禁毒工作的实际需要，本法第三款在制定时没有对吸毒成瘾的标准作出直接规定，而是规定由国务院卫生行政部门、药品监督管理部门、公安部门作出规定。

根据本法的实施情况和有关授权，2010 年 11 月，经卫生部同意，公安部通过并发布《吸毒成瘾认定办法》，自 2011 年 4 月 1 日起施行。2016 年 11 月 22 日，公安部对《吸毒成瘾认定办法》进行了修改，并经国家卫生和计划生育委员会同意，予以公布，自 2017 年 4 月 1 日起施行。该办法对吸毒成瘾认定的主体、标准、程序等作了规定。根据该办法的有关规定，吸毒成瘾是指吸毒人员因反复使用毒品而导致的慢性复发性脑病，表现为不顾不良后果、强迫性寻求及使用毒品的行为，同时伴有不同程度的个人健康及社会功能损害。吸毒成瘾认定是指公安机关或者其委托的戒毒医疗机构通过对吸毒人员进行人体生物样本检测、收集其吸毒证据或者根据生理、心理、精神的症状、体征等情况，判断其是否成瘾以及是否成瘾严重的工作。该办法为贯彻落实禁毒法、禁毒条例、准确认定吸毒成瘾，做好戒毒收治工作，确保禁毒和戒毒工作的顺利进行提供了保障。

相关规定

《戒毒条例》第2条；《吸毒成瘾认定办法》第2条、第3条

第三十二条 **公安机关可以对涉嫌吸毒的人员进行必要的检测，被检测人员应当予以配合；对拒绝接受检测的，经县级以上人民政府公安机关或者其派出机构负责人批准，可以强制检测。**

公安机关应当对吸毒人员进行登记。

条文主旨

本条是对吸毒人员进行检测和登记的规定。

立法背景

长期的禁吸戒毒工作经验表明，及时发现并确认吸毒人员是禁毒斗争和戒毒工作的重要一环。由于无论在道德上还是法律上，吸毒都会受到社会的否定和打击，因此吸毒一般都采取比较隐蔽的方式，吸毒人员在被发现以后，也不愿意承认。但是，由于毒品能够改变人体的生物特性，通过医学检测一般可以直接对是否存在吸毒行为作出认定。所以，在执法过程中，对涉嫌吸毒人员进行医学检测，是确定其是否吸毒的重要方式。通过医学检测确定其是否吸毒，也是严格执法的要求。毕竟是否吸毒以及是否需要戒毒治疗，是一项严谨的医学活动，其确认有明确、统一的医学标准，无法由执法人员根据经验和法律进行判断。规定对涉嫌吸毒人员进行检测，既可以防止执

法人员判断失误或者滥用职权，也有利于保护公民的名誉权、自由权、身体健康权。本法规定了公安机关对吸毒人员可以采取检测、登记等行为。《戒毒条例》规定，县级以上地方人民政府公安机关负责对涉嫌吸毒人员进行检测，对吸毒人员进行登记并依法实行动态管控，依法责令社区戒毒、决定强制隔离戒毒、责令社区康复，管理公安机关的强制隔离戒毒场所、戒毒康复场所，对社区戒毒、社区康复工作提供指导和支持。

条文解读

一、对涉嫌吸毒人员的检测

（一）吸毒检测的条件和程序

一方面，法律对认定吸毒成瘾规定了严格的认定标准，要准确认定是否吸毒以及是否吸毒成瘾，需要采取科学的医学手段等进行检测；另一方面，由于吸毒人员相对于普通人群数量少，随意而没有限制的吸毒检测，不仅浪费医疗资源，也可能会对公民的名誉、人身自由等造成一定的影响。本法对检测登记明确规定了条件和程序，公安机关在进行吸毒检测时，应当遵守本法及相关规定，涉嫌吸毒人员应当按照要求接受检测。

首先，应当有一定的证据或者迹象表明被检测人涉嫌吸食、注射毒品。比如，公安人员在执法中发现被检测人正在吸毒或者持有毒品；被检测人身上带有或者住处发现毒品或者疑似用于吸食、注射毒品的用具，比如沾有毒品的注射器、锡箔纸等；正在从事毒品违法犯罪行为，比如贩毒、制毒、运输、购买毒品等行为的；被发现与吸毒人员在一起，有可能吸毒的迹象的；进行其他身体检查的时候，发现身体上有注射毒品的痕迹，或者有疑似吸毒成瘾症状的等。如果公安机关在执法中发现这些情况，怀疑当事人可能吸毒的，就可以决定对其进行吸毒检测。

其次，吸毒检测必须遵循法定程序。为规范公安机关吸毒检测工作，保护当事人的合法权益，根据本法及《戒毒条例》等有关法律规定，公安部以部门规章的形式发布了《吸毒检测程序规定》，对公安机关进行吸毒检测的行为作出规范。吸毒检测是运用科学技术手段对涉嫌吸毒的人员进行生物医学检测，为公安机关认定吸毒行为提供科学依据的活动。吸毒检测分为现场检测、实验室检测、实验室复检。一般情况下，应对涉嫌吸毒人员进行现场检测，并当场出具检测报告。被检测人对现场检测结果有异议的，可以在被告知检测结果之日起三日内，向现场检测的公安机关提出实验室检测申请。实验室检测由县级以上公安机关指定的取得检验鉴定机构资格的实验室或者有资质的医疗机构进行。被检测人对实验室检测结果有异议的，可以在被告知检测结果后的三日内，向现场检测的公安机关提出实验室复检申请。实验室复检由县级以上公安机关指定的取得检验鉴定机构资格的实验室进行。实验室检测和实验室复检不得由同一检测机构进行。就检测样本而言，主要为采集的被检测人员的尿液、血液、唾液或者毛发等生物样本。

至于吸毒人员的吸毒种类、生理依赖程度、吸毒成瘾认定、身心损害程度等方面的检测和判定，以及是否因为吸毒而患某种疾病等，可以不在吸毒检测时进行，而在确定被检测人确实吸毒后再作进一步检测。规定检测限制在必要的范围内，可以使公安机关迅速确定被检测人是否吸毒，保证检测的时效性，在确定被检测人吸毒的情况下再进行生理依赖程度、吸毒成瘾认定、身心损害程度等方面的检测和判定，也有利于节约医疗资源，保护被检测人的隐私权等权利。

最后，检测应当由具有资格的人员进行。检测是一种生物医学活动，通过生物医学等手段所确定的尿样等样本的严重生物特异性变化（阳性）确定是否吸毒。所以，吸毒检测应当由专门的人员进行。这些人员，既可以是医疗机构的医疗人员，也可以是经过吸毒检测培训的公安机关的鉴定人员。

（二）被检测人员的配合义务

在公安机关决定对涉嫌吸毒的人员进行检测的时候，被检测人员应当配合。这里的配合，包括被检测人员根据公安人员的规定，到指定的地点，比如公安机关或者其他检测机构进行检测；按照检测人员的指令，作出规定的行为，比如提供尿样、服药等，在检测人员提取检测样本的时候不予阻挠或者抗拒；如实回答检测人员的提问，以便于检测人员确定饮食、服药等方面是否存在可能影响检测结果准确性的因素，谨慎地作出判断等。

（三）强制检测

强制检测是指采取能够限制被检测人的行动自由，使其无法抗拒检测的行为而对其进行的检测。比如，公安人员对于发现的可能吸食、注射毒品的人员，认为需要进行吸毒检测而其拒绝到检测场所接受检测的；在检测人员提取尿样、血液、毛发等生物检测样本的时候进行反抗，抗拒检测等，使检测无法进行的，公安人员可以决定采取强制检测，也就是采取身体约束措施，使其无法动作而能够顺利完成采集检测样本等检测活动。根据本条的规定，进行强制检测，必须经县级以上人民政府公安机关或者其派出机构负责人批准。这里规定的“派出机构”，主要是指公安机关的派出所。这样规定，主要是考虑到提取尿样、血液、毛发等生物检测样本活动，涉及公民的身体健康权、隐私权等权利，为了防止公安人员滥用权力损害公民权利，需要规定严格的程序，包括严格的审批程序。如果执法人员认为需要进行强制检测的，应当先向县级以上公安机关或者其派出机构的负责人提出申请，经批准后再进行强制检测，并在强制检测时向被检测人告知已经得到批准的情况，不宜事前未获批准而先行强制检测。

二、吸毒人员的登记

进行吸毒人员登记是国际公约的要求，也是世界各国的普遍做法。联合国《1961 年麻醉品单一公约》和《1971 年精神药物公约》规定，各成员国要对麻醉药品和精神药品实行严格管制，并对麻醉药品滥用情况进行监测。我国公安机关一直在进行吸毒人员登记工作，卫生和健康部门也一直在进行针对药物滥用成瘾者的监测和登记工作，对因为医疗造成的，或者在医疗过程中发现的药物成瘾者进行登记、追踪和治疗。吸毒人员登记具有非常重要的意义，对吸毒人员的登记和统计，可以分析、预测本地区的毒品消费情况，从而对一定时期、一定区域，甚至全国范围内的制毒、贩毒情况作出预测，制定相应的应对办法。对吸毒人员进行登记，建立较为全面的、翔实的档案，也便于长期追踪吸毒人员的戒毒、学习、工作、生活等情况，为在不同地区合理分配戒毒资源，调配药物等提供决策依据。此外，对吸毒人员进行登记也具有流行病学的意义，可以通过登记资料分析吸毒者的身体健康状况，研究吸毒人员患艾滋病、性病等的情况，采取相应的预防措施，为进行艾滋病和其他传染病防治、戒毒治疗、药物维持治疗等提供相应的依据。在本法中对吸毒人员登记作出明确规定，对于促进该项工作更广泛、更规范地开展具有重要的意义。

根据禁毒和戒毒工作的需要，为了保证登记信息的全面、准确，方便登记工作进行，便于信息的整理、分析和使用，公安机关确定登记的项目，并制作固定的登记表格。比如，吸毒者的基本情况，包括年龄、性别、文化程度、家庭住址、婚姻和家庭情况、工作职业及各种可能影响吸毒和戒毒的因素等；吸毒的基本情况，包括吸食注射毒品的种类、方式、持续时间、毒品的来源、摄取毒品的数量和成瘾程度等；吸毒者患有艾滋病、性病甚至肺结核、肝炎等传染病的情况；吸毒人员进行戒毒治疗和其他相关治疗、进行药物维持治疗的情况等。公安机关应当实行实名登记，为此，执法人员可以通过一定的方式核实吸毒人员的身份等情况。法律也鼓励吸毒人员主动到公安机关进行登记。本法第六十二条规定，对于主动到公安机关登记或者到有资质的医疗机构接受戒毒治疗的，不予处罚。

相关规定

《戒毒条例》第4条；《吸毒检测程序规定》第2—10条

第三十三条 **对吸毒成瘾人员，公安机关可以责令其接受社区戒毒，同时通知吸毒人员户籍所在地或者现居住地的城市街道办事处、乡镇人民政府。社区戒毒的期限为三年。**

戒毒人员应当在户籍所在地接受社区戒毒；在户籍所在地以外的现居住地有固定住所的，可以在现居住地接受社区戒毒。

条文主旨

本条是关于对吸毒成瘾人员实行社区戒毒的规定。

立法背景

社区戒毒是禁毒法中规定的新的戒毒措施。禁毒法施行以前有关法律规定，对吸毒成瘾的人员要进行强制戒毒，即将吸毒人员放在一个相对封闭的环境中进行戒毒治疗。由于将吸毒人员与社会，特别是其所在的吸毒环境隔离开来，减少了社会因素对其吸毒的诱惑和获得毒品的机会，因此在强制戒毒期间，戒毒人员基本都能戒除毒瘾。但是，有关部门的研究表明，虽然这些人在强制戒毒机构都诚心悔过并成功戒除了毒瘾，但是在回归社会以后，摒弃操守，重新吸毒的比例也非常高。这些问题反映了我国在建立自愿戒毒、社区戒毒和强制戒毒相结合的戒毒模式之前，单纯依靠封闭治疗，忽视帮助戒毒人员融入社会和恢复正常社会生活的缺陷。

第一，隔离戒毒没有消除影响吸毒人员吸毒的社会环境。单纯以隔离机构为依托进行的戒毒措施，由于只是针对吸毒人员的生理和心理问题进行治疗，影响吸毒人员吸毒的社会环境没有任何改变，因此一旦吸毒人员重返社会，仍然陷入原来的吸毒环境中，还是较为容易就能获取毒品。实际上，这种措施没有消除吸毒的根本原因，而仅是暂时将其与社会隔离，将其获取毒品的可能推迟了几年。

第二，隔离戒毒主要是将吸毒人员隔离在国家开办的戒毒场所中进行戒毒治疗，没有动员家庭、社区等社会力量的参与和支持。戒毒机构在就业、入学、社会保障等方面缺乏经验和足够的能力，只是孤立地进行戒毒。长期下去，这使戒毒工作无法获得社会力量的支持和参与，特别是没有社会力量参与吸毒人员戒毒后的教育和帮助工作。这些戒毒后的问题无法解决，严重减弱了戒毒效果。

第三，隔离戒毒没有针对吸毒人员吸毒的综合原因对症治疗。有些吸毒人员吸毒，最初的动机可能是逃避现实生活的痛苦，比如社交障碍、失业、家庭不和、学习压力等方面的原因。隔离戒毒仅重视剥夺吸毒人员获取毒品的能力，但是没有消除导致其吸毒的深层次原因。因此，在吸毒人员解除强制戒毒后，由于长期隔离导致工作、交际能力下降，不仅不能解决这些问题，反而使这些问题更加突出，以至于吸毒人员在戒毒后反而更难融入社会生活。

在禁毒法制定的过程中，各方面都建议借鉴一些国家的有效经验，总结隔离戒毒工作的经验，对社区戒毒作出规定。本法在充分总结一些地方戒毒工作经验的基础上，在强制戒毒措施之外，规定了社区戒毒，并将试点工作中主要针对强制戒毒后的社区戒毒，发展成为一种实行强制隔离戒毒前就可以进行的独立的戒毒措施。这也是对过去长期实行的以封闭戒毒方法为主的戒毒模式进行的改进。为了提高戒毒的效果，公安部、司法部等部门和机构学习其他国家社区矫正中的毒品检测和治疗措施，对社区戒毒工作进行探索，形成了一系列成功的做法，积累了一批成功的经验，比如在北京推行的向日葵社区、云南推行的雨露社区等，主要针对强制戒毒后的戒毒人员，在回归社会后对其再进行一定时期的教育工作，并给予就业指导和帮助，这取得了很好的效果。

条文解读

一、社区戒毒的条件、决定和执行机关、期限

本条第一款对社区戒毒作出了基本规定，包括社区戒毒的条件、决定机关、期限，以及公安机关通知城市街道办事处、乡镇人民政府的义务。

（一）社区戒毒的条件

根据本款的规定，对吸毒成瘾的人员，公安机关可以责令其进行社区戒毒。所谓吸毒成瘾，是指吸毒人员因反复使用毒品而导致的慢性复发性脑病，表现为不顾不良后果、强迫性寻求及使用毒品的行为，同时伴有不同程度的个人健康及社会功能损害。具体而言，在心理上、精神上表现为吸毒者具有一种周期性或连续性吸毒的欲望，不惜一切代价获取毒品、吸食毒品，无论什么兴趣、爱好、刺激都难以使毒瘾转移；在生理上表现为需要反复使用毒品，一旦停止，生理上就会出现戒断症状，同时对毒品产生不同程度的耐受性，导致吸毒人员不断提高吸毒量，加速对身心的损耗。对于那些虽然吸毒，但没有达到医学上的成瘾指标的人员，比如一些初次吸毒或者吸食低毒性毒品没有形成毒瘾的人，不需要进行戒毒治疗的，根据禁毒法及戒毒条例的规定，可以只给予治安管理处罚。

（二）社区戒毒的决定机关

根据本款的规定，社区戒毒由公安机关决定。长期以来，公安机关一直负责缉毒、强制戒毒工作，负责吸毒人员的检测和登记。由公安机关根据其吸毒成瘾情况，在综合考虑如何才能充分发挥教育、挽救效果的基础上，确定采取何种戒毒措施，不仅可以提高戒毒的成效，也可以提高办案的效率。而

且，社区戒毒本身也是对公民自由权的一种限制，是一种法律上的决定，不是单纯的医疗诊断和治疗措施选择，由公安机关决定，并赋予被决定人申请复议和进行行政诉讼的权利，可以在提高办案效率的同时保护当事人的权利。根据《戒毒条例》的有关规定，对吸毒成瘾人员，县级、设区的市级人民政府公安机关可以责令其接受社区戒毒，并出具责令社区戒毒决定书，送达本人及其家属，通知本人户籍所在地或者现居住地乡（镇）人民政府、城市街道办事处。社区戒毒人员应当自收到责令社区戒毒决定书之日起15日内到社区戒毒执行地乡（镇）人民政府、城市街道办事处报到，无正当理由逾期不报到的，视为拒绝接受社区戒毒。

（三）通知城市街道办事处、乡镇人民政府的义务

社区戒毒是将吸毒人员放在其生活的社区，由有关基层组织和机构进行戒毒管理的一种戒毒模式。根据本法第三十四条的规定，城市街道办事处、乡镇人民政府是社区戒毒工作的主体，具体负责社区戒毒工作，包括落实有针对性的社区戒毒措施，负责监督管理，提供心理咨询，为无职业且缺乏就业能力的戒毒人员提供必要的职业技能培训、就业指导和就业援助等。公安机关在作出责令社区戒毒的决定时，同时通知城市街道办事处、乡镇人民政府，才能完成决定与交付执行的衔接工作。根据本条第二款的规定，戒毒人员应当在户籍所在地接受社区戒毒；在户籍所在地以外的现居住地有固定住所的，也可以在现居住地接受社区戒毒。根据该规定，公安机关可以通知户籍所在地或者有固定住所的现居住地的城市街道办事处、乡镇人民政府。

（四）社区戒毒的期限为三年

之所以规定为三年，是根据戒毒的一般规律和特点确定

的。从医学的角度来看，进行戒毒之后的半个月至一个月，就可以基本消除戒断症状，戒毒治疗后六个月左右，即可完全戒除生理毒瘾。但是，要戒除精神依赖，需要更长的时间。有研究表明，自戒除生理毒瘾后，如果不继续给予必要的约束，复吸的可能性很高。有些国家统计表明，戒毒后三年的复吸率为85%—90%。所以，在戒除生理毒瘾以后，不能对其放任不管，而应继续给予干预，这是防止复吸的重要环节。这些干预措施包括对其定期进行监测、给予心理辅导、加强监督、强化就业、生活方面的救助、要求其继续遵守行为准则等。在禁毒法制定过程中，综合考虑各种因素，各方面认为确定三年的戒毒期限既符合戒毒的医学规律，也可以强化社会对戒毒的管理和救助，因此禁毒法最终规定了三年的社区戒毒期限，自报到之日起算。

二、社区戒毒的执行地

本条第二款是关于在户籍所在地或有固定住所的现居住地戒毒的规定。对于戒毒的执行地，应当本着既有利于社区戒毒管理，又不妨碍戒毒人员正常生活、学习的原则进行。根据我国现行的社会管理制度，公民在户籍所在地可以享受入学、就业、医疗、民政、劳动和社会保障等各方面的政策，而且户籍所在地的城市街道办事处、乡镇人民政府对吸毒人员较为熟悉，便于进行管理，因此社区戒毒在户籍所在地执行较为适宜。但是随着改革开放的深入，人口的流动日益频繁，外出就业、经营、求学、工作的人越来越多，为了不影响戒毒人员正常的生活、工作和学习，本法同时规定可以在现居住地执行。不过，在现居住地执行社区戒毒，应当有固定的住所。这里的固定住所，不仅指自己的住房，也包括自己可以长期稳定居住的亲友家中或者租住的房屋等。规定有固定的住所才能在现居住地进行社区戒毒，是为了保证吸毒人员不脱离社区，保证社区戒毒有效进行。

相关规定

《戒毒条例》第13条、第14条；《吸毒成瘾认定办法》第2条

第三十四条 **城市街道办事处、乡镇人民政府负责社区戒毒工作。城市街道办事处、乡镇人民政府可以指定有关基层组织，根据戒毒人员本人和家庭情况，与戒毒人员签订社区戒毒协议，落实有针对性的社区戒毒措施。公安机关和司法行政、卫生行政、民政等部门应当对社区戒毒工作提供指导和协助。**

城市街道办事处、乡镇人民政府，以及县级人民政府劳动行政部门对无职业且缺乏就业能力的戒毒人员，应当提供必要的职业技能培训、就业指导和就业援助。

条文主旨

本条是关于基层政权和有关机构落实社区戒毒措施及为戒毒人员提供必要的职业技能培训、就业指导和就业援助的规定。

立法背景

对于有关部门对社区戒毒工作提供指导和协助的义务，国务院办公厅于2001年1月发布的《国家禁毒委员会成员单位主要职责》（已失效）中有原则规定，2011年国务院发布的《戒

毒条例》中也对有关部门的职责作了规定。有关部门应依照法律、法规和有关文件确定的职责做好有关戒毒工作。比如，公安部负责组织、指导、监督毒品预防教育、禁吸戒毒等，确保戒毒人员遵守有关社区戒毒规定，及时处理违反社区戒毒协议的情况；卫生和健康行政主管部门要加强戒毒药物的管理和发放工作，协助执行机关定期进行检测，积极开展生理和心理的咨询，协助开办有关戒毒康复训练项目，对经吸毒引起的传染性疾病依法进行治疗和监督管理，对戒毒治疗工作提供业务指导和技术服务；民政部门要加强基层政权和社区建设工作，促进戒毒工作的落实，救济符合社会救济条件、家庭人均收入低于当地最低生活保障标准的戒毒人员及其家属，加强对禁毒社团的管理，支持其依法开展工作等。司法部也要结合已经开展的社区矫正工作，积极做好有关工作。为了使社区戒毒工作人员能够切实掌握工作的各项技能，各部门在做好指导和协助工作的同时，也可以对基层政权和基层组织中负责社区戒毒工作的人员进行相关的培训。

条文解读

一、关于基层政权和有关机构落实社区戒毒措施的规定

（一）社区戒毒的执行主体

根据本款的规定，社区戒毒由城市街道办事处和乡镇人民政府执行。这样确定社区戒毒的执行机关，一方面是考虑到社区戒毒措施是一项综合的戒毒措施，既包括对吸毒人员进行的戒毒治疗，也包括在戒毒过程中对吸毒人员进行的帮教，是让其重新恢复身体健康，树立自尊、自信，回归正常学习生活，获得工作技能与力所能及的工作的综合过程，因此由政府的某

个具体职能部门很难单独完成，也很难协调各方面的工作。另一方面也是考虑到，城市街道办事处、乡镇人民政府是我国的基层政权，对社区的情况比较熟悉，由其进行社区戒毒的管理工作比较便利。在本法制定之前，我国一些地区已经开始在社区矫正试点中尝试由社区矫正部门对吸毒人员进行管理，虽然取得了一定的成效，但也反映了一些问题，比如由于和刑罚执行混在一起，导致一些人将吸毒者视同已犯罪的人，容易产生歧视；在涉及低保、就业、入学等各方面的事项时，协调工作也浪费大量的执法资源。将社区戒毒的执行机关确定为城市街道办事处、乡镇人民政府，由基层政府综合协调公安、人力资源和社会保障、民政、司法行政等部门的具体工作，既有利于节约执行资源，也有利于保障戒毒工作的实效。但是在具体的执行工作中，城市街道办事处、乡镇人民政府可以根据工作需要成立社区戒毒工作领导小组，配备社区戒毒专职工作人员。根据《戒毒条例》的有关规定，社区戒毒专职工作人员、社区民警、社区医务人员、社区戒毒人员的家庭成员以及禁毒志愿者共同组成社区戒毒工作小组具体实施社区戒毒，并在戒毒知识辅导，教育、劝诫，职业技能培训，职业指导，就学、就业、就医援助等方面提供帮助。

（二）社区戒毒协议

乡镇人民政府、城市街道办事处应当在社区戒毒人员报到后，及时与其签订社区戒毒协议，明确社区戒毒的具体措施、社区戒毒人员应当遵守的规定以及违反社区戒毒协议应承担的责任，比如定期检测、服药、汇报戒毒情况、进行戒毒知识学习，参加生理、心理康复训练项目等。协议既有要求戒毒人员切实履行各项义务的规定，也有要求社区戒毒执行机关保证这些措施的落实，为戒毒人员提供必要的支持、协助和指导的内容。在签订协议的时候，基层组织要充分考虑吸毒者本人及其家庭的情况，做到既保证戒毒的效果，又不影响戒毒人员的正常生活、学习、工作，将禁毒协议内容规定得灵活一些。比如，对于定期检验、服药和参加生理、心理康复训练项目等事项，虽然必须作出规定，但是对具体的执行时间和方式，可以规定得灵活一些，根据戒毒人员的身体状况、工作时间等灵活安排检测、服药的时间及参加的训练项目等。总之，社区戒毒协议的目的是保证戒毒人员戒除毒瘾，不再复吸，不宜盲目扩大协议内容，给戒毒人员增加不必要的负担。

（三）政府有关部门的指导和协助义务

为了保证社区戒毒的切实执行，根据《戒毒条例》的有关规定，县级以上人民政府应当建立政府统一领导，禁毒委员会组织、协调、指导，有关部门各负其责，社会力量广泛参与的戒毒工作体制，并按照国家有关规定将戒毒工作所需经费列入本级财政预算。公安机关和司法行政、卫生和健康行政、民政等部门应当对社区戒毒工作提供指导和协助。社区戒毒并不是单纯地提供戒毒服务，还要采取措施保证戒毒人员切实履行协议内容，以及处理生活、医疗等多方面的事务，比如对违反社区戒毒规定的处理、社区戒毒人员的生活保障、戒毒药物的发放、定期检测的进行、对吸毒人员患传染病的预防、吸毒人员的就业、入学等。以上事项单纯由基层政权和基层组织很难完成。为了保证这些事项能够顺利执行，本法规定了与这些工作关系较为密切的几个部门提供指导和协助的义务。

二、戒毒人员的职业培训、就业指导和援助

本条第二款是关于基层政权和有关机构为戒毒人员提供必

要的职业技能培训、就业指导和就业援助的规定。很多吸毒人员是因为在生活、学习、家庭、就业等方面遇到困难，一筹莫展而吸毒的，这些问题也是戒毒后复吸的重要诱因。因此，在禁毒法制定过程中，各方面都要求加强戒毒人员康复后的社会帮教工作，比如就业、入学、社会保障等，增强戒毒人员的谋生能力。根据各方面意见和戒毒工作实际，禁毒法规定基层政权和县级人民政府劳动行政部门对无职业且缺乏就业能力的戒毒人员，应当提供必要的职业技能培训、就业指导和就业援助，包括举办技能培训项目、为就业提供信息、向用人单位推荐等，甚至可以举办一些经营单位，吸纳戒毒人员工作，解决其就业和生活困难。《戒毒条例》也规定了县级以上地方人民政府民政、人力资源社会保障、教育等部门依据各自的职责，对社区戒毒工作提供康复和职业技能培训等指导和支持。

相关规定

《戒毒条例》第2—4条、第16—18条；《中华人民共和国就业促进法》第25条、第44条、第49条、第52条、第54条

第三十五条 接受社区戒毒的戒毒人员应当遵守法律、法规，自觉履行社区戒毒协议，并根据公安机关的要求，定期接受检测。

对违反社区戒毒协议的戒毒人员，参与社区戒毒的工作人员应当进行批评、教育；对严重违反社区戒毒协议或者在社区戒毒期间又吸食、注射毒品的，应当及时向公安机关报告。

条文主旨

本条是关于社区戒毒人员的义务及违反义务如何处理的规定。

立法背景

完全依靠戒毒人员的自身意志戒除毒瘾，一般来说是比较困难的，比较有效的方法是加强对戒毒治疗的检查和督促。对于戒毒治疗和戒毒后帮教的具体监督检查工作，在禁毒法制定以前，有关部门为了提高戒毒的效果，公安部、司法部等部门和机构已经学习其他国家的经验，把对戒毒和戒毒后人员的监督和帮教列为工作的重要内容，公安机关也在戒毒康复工作中注意加强监管工作。比如，通过建立戒毒社区加强相互之间的监督和鼓励，提高戒毒成效等。在立法过程中，有关方面提出，在规定了社区戒毒措施后，由于没有和社会生活环境隔离，因此无法完全剥夺戒毒人员获取毒品的机会，这种情况下加强对戒毒人员的监管尤为重要。禁毒法在总结上述经验和意见的基础上，对社区戒毒人员应当遵守的规定和违反规定的处理作出上述规定。

条文解读

一、社区戒毒人员应当遵守的义务

根据本条第一款的规定，社区戒毒人员应当遵守如下规定：

1. 遵守法律、法规。为了保证社区戒毒取得良好的效果，戒毒人员应当遵守有关法律法规，特别是不得违反法律、法规有关禁毒、戒毒的相关规定，比如不得违反刑法、治安管理处罚法的规定从事毒品违法犯罪行为，不得违反有关麻醉药品、精神药品管制的规定，不得违反禁毒法有关禁毒的管制措施，不得再吸食、注射毒品等。

2. 自觉履行社区戒毒协议。社区戒毒协议虽然是强制社区戒毒人员遵守的有关规定，但是，只有被社区戒毒人员自觉履行，才能取得良好的戒毒效果。对于社区戒毒协议的内容，戒毒人员应当采取积极的态度，主动配合和履行，比如按时到指定的地点服药、积极参加社区举办的戒毒心理、行为康复的训练项目等。

3. 根据公安机关的要求，定期接受检测。社区戒毒的基本目标是防止吸毒人员复吸。定期检测对于确定戒毒人员是否复吸是最基本，也是最有效的方式。因此，本法特别规定，社区戒毒人员在社区戒毒期间要定期接受检测。社区戒毒执行机关要把定期接受检测作为社区戒毒协议的一项重要内容加以规定和落实。对于检测的时间间隔，可以由公安机关根据吸毒成瘾以及戒毒进展的情况确定。比如，对于吸毒成瘾严重的，可以确定相对较短的检测时间间隔；在社区戒毒的初期，检测时间间隔可以短一些，以后随着戒毒的进展，可以适当放宽检测的时间间隔。

根据本法的规定，2018 年修正《戒毒条例》，规定社区戒毒人员应当履行社区戒毒协议、根据公安机关的要求定期接受检测、离开社区戒毒执行地所在县（市、区）3 日以上须书面报告。

二、对违反社区戒毒协议的处理

对于违反社区戒毒协议的戒毒人员，本条规定应当进行批评、教育。批评、教育的中心是针对社区戒毒人员违反戒毒协议的原因和程度，让其切实理解违反社区戒毒协议的后果和责任，心悦诚服地改正错误。应当注意的是，社区戒毒的主要目的是帮助吸毒人员戒除毒瘾，恢复身心健康和正常的社会生活，因此在批评、教育时要注意讲究方式方法，要理解吸毒给其造成的痛苦和伤害，只要能够让其明白吸毒的危害，从而愧疚并决心改过即可，不宜简单地把批评、教育作为督促他们戒毒的日常工作手段。

根据《戒毒条例》的有关规定，社区戒毒人员在社区戒毒期间，逃避或者拒绝接受检测 3 次以上，擅自离开社区戒毒执行地所在县（市、区）3 次以上或者累计超过 30 日的，属于本法规定的“严重违反社区戒毒协议”。对于严重违反社区戒毒协议或者在社区戒毒期间又吸食、注射毒品的人员，根据本法第三十八条的规定，应当由县级以上公安机关作出强制隔离戒毒的决定，送交强制隔离戒毒机构。应当注意的是，在执行中对于什么是“严重违反社区戒毒协议”应当严格把握，不宜把一般的违反社区戒毒协议的行为作为进行强制隔离戒毒的理由，如有的戒毒人员偶尔没有参加协议项目或者偶尔没有按时检测等。社区戒毒的最终目的是防止戒毒人员再次吸毒，只有在严重违反社区戒毒协议而极有可能导致其再次吸毒或者不宜再进行社区戒毒的情况下，对其进行强制隔离戒毒才有意义。社区戒毒工作人员发现戒毒人员有严重违反社区戒毒协议情形的，应当根据本条规定及时向公安机关报告，由公安机关进行处理。

相关规定

《戒毒条例》第 4 条、第 19 条、第 20 条

第三十六条 吸毒人员可以自行到具有戒毒治疗资质的医疗机构接受戒毒治疗。

设置戒毒医疗机构或者医疗机构从事戒毒治疗业务的，应当符合国务院卫生行政部门规定的条件，报所在地的省、自治区、直辖市人民政府卫生行政部门批准，并报同级公安机关备案。戒毒治疗应当遵守国务院卫生行政部门制定的戒毒治疗规范，接受卫生行政部门的监督检查。

戒毒治疗不得以营利为目的。戒毒治疗的药品、医疗器械和治疗方法不得做广告。戒毒治疗收取费用的，应当按照省、自治区、直辖市人民政府价格主管部门会同卫生行政部门制定的收费标准执行。

条文主旨

本条是关于自愿戒毒、戒毒医疗机构的设置条件、戒毒治疗禁则和收费的规定。

立法背景

我国戒毒工作坚持以人为本、科学戒毒、综合矫治、关怀救助的原则，采取自愿戒毒、社区戒毒、强制隔离戒毒、社区康复等多种措施，建立戒毒治疗、康复指导、救助服务兼备的工作体系。国家鼓励吸毒成瘾人员自行戒除毒瘾。吸毒人员可以自行到戒毒医疗机构接受戒毒治疗。对自愿接受戒毒治疗的吸毒人员，公安机关对其原吸毒行为不予处罚。同时，我国有比较丰富的医疗资源，充分利用这些医疗资源，让他们在戒毒过程中发挥作用，对我国的戒毒工作具有重大意义。戒毒治疗是一项特殊的医疗工作，也是一项长期的公益事业，其目的是戒毒治疗，是治病，不能以营利为目的。

条文解读

本条共分为三款。第一款是关于吸毒人员可以自行到具有戒毒治疗资质的医疗机构接受戒毒治疗的规定。本款有三层含义：一是吸毒人员可以自行到具有戒毒治疗资质的医疗机构接受戒毒治疗，进行自愿戒毒。吸毒人员是毒品的受害者，同时也是疾病患者。吸毒人员自行到具有戒毒治疗资质的医疗机构接受戒毒治疗，表明吸毒人员自己有戒断毒瘾的决心和愿望，不仅可以缓解强制戒毒的压力，也有利于减少国家开支。需要指出的是，这种自愿戒毒方式的对象包括未被公安机关发现的吸毒人员，出于保护个人隐私而异地戒毒治疗的吸毒人员，以及在社区戒毒的吸毒人员。吸毒人员在接受自愿戒毒治疗期间，有关部门不得以吸毒成瘾为由将吸毒人员进行强制隔离戒毒。同时，也要防止一些并不真心戒毒的吸毒人员，由于经济拮据暂时供应不上毒品，或者为了避免被强制隔离戒毒，利用所谓自愿戒毒，逃避处罚。二是吸毒人员必须到具有戒毒治疗资质的医疗机构戒毒，不具有戒毒治疗资质的医疗机构不得进行戒毒治疗。戒毒治疗是一项专业性较强的医疗技术，从事戒毒治疗业务的医疗机构需要具有戒毒治疗资质。“具有戒毒治疗资质的医疗机构”，是指本条第二款规定的符合国务院卫生和健康行政部门规定的条件，并经所在地的省、自治区、直辖市人民政府卫生行政部门批准，并报同级公安机关备案的医疗机构。三是确立了医疗机构在戒毒过程中的主体资格。专业的戒毒医疗机构，能够采取各种先进的脱毒治疗方法，解除吸毒人员对毒品依赖以及各种并发症，减少复吸率。作为我国戒毒体系的重要组成部分，戒毒医疗机构应当与自愿戒毒人员或者其监护人签订自愿戒毒协议，就戒毒方法、戒毒期限、戒毒的个人信息保密、戒毒人员应当遵守的规章制度、终止戒毒治疗的情形等作出约定，并应当载明戒毒疗效、戒毒治疗风险。同时，戒毒医疗机构应当履行下列义务：（1）对自愿戒毒人员开展艾滋病等传染病的预防、咨询教育；（2）对自愿戒毒人员采取脱毒治疗、心理康复、行为矫治等多种治疗措施，并应当符合国务院卫生和健康行政部门制定的戒毒治疗规范；（3）采用科学、规范的诊疗技术和方法，使用的药物、医院制剂、医疗器械应当符合国家有关规定；（4）依法加强药品管理，防止麻醉药品、精神药品流失滥用。

本条第二款是关于设置戒毒或者从事戒毒治疗业务的医疗机构的条件规定。戒毒医疗机构是指经省级人民政府卫生行政部门批准从事戒毒医疗服务的戒毒医院或设有戒毒治疗科的其他医疗机构。本条规定了三个方面的要求。

一是设置戒毒医疗机构或者医疗机构从事戒毒治疗业务应当符合国务院卫生和健康行政部门规定的条件。为贯彻落实本法规定，进一步加强戒毒医疗服务管理，提高戒毒医疗服务质量，规范戒毒医疗服务行为，卫生部（已撤销）、公安部、司法部于2010年联合制定了《戒毒医疗服务管理暂行办法》，对戒毒医疗机构资质认定与登记、戒毒医疗机构的执业人员资格、戒毒医疗机构执业规则、戒毒医疗机构的监督管理等方面，作出了明确的规定。根据该暂行办法，申请开展戒毒医疗服务必须同时具备下列条件：（1）具有独立承担民事责任的能力。(2) 符合《戒毒医院基本标准（试行)》或《医疗机构戒毒治疗科基本标准（试行)》和该暂行办法规定。(3) 省级以上卫生和健康行政部门规定的其他条件。申请设置戒毒医院的，应当按照《医疗机构管理条例》《医疗机构管理条例实施细则》及《戒毒医疗服务管理暂行办法》的有关规定报省级卫生和健康行政部门批准。其他医疗机构开展戒毒医疗服务的，经执业登记机关审核同意后逐级报省级卫生行政部门批准。省级卫生和健康行政部门应当根据本地区戒毒医疗机构设置规划、该暂行办法及有关规定进行审查，自受理申请之日起30日内，作出批准或不予批准的决定，并书面告知申请者。医疗机构取得戒毒医疗服务资质后方可开展戒毒医疗服务。

二是设置戒毒医疗机构或者医疗机构从事戒毒治疗业务的，应当报所在地的省、自治区、直辖市人民政府卫生和健康行政部门批准，并报同级公安机关备案。批准和备案程序是由戒毒医疗机构、从事戒毒治疗业务的医疗机构的性质所决定的，有利于有关部门全面了解和掌握我国的医疗戒毒资源。根据本法第六十六条的规定，未经批准，擅自从事戒毒治疗业务的，由卫生和健康行政部门责令停止违法业务活动，没收违法所得和使用的药品、医疗器械等物品；构成犯罪的，依法追究刑事责任。

三是戒毒治疗应当遵守国务院卫生和健康行政部门制定的戒毒治疗规范，接受卫生和健康行政部门的监督检查。这是专门的业务要求。戒毒医疗机构、从事戒毒治疗业务的医疗机构只有严格遵守国务院卫生和健康行政部门制定的戒毒治疗规范，并接受卫生和健康行政部门的监督检查，才能真正发挥戒毒工作的重要作用，否则就可能导致不可预测的后果。例如，

2004年，卫生部办公厅就关于手术戒毒有关问题发布通知规定，“近期，部分省市的一些医疗机构将脑科手术用于毒品依赖者的戒毒治疗，在社会上引起很大的反响”。“脑科手术戒毒是一种正在进行临床研究探索的科学项目，目前临床研究尚未结束，该项手术的毁损位点、技术要点、适应症、安全性、有效性等方面还没有作出结论，该项手术不能作为临床服务项目向毒品依赖者提供。”“将组织专家进行进一步论证，并决定是否将此项手术用于戒毒治疗。”该通知及时停止了临床手术戒毒服务。因此，遵守戒毒治疗规范和接受监督检查是完全必要的。

县级以上地方卫生和健康行政部门应当对辖区内的戒毒医疗服务进行日常监督管理，并及时将辖区内戒毒医疗服务的开展情况报上级卫生和健康行政部门和同级禁毒委员会。在戒毒医疗服务监管工作中，县级以上地方卫生和健康行政部门应当加强与同级公安、司法等行政部门的协作，并充分发挥卫生行业学（协）会和专业社会团体的作用。

本条第三款是关于戒毒治疗的禁则和收取费用标准的规定。

1. 戒毒治疗的禁则包括两个方面内容。一是戒毒治疗不得以营利为目的。戒毒治疗是一项特殊的医疗工作，也是一项长期的公益事业，其目的是戒毒治疗，是治病，不能以营利为目的。戒毒治疗的一切收益只能用于发展戒毒治疗事业本身，不得用于分红。二是戒毒治疗的药品、医疗器械和治疗方法不得做广告。这里规定的“广告”，是指所有形式的广告，既包括商业广告，也包括公益广告。根据广告法的规定，商业广告是指商品经营者或者服务提供者承担费用，通过一定媒介和形式直接或者间接地介绍自己所推销的商品或者所提供的服务的广告。医疗、药品、医疗器械广告不得含有下列内容：（1）表示功效、安全性的断言或者保证；（2）说明治愈率或者有效率；（3）与其他药品、医疗器械的功效和安全性或者其他医疗机构比较；（4）利用广告代言人作推荐、证明；（5）法律、行政法规规定禁止的其他内容。麻醉药品、精神药品、医疗用毒性药品、放射性药品等特殊药品，药品类易制毒化学品，以及戒毒治疗的药品、医疗器械和治疗方法，不得做广告。本条进一步明确规定，“戒毒治疗的药品、医疗器械和治疗方法”不得做广告。法律之所以这样规定，一方面是戒毒治疗不得以营利为目的的规定的内在要求；另一方面是考虑到这种广告与禁毒宣传的性质完全不同，禁毒宣传的目的是让大众明白毒品的危害，从而远离毒品。而如果允许对“戒毒治疗的药品、医疗器械和治疗方法”做广告进行宣传，很容易误导公众，会让公众认为，吸毒没有什么，可以通过广告宣传的戒毒治疗的药品、医疗器械和治疗方法进行戒毒，从而可能降低人们对毒品危害的防范意识，给禁毒工作带来负面作用。其实戒毒治疗并非想象得那样简单，“一朝吸毒终身戒毒”，戒毒治疗是一项艰巨的任务，因此戒毒宣传一定要非常谨慎。

2. 关于戒毒治疗收费问题。戒毒治疗是否收取费用是本法在制定过程中热烈讨论的问题之一。有的意见认为，许多吸毒人员已经倾家荡产，无力交纳戒毒费用，建议国家财政对戒毒医疗机构予以支持。有的意见认为，戒毒医疗机构收费要经过政府批准。考虑到我国国家财政的负担能力和吸毒人员的具体状况，禁毒法对有关戒毒治疗费用问题作出规定。包含两层意思：一是戒毒医疗机构、从事戒毒治疗业务的医疗机构可以根据当地情况和自身条件实行免费戒毒治疗，也可以收取一定费用。二是戒毒医疗机构、从事戒毒治疗业务的医疗机构如果对戒毒治疗收取费用，应当按照“收费标准”执行，不得以任何形式擅自提高收费标准。法律授权“收费标准”由省、自治区、直辖市人民政府价格主管部门会同卫生和健康行政部门制定。有关省、自治区、直辖市人民政府价格主管部门应当根据本条的规定，会同本级卫生和健康行政部门及时制定戒毒治疗的收费标准。

相关规定

《戒毒条例》第9—11条；《戒毒医疗服务管理暂行办法》第2条、第6—10条、第41—45条；《中华人民共和国广告法》第15条、第16条

第三十七条 医疗机构根据戒毒治疗的需要，可以对接受戒毒治疗的戒毒人员进行身体和所携带物品的检查；对在治疗期间有人身危险的，可以采取必要的临时保护性约束措施。

发现接受戒毒治疗的戒毒人员在治疗期间吸食、注射毒品的，医疗机构应当及时向公安机关报告。

条文主旨

本条是关于戒毒医疗机构职责的规定。

立法背景

到戒毒医疗机构、从事戒毒治疗业务的医疗机构进行戒毒治疗是一种不强制隔离，与完全在社区进行戒毒有所区别的戒毒方式。戒毒治疗属于一种特殊的治疗，不同于一般的疾病治

疗，必须对戒毒治疗作进一步的规范。实践证明，医疗机构如果对戒毒人员缺乏必要的约束，不对其进行有效的管束，会导致戒毒医疗收不到预期的效果。因此，为加强对在医疗机构进行戒毒治疗的戒毒人员的管理，保障戒毒医疗机构依法履行戒毒治疗的职责，使医疗机构戒毒治疗方式在实践中真正发挥作用，法律赋予戒毒医疗机构履行戒毒职责可以行使相关的权力和义务。

发现接受戒毒治疗的戒毒人员在治疗期间吸食、注射毒品的，有关戒毒医疗机构应当及时向公安机关报告。这样规定，主要是考虑到：一是避免有的戒毒人员不是真正自愿进行戒毒，而是利用这种戒毒方式逃避强制隔离戒毒。医疗机构戒毒治疗是一种自愿戒毒方式，与强制隔离戒毒比较，具有相对开放、自由的一面。有的戒毒人员可能利用这个特点，逃避强制隔离戒毒。通过规定医疗机构的报告义务，有利于使医疗机构戒毒治疗方式真正发挥作用，使戒毒人员安心进行戒毒治疗。二是规定医疗机构的报告义务，有利于强化医疗机构戒毒的责任，进一步发挥医疗机构戒毒治疗方式的作用。

条文解读

本条共分为两款。第一款是关于戒毒医疗机构、从事戒毒治疗业务的医疗机构履行戒毒职责相关权利的规定。本款规定了两个方面的内容。

第一，授权有关医疗机构可以对接受戒毒治疗的戒毒人员进行身体和所携带物品检查。检查对象是接受戒毒治疗的戒毒人员的身体和所携带物品。对接受戒毒治疗的戒毒人员进行“身体”检查，主要是为了确认戒毒人员的某些身体特征、生理状态以及毒品依赖程度等。对接受戒毒治疗的戒毒人员“所携带物品”进行检查，主要是为了防止有些戒毒人员携带违禁品特别是毒品进入医疗机构，破坏戒毒医疗机构的管理秩序，对戒毒治疗造成不利影响。医疗机构开展戒毒医疗服务应当加强药品管理，严防麻醉药品和精神药品流入非法渠道，严防戒毒人员或者其他人员携带毒品与违禁物品进入医疗场所。本款也是针对目前戒毒治疗中存在的问题，根据戒毒的切实需要，作出的专门规定。对此，戒毒医疗机构一旦发现接受戒毒治疗的戒毒人员携带毒品，应当根据本条第二款的规定，及时向公安机关报告。

第二，授权医疗机构对在戒毒治疗期间有人身危险的戒毒人员可以采取必要的临时保护性约束措施。采取临时保护性约束措施的范围和对象是在治疗期间有人身危险的戒毒人员。戒毒人员因吸毒对毒品产生生理依赖，特别是在戒毒治疗的初期，即急性脱毒阶段，往往会产生一些危及自身或者他人人身安全的情况：一是在行为上失控，不能控制自己的行为，在医学上称为强制性觅药行为，即使明知吸毒有害，仍不顾一切后果去寻找药物，是自我失去控制的表现；二是出现精神病症状，如出现幻觉、妄想或者表现为明显的暴力、伤害和杀人犯罪倾向，尤其体现在吸食 K 粉、摇头丸等新型毒品的吸毒人员身上。因此，在治疗期间，为避免发生戒毒人员危及自身安全或者危及他人人身安全的行为，规定临时保护性约束措施是必要的。这不是对戒毒人员的一种处罚，也不是通常所说的强制措施，而是带有强制约束性质的临时性保护措施，主要目的是保护戒毒人员和其他人员的安全，避免造成其人身危险。这里规定的“有人身危险”，包括可能对戒毒人员自身安全造成危险及对他人人身安全造成危险。“临时保护性约束措施”，是指在治疗期间，对接受戒毒治疗的有人身危险的戒毒人员，医疗机构采取的以保护人身为目的的临时性约束措施。约束程度以使其不再具有危害公共安全或者人身安全的危险性为适当。约束方法可以为约束在医疗机构某一场所，约束时间一般以有效地防止其再危害人身安全为限。开展戒毒医疗服务的医疗机构及其医务人员应实施正确的有效的约束，禁止使用粗暴、野蛮甚至伤害戒毒人员身体的手段，并且在采取临时保护性约束措施的同时加强护理观察。由于这项约束措施关系到限制戒毒人员的人身自由，执行不好会发生问题，甚至发生侵犯公民人身权利的情形。因此，执行时应当注意：一是严格掌握适用的对象、范围，不得随意适用；二是要采取保护性手段。必须遵循有利原则、无伤原则和适当原则，只能有利于病人而绝不能对病人造成伤害。

需要明确的是，戒毒人员自愿选择在医疗机构戒毒治疗，就有义务配合医疗机构进行治疗，包括配合检查，接受必要的临时保护性约束措施。开展戒毒医疗服务的医疗机构也应当与戒毒人员签订知情同意书。对无行为能力或者限制行为能力的戒毒人员可与其监护人签订知情同意书。知情同意书的内容应当包括戒毒医疗的适应症、方法、时间、疗效、医疗风险、个人资料保密、戒毒人员应当遵守的各项规章制度以及双方的权利、义务等。

本条第二款是关于戒毒医疗机构、从事戒毒治疗业务的医疗机构有义务及时向公安机关报告的规定。戒毒人员治疗期间，医疗机构应当不定期对其进行吸毒检测。发现吸食、注射毒品的，应当及时向当地公安机关报告。本条有两层含义：一是需要向公安机关报告的内容只限于戒毒人员在治疗期间吸食、注射毒品的情况。在立法调研过程中，有的公安部门建议，凡在各种医疗机构进行戒毒治疗的都要由该机构负责通报当地公安机关，以有利于公安机关对吸毒人员进行登记，掌握情况。由于我国医疗机构自身是一套完整的体系，根据有关法律、法规的规定，设置报告系统。例如，《中华人民共和国执业医师法》第二十九条规定，医师发生医疗事故或者发现传染病疫情时，应当按照有关规定及时向所在机构或者卫生行政部门报告。医师发现患者涉嫌伤害事件或者非正常死亡时，应当按照有关规定向有关部门报告。根据本条第二款的规定，戒毒医疗机构只有发现吸食、注射毒品等特定情形的才向有关部门报告，有利于减轻医疗机构的负担，也使报告具有针对性。本款所说的“在治疗期间吸食、注射毒品的”，是指在治疗期间戒毒人员擅自吸食、注射毒品的行为。根据戒毒需要进行替代维持治疗的不属于需要报告的情形，如美沙酮是管制的麻醉药品，也是一种毒品，但在替代治疗过程中，在医师指导下服用美沙酮属于戒毒治疗，不属于这里需要报告的情形。二是及时报告。戒毒人员在治疗期间吸食、注射毒品的，可能由多种原因所致，有的本来就不是真心想戒毒，只是利用这种方式逃避公安机关的打击；有的由于戒毒过程中的反复，忍不住毒瘾发作偶尔吸食、注射毒品。不论何种原因，只要在治疗期间发现戒毒人员吸食、注射毒品的，医疗机构都要及时报告公安机关。及时报告有助于医疗机构戒毒工作顺利开展；有助于公安机关及时了解情况，区别情况解决问题，及时消除个别复吸人员对戒毒治疗工作造成的不良影响。公安机关可以根据不同原因导致复吸的情况，作出不同的处理。对真心想戒毒，偶尔忍不住毒瘾发作而吸食、注射毒品的，可给予批评教育，由戒毒人员继续自愿选择医疗机构进行戒毒治疗。对于不是真心戒毒，只是利用这种方式逃避公安机关打击的，医疗机构戒毒治疗方式对其戒毒没有产生效果，公安机关可以采取强制隔离戒毒的方式。

根据本法第六十七条的规定，戒毒医疗机构发现接受戒毒治疗的戒毒人员在治疗期间吸食、注射毒品，不向公安机关报告的，由卫生行政部门责令改正；情节严重的，责令停业整顿。

相关规定

《中华人民共和国宪法》第37条；《中华人民共和国人民警察法》第14条；《中华人民共和国治安管理处罚法》第15条；《戒毒医疗服务管理暂行办法》第25—28条

第三十八条 吸毒成瘾人员有下列情形之一的，由县级以上人民政府公安机关作出强制隔离戒毒的决定：

（一）拒绝接受社区戒毒的；

（二）在社区戒毒期间吸食、注射毒品的；

（三）严重违反社区戒毒协议的；

（四）经社区戒毒、强制隔离戒毒后再次吸食、注射毒品的。

对于吸毒成瘾严重，通过社区戒毒难以戒除毒瘾的人员，公安机关可以直接作出强制隔离戒毒的决定。

吸毒成瘾人员自愿接受强制隔离戒毒的，经公安机关同意，可以进入强制隔离戒毒场所戒毒。

条文主旨

本条是关于强制隔离戒毒适用条件的规定。

立法背景

2008年禁毒法实施以前，我国实行强制戒毒和劳动教养戒毒并行的戒毒体制。根据1990年12月《全国人民代表大会常务委员会关于禁毒的决定》第八条的规定，吸食、注射毒品成瘾的，予以强制戒除，进行治疗、教育。强制戒除后又吸食、注射毒品的，可以实行劳动教养，并在劳动教养中强制戒除。国务院1995年1月制定的《强制戒毒办法》规定，为了教育和帮助吸食、注射毒品成瘾人员戒毒，对吸食、注射毒品成瘾人员，在一定时期内通过行政措施对其强制进行药物治疗、心理治疗和法制教育、道德教育，使其戒除毒瘾。对吸毒人员实施强制戒毒，由县级公安机关决定。强制戒毒机构由公安部门主管，对象主要是第一次吸毒成瘾者。戒毒劳教所由司法行政部门主管。对吸毒人员实行劳动教养，由劳动教养委员会决定。这种戒毒体制对于遏制毒品蔓延的趋势，挽救大批身陷毒海的吸毒人员发挥了重大的作用，但是在实践中也暴露了诸多弊端，如强制戒毒的期限短，出所之后复吸率高；戒毒经费没有保障；有些“复吸”后需报批劳教戒毒的人员，为了逃避劳教，在送劳教所前吞食异物、自伤自残；劳教戒毒场所的资源大量闲置，得不到充分利用等。

国务院提请全国人大常委会审议的禁毒法草案曾规定，吸毒人员有多次吸食、注射毒品等情形的，由公安机关决定进行“隔离戒毒”；对被解除隔离戒毒后又吸食、注射毒品以及在隔离戒毒期间脱逃的，按照国家有关规定，可以实施“强制性教育矫治戒毒”。在审议过程中，有些常委会委员和地方、部门的专家提出，草案的规定基本上沿用了当时的戒毒体制，只是将“强制戒毒”的名称改为“隔离戒毒”，将“劳教戒毒”改为“强制性教育矫治戒毒”。从实际执行情况看，将完整的戒毒过程分为由公安机关和司法行政部门分别负责实施和管理的两个阶段，不利于戒毒资源的统筹配置和合理使用；吸毒成瘾人员对毒品的生理、心理依赖严重，特别是后者根除难度大。当时实行的三个月至六个月的强制戒毒基本上达不到戒除毒瘾的效果，对大多数复吸人员仍要进行三年左右的劳教戒毒。建议统筹整合国家戒毒资源，实行统一的强制隔离戒毒体制。本法最终将“隔离戒毒”和“强制性教育矫治戒毒”统一规定为“强制隔离戒毒”。“强制隔离戒毒”是在总结多年政府行政强制戒毒经验的基础上，从整合戒毒资源、提高戒毒效果考虑，对当时实行的公安机关强制戒毒和司法行政部门的劳教戒毒进行改革，重新审视当时实行的强制戒毒体制的合理因素和存在的问题，重新构建的一种戒毒体制和措施。与本法规定的其他戒毒方式相比，强制隔离戒毒具有以国家强制力作后盾，对吸毒成瘾人员进行生理、心理治疗，以及进行道德、法制教育等特点，是一种强制性的限制人身自由的戒毒措施。它在以往强制戒毒、劳教戒毒措施的基础上既有继承又有发展。

条文解读

本条共分为三款。第一款是关于强制隔离戒毒适用条件的规定。这一款包括三层含义。

一是根据本条规定，强制隔离戒毒的决定由县级以上人民政府公安机关作出。本法实施后，有关强制隔离戒毒措施的决定机关是县级以上人民政府公安机关。这里规定的“县级以上人民政府公安机关”，包括县、不设区的市公安局、市辖区公安分局，以及在铁路、林业、民航、交通、海关等单位设立的与县级人民政府公安机关级别相当的公安机关，以及上述公安机关的上级公安机关。《戒毒条例》第二十五条第一款规定：“吸毒成瘾人员有《中华人民共和国禁毒法》第三十八条第一款所列情形之一的，由县级、设区的市级人民政府公安机关作出强制隔离戒毒的决定。”由于“强制隔离戒毒”统一了本法施行前的“强制戒毒”和“劳教戒毒”，与此前公安机关决定的“强制戒毒”有区别。同时，本法施行后不再有“劳教戒毒”，由司法行政部门管理的强制隔离戒毒场所执行的也是“强制隔离戒毒”。也就是说，对吸毒人员不再由劳动教养委员会决定进行劳动教养。对吸毒成瘾行为的矫治，统一由本法规定的“强制隔离戒毒”这一措施来承担。从本法施行时的实践情况来看，当时被决定劳动教养的人员中相当一部分是接受劳动教养戒毒的吸毒成瘾人员。在一些毒品形势比较严峻的地方，这一比例超过一半以上。本法将劳动教养戒毒措施改革为强制隔离戒毒措施，司法行政机关管理的劳动教养场所及其人民警察成为执行新的强制隔离戒毒措施的场所和人民警察，并逐步以执行强制隔离戒毒为主要任务。本法施行后五年，即2013 年，第十二届全国人民代表大会常务委员会第六次会议通过了《关于废止有关劳动教养法律规定的决定》，废止了作为劳动教养制度法律依据的两个决议和国务院两个规定，劳动教养制度正式退出了历史舞台。

二是强制隔离戒毒的对象是吸毒成瘾人员。吸毒成瘾在医学精神病学科上称药物依赖。传统上将药物依赖分为生理依赖和心理依赖。单纯是生理依赖不是成瘾，一般所说吸毒成瘾主要是对毒品的心理依赖。吸毒成瘾的指标很多，专家提出，主要可以从以下三个方面进行判断：第一，在行为上失控，使用者不能控制自己的行为。使用者即使明知用药有害，仍不顾一切后果去寻找药物，这是自我失去控制的表现，不一定是人们常常理解的意志薄弱、道德败坏的问题。第二，耐受性增加，即用药量越来越多，只有不断增加剂量才能维持其得到某种欣快感觉的需要。造成耐受性增加的主要原因是反复用药引起使用者的神经网络发生适应性的改变。第三，出现戒断症状，即停止用药一段时间后所出现的特殊生理、心理症状，比如血压升高、脉搏加快、体温升高、鸡皮疙瘩、流涕、腹泻、呕吐、肌肉骨骼病痛、腹痛、无力、不安、发冷、发热等症状。滥用不同的药物会有不同的戒断症状。专家认为，对于吸毒者，只要能够认定具有以上两种情况，就可以诊断为吸毒成瘾。《吸毒成瘾认定办法》对吸毒成瘾的认定标准和程序作了规定。根据该办法第四条至第七条的规定，公安机关在执法活动中发现吸毒人员，应当进行吸毒成瘾认定；因技术原因认定有困难的，可以委托有资质的戒毒医疗机构进行认定。承担吸毒成瘾认定工作的戒毒医疗机构，由省级卫生行政部门会同同级公安机关指定。公安机关认定吸毒成瘾，应当由两名以上人民警察进行，并在作出人体生物样本检测结论的二十四小时内提出认定意见，由认定人员签名，经所在单位负责人审核，加盖所在单位印章。吸毒人员同时具备以下情形的，公安机关认定其吸毒成瘾：（1）经血液、尿液、唾液等人体生物样本检测证明其体内含有毒品成份；（2）有证据证明其有使用毒品行为；（3）

有戒断症状或者有证据证明吸毒史，包括曾经因使用毒品被公安机关查处或者曾经进行自愿戒毒、人体毛发样品检测出毒品成分等情形。戒断症状的具体情形，参照卫生部门制定的《阿片类药物依赖诊断治疗指导原则》和《苯丙胺类药物依赖诊断治疗指导原则》《氯胺酮依赖诊断治疗指导原则》确定。对吸食、注射毒品还没有成瘾的吸毒人员，不适用本条规定的强制隔离戒毒措施。

三是对吸毒成瘾人员强制隔离戒毒需符合四项法定情形之一。根据本款的规定，这四项法定情形是指：（1）拒绝接受社区戒毒的；（2）在社区戒毒期间吸食、注射毒品的；（3）严重违反社区戒毒协议的；（4）在社区戒毒、强制隔离戒毒后再次吸食、注射毒品的。社区戒毒是本法规定的一种新的戒毒方式。对于初次发现的吸毒成瘾人员，一般应首先考虑在社区戒毒，由公安机关责令吸毒成瘾人员接受，由有关基层组织通过与戒毒人员签订戒毒协议，落实有针对性的社区戒毒措施。接受社区戒毒的戒毒人员应当遵守法律、法规，自觉履行社区戒毒协议，并根据公安机关的要求，定期接受检测。社区戒毒的工作人员对违反社区戒毒协议的戒毒人员，应当对其进行批评、教育，对严重违反社区戒毒协议或者在社区戒毒期间又吸食、注射毒品的，应当及时向公安机关报告。上述四项法定情形，说明吸毒成瘾人员拒绝进行社区戒毒，或者社区戒毒措施对该吸毒成瘾人员无法起到好的作用，难以达到戒除其毒瘾，防止其继续危害自身和社会的目的，需要采取程度更强的强制性的戒毒措施。公安机关发现吸毒成瘾人员有上述四项法定情形之一的，应当作出强制隔离戒毒的决定。需要注意的是，这里规定的“严重违反社区戒毒协议”，是指违反社区戒毒协议的情节严重，使社区戒毒措施的目的难以实现，表明社区戒毒措施不能达到戒除该吸毒成瘾人员毒瘾的情形。对于一般违反社区戒毒协议的行为，情节不够严重的，还是应当对当事的吸毒成瘾人员加强教育和管理，继续给予其社区戒毒的机会。

如何规定强制隔离戒毒适用条件，是本法制定过程中的重点问题之一。草案曾规定了“多次注射毒品”“不具备社会帮教戒毒条件”等。在草案审议过程中，一些常委会委员提出，“多次注射毒品”到底是指几次，不好规定也难以举证，“不具备社会帮教条件”如何判断也难以把握等，建议作修改。经立法机关反复研究修改，形成了本款规定的四种情形。另外，在适用本款规定时，还要注意从整体上把握本条规定的含义。

本条第二款是关于公安机关可以对吸毒成瘾严重、通过社区戒毒难以戒除毒瘾的人员，直接作出强制隔离戒毒决定的规定。从本条第一款的规定可以看出，对于一般的吸毒成瘾人员，先采取社区戒毒措施是强制隔离戒毒的前提。也就是说，对吸毒成瘾人员的戒毒，一般先适用社区戒毒，社区戒毒措施难以达到效果的，再适用强制隔离戒毒。本款则对这一原则作了例外规定，针对特殊情况，赋予了公安机关一定的自由裁量权，即可以不作出责令接受社区戒毒的决定，而直接作出强制隔离戒毒的决定。法律规定的特殊情况是指两个条件：一是吸毒成瘾严重；二是通过社区戒毒难以戒除毒瘾。上文中提到了吸毒成瘾的认定标准，在调研中，专家认为，在吸毒成瘾人员中，对出现急性戒断症状，行为失控的人员，必须在管理严格的封闭环境中进行戒毒。此外，对于吸食、注射毒品尤其是吸食K粉、摇头丸等新型毒品，导致出现精神病症状，如出现幻觉、妄想或者出现明显的暴力、伤害和杀人犯罪倾向的人员，也必须隔离治疗。针对这些吸毒成瘾严重的人，如果公安机关还只是责令其接受社区戒毒，则其很难戒除毒瘾。对此，法律授权公安机关可以直接作出强制隔离戒毒决定是必要的，也是出于保护社会和吸毒成瘾严重人员的需要。同时，实践中也要注意严格把握好上述两个条件，防止对这种权限的滥用。关于吸毒成瘾严重的具体认定标准，《吸毒成瘾认定办法》第八条规定："吸毒成瘾人员具有下列情形之一的，公安机关认定其吸毒成瘾严重：（一）曾经被责令社区戒毒、强制隔离戒毒(含《禁毒法》实施以前被强制戒毒或者劳教戒毒)、社区康复或者参加过戒毒药物维持治疗，再次吸食、注射毒品的；（二）有证据证明其采取注射方式使用毒品或者至少三次使用累计涉及两类以上毒品的；（三）有证据证明其使用毒品后伴有聚众淫乱、自伤自残或者暴力侵犯他人人身、财产安全或者妨害公共安全等行为的。"

本条第三款是关于戒毒人员可以自愿接受强制隔离戒毒的规定。本款规定，吸毒成瘾人员自愿接受强制隔离戒毒的，经公安机关同意，可以直接进入强制隔离戒毒场所戒毒。根据本法的规定，强制隔离戒毒措施是我国的戒毒措施之一，是以国家强制力作后盾，对吸毒成瘾人员进行生理、心理治疗以及进行道德、法制教育的一种措施。本法实施后，通过整合当时公安机关强制戒毒所和司法行政部门劳教戒毒场所，具有了较丰富的强制隔离戒毒场所资源。这些强制隔离戒毒资源有良好的治疗设备、专业人员和经费保障等。为充分利用好、发挥好这些资源在戒毒工作中的作用，规定吸毒成瘾人员可以自愿接受强制隔离戒毒是必要的。从戒毒者方面来看，戒毒人员如果没有戒毒的强烈愿望和主动性，效果一定不好。但人的意志有时没有想象得坚强，特别是吸毒成瘾者，有的虽有戒毒愿望和意识，但他们也明白自身没有毅力坚持下来，需要外力的督促和约束，甚至希望强制隔离戒毒，通过强有力的外力作用达到戒毒目的。法律规定可以自愿接受强制隔离戒毒，是除可以自愿进行医疗机构戒毒治疗外赋予吸毒成瘾人员又一种可以自愿选择的戒毒方式。一旦吸毒成瘾人员自愿接受强制隔离戒毒，就要在戒毒时接受强制隔离，人身自由受到限制和约束，服从强制隔离戒毒场所的管理。由于公安机关是强制隔离戒毒措施的决定机关，戒毒人员要自愿接受强制隔离戒毒，需要经公安机关同意。这样，公安机关也可以起把关作用，对有的戒毒人员，如吸食、注射毒品没有成瘾的人员、依照本法第三十九条的规定不适用强制隔离戒毒的吸毒人员，可以拒绝其自愿接受强制隔离戒毒的要求，考虑责令其接受社区戒毒或其他戒毒措施。还应注意的是，对于本条第一款规定的吸毒成瘾人员，是应当进行强制隔离戒毒的，因此考虑到吸毒成瘾人员是自愿接受强制隔离戒毒，公安机关在适用这里规定的“经公安机关同意”审查决定是否同意时，掌握的条件可以比本条第一款规定的情形更宽一些。

相关规定

《中华人民共和国治安管理处罚法》第91条；《戒毒条例》第25条；《吸毒成瘾认定办法》第4—8条

第三十九条 怀孕或者正在哺乳自己不满一周岁婴儿的妇女吸毒成瘾的，不适用强制隔离戒毒。不满十六周岁的未成年人吸毒成瘾的，可以不适用强制隔离戒毒。

对依照前款规定不适用强制隔离戒毒的吸毒成瘾人员，依照本法规定进行社区戒毒，由负责社区戒毒工作的城市街道办事处、乡镇人民政府加强帮助、教育和监督，督促落实社区戒毒措施。

条文主旨

本条是关于特定对象不适用强制隔离戒毒的规定。

立法背景

强制隔离戒毒是一种限制人身自由的戒毒措施，并且在强制隔离戒毒期间，根据戒除毒瘾的需要，戒毒人员需要参加必要的生产劳动，接受职业技能培训。但在一些特殊情形下，适用强制隔离戒毒措施可能会对吸毒成瘾人员及其亲属等造成一些不利影响，或者因为一些特殊的因素，不利于吸毒成瘾人员顺利戒毒，回归社会。因此，本法对适用制隔离戒毒规定了适用的例外情形。一是对吸毒成瘾，符合强制隔离戒毒条件的怀孕妇女和正在哺乳自己不满一周岁婴儿的妇女，不适用强制隔离戒毒。这样规定是考虑到，婴儿在哺乳期对母亲具有生理与精神的双重需求，妇女在怀孕期间及哺乳期间也需要特殊的保护，若对其实行强制隔离戒毒，限制人身自由，其身心健康必然会受到不利的影响，进而影响胎儿的发育和安全，影响婴儿的健康成长。这样规定体现了我国立法保护妇女儿童权益的一贯原则，既是对妇女的保护，也是对胎儿和婴儿发育的保护。

二是对未成年人可以不适用强制隔离戒毒。国务院提请全国人大常委会审议的禁毒法草案曾规定，不满十四周岁的未成年人吸毒成瘾的，不适用强制隔离戒毒。在审议过程中，有的常委会委员提出，强制隔离戒毒是教育和挽救吸毒人员、帮助其戒除毒瘾的一项重要措施，不是惩罚措施，对吸毒成瘾的不满十四周岁的未成年人是否适用强制隔离戒毒不能一概而论。从实际情况看，对有些因父母及其他监护人确实无力帮助其戒毒，如有的未成年人因父、母去世，或有的未成年人离家出走、拒不接受家庭管教等，而采取社区戒毒方法又无效的，对其进行强制隔离戒毒，对于教育、挽救该未成年人，是有积极意义的，家庭和社会也都支持。因此，本条对不满十六周岁的未成年人是否一律适用强制隔离戒毒作了灵活性的规定。同时，审议中，有的常委会委员提出，参照治安管理处罚法关于对不满十六周岁的未成年人不适用行政拘留处罚的规定，对不适用强制隔离戒毒的未成年人的年龄界定由“不满十四周岁”改为“不满十六周岁”较为妥当，本条对可以不适用强制隔离戒毒的未成年人的年龄据此作了修改。

禁毒法草案原来只规定了不适用强制隔离戒毒的情形。审议时，有的常委会委员提出，需要进一步明确对这些人员应采取的戒毒措施。针对本条第一款规定的符合强制隔离戒毒条件但不适用强制隔离戒毒的吸毒成瘾人员，本条明确规定了对他们要适用的戒毒措施。

条文解读

本条共分为两款。第一款是关于对特定对象不适用强制隔离戒毒的规定。主要包括两种情况：一是不适用强制隔离戒毒的对象。根据本款的规定，对怀孕或者正在哺乳自己不满一周岁婴儿的妇女，即使符合强制隔离戒毒条件，也一律不适用强制隔离戒毒。二是可以不适用强制隔离戒毒的对象。根据本款的规定，对吸毒成瘾符合强制隔离戒毒条件的不满十六周岁的未成年人，可以不适用强制隔离戒毒。也就是说，对不满十六周岁的未成年人，符合强制隔离戒毒条件的，可以适用强制隔离戒毒，也可以不适用强制隔离戒毒。

法律对不满十六周岁的未成年人，明确作出了“可以不适用强制隔离戒毒”的选择性规定，体现了我国立法保护未成年人权益的一贯原则。我国法律对违法犯罪的未成年人，实行教育、感化、挽救的方针，坚持教育为主、惩罚为辅的原则。不满十六周岁的未成年人，正是处于思想、身体等各方面成长的阶段，大部分还在学校上学，学业还未完成。如上所述，强制隔离戒毒是一种较长时间限制人身自由的强制性戒毒治疗措施，对不满十六周岁的未成年人适用强制隔离戒毒，将使其较长时间与社会隔离，可能会对其人生产生负面影响。为了保护未成年人的成长，将强制隔离带来的负面影响降至最低，本条第一款规定对他们“可以不适用强制隔离戒毒”。这里所说的可以不适用强制隔离戒毒，主要是指，在一般情况下，公安机关根据具体情况可以不适用强制隔离戒毒，但是不排除公安机关根据具体情况，在必要情况下，对未成年人适用强制隔离戒毒。也就是说，对不满十六周岁的未成年人，并不是一概不适用强制隔离戒毒。这样规定是考虑到强制隔离戒毒既有强制限制人身自由的一面，又有戒毒治疗、治病救人的一面，最终目的是戒除毒瘾，使吸毒成瘾人员重新回归社会。在禁毒法草案审议和征求意见过程中，一些常委会组成人员、部门、地方反映，一些吸毒成瘾的不满十六周岁的未成年人，由于种种原因没有固定住所，到处流浪，如放任不管，既不能有效使其戒毒，还会进一步危害社会；也有的父母和其他监护人，对吸毒成瘾的不满十六周岁的未成年人，确实无力帮助或者对其自愿戒毒信心不足，强烈要求政府强制隔离戒毒，家庭和社会也都支持。针对这些情况，公安机关可以适用强制隔离戒毒，将其管理起来，以使他们在与毒品隔绝的环境中接受有针对性的戒毒治疗，这对帮助其戒除毒瘾更为有效。就个案而言，通过权衡而适用强制隔离戒毒，更有利于保护未成年人的权益。

在实际执行中，强制隔离戒毒场所发现强制隔离戒毒人员符合本条第一款规定的不适用或者可以不适用强制隔离戒毒的条件的，应当依照规定的程序作出处理。公安部制定的《公安机关强制隔离戒毒所管理办法》第十五条第一款、第二款规定："对怀孕或者正在哺乳自己不满一周岁婴儿的妇女，强制隔离戒毒所应当通知强制隔离戒毒决定机关依法变更为社区戒毒。戒毒人员不满十六周岁且强制隔离戒毒可能影响其学业的，强制隔离戒毒所可以建议强制隔离戒毒决定机关依法变更为社区戒毒。"司法部制定的《司法行政机关强制隔离戒毒工作规定》第十二条中规定，强制隔离戒毒所接收戒毒人员时，对女性戒毒人员应当进行妊娠检测。对怀孕或者正在哺乳自己不满一周岁婴儿的妇女，不予接收。

本条第二款是关于对不适用强制隔离戒毒的吸毒成瘾人员加强社区戒毒的规定。根据本款的规定，对依照本条第一款规定不适用强制隔离戒毒的吸毒成瘾人员，依照本法规定进行社区戒毒，由负责社区戒毒工作的城市街道办事处、乡镇人民政府加强帮助、教育和监督，督促落实社区戒毒措施。对符合强制隔离戒毒条件的特定吸毒成瘾人员不适用强制隔离戒毒方式的，不等于放任不管。公安机关应当依照本法和《戒毒条例》

的规定，责令其接受社区戒毒，与有关基层组织签订戒毒协议。负责其社区戒毒工作的城市街道办事处、乡镇人民政府及有关基层组织应当根据本法的规定，加强对其帮助、教育和监督，督促落实社区戒毒措施。这些特定吸毒成瘾人员，是社区戒毒的重点对象。城市街道办事处、乡镇人民政府及有关基层组织还应当针对这部分吸毒成瘾人员身体、年龄的特点，采取有针对性的教育、管理措施。考虑到他们怀孕、哺乳或者未成年，在生活上要多关心、帮助。同时，考虑到他们吸毒成瘾性程度较深，本来符合强制隔离戒毒的条件，只是因为身体或者年龄等特殊情形不适用强制隔离戒毒，不能放松对他们的教育和监督。

根据本法的规定，社区戒毒的期限是三年。一般经过最长三年期限的社区戒毒，通过加强对其帮助、教育和监督，督促落实社区戒毒措施，能有效起到戒毒效果。如果经过一定时间的社区戒毒，戒毒人员仍不能戒毒脱瘾，对于这些不思戒毒，继续吸毒的人员，只要不是仍正在怀孕或者哺乳自己不满一周岁的婴儿的，公安机关可以依法适用强制隔离戒毒措施。

相关规定

《中华人民共和国治安管理处罚法》第 21 条；《戒毒条例》第 26 条；《公安机关强制隔离戒毒所管理办法》第 15 条；《司法行政机关强制隔离戒毒工作规定》第 12 条

第四十条 公安机关对吸毒成瘾人员决定予以强制隔离戒毒的，应当制作强制隔离戒毒决定书，在执行强制隔离戒毒前送达被决定人，并在送达后二十四小时以内通知被决定人的家属、所在单位和户籍所在地公安派

出所；被决定人不讲真实姓名、住址，身份不明的，公安机关应当自查清其身份后通知。

被决定人对公安机关作出的强制隔离戒毒决定不服的，可以依法申请行政复议或者提起行政诉讼。

条文主旨

本条是关于公安机关作出强制隔离戒毒决定的程序和被决定强制隔离戒毒的人对决定不服的救济措施的规定。

立法背景

强制隔离戒毒作为在一定期限内限制吸毒成瘾人员人身自由的强制性的戒毒措施，对当事人的人身自由有重大影响，也关系到社会公共安全。公安机关作出适用这一措施的决定，应当遵循法定的权限和程序，其中最重要的程序要求是要制作强制隔离戒毒决定书。强制隔离戒毒决定书是公安机关行使公权力，对吸毒成瘾人员进行强制隔离戒毒的法律表现形式，具有法律效力。同时，决定书对被强制隔离戒毒的吸毒成瘾人员也具有重要法律意义：一方面对其具有法律约束力，被强制隔离戒毒的吸毒成瘾人员应当按决定书的要求履行义务；另一方面也是其提起行政复议、行政诉讼的重要凭证。因此，公安机关在作出强制隔离戒毒决定时，必须制作强制隔离戒毒决定书。本条对强制隔离戒毒决定书的制作、送达等程序作了规定。

强制隔离戒毒作为一种行政强制措施，在公安机关作出决定后，可能会出现被决定人对强制隔离戒毒决定不服的情况。公安机关在执法过程中还可能出现某些违法或不当作出决定的情形，对被决定人的合法权益可能造成损害。赋予被决定人救济手段是必要的。我国通过建立行政复议制度和行政诉讼制度，为行政管理相对人提供了法律救济途径。行政复议法和行政诉讼法对此分别作了具体规定。

国务院提请全国人大常委会审议的禁毒法草案曾规定，对隔离戒毒决定不服的，可以依法提起行政复议；对行政复议决定不服的，可以依法提起行政诉讼。采用的是复议前置的做法，即“先复议、后诉讼”。考虑到我国法律对行政管理相对人的救济手段以当事人自主选择行政复议或行政诉讼为原则，以“复议前置”为例外。审议过程中，有些常委会委员也提出，强制隔离戒毒决定是公安机关作出的一种行政强制性措施。对隔离戒毒决定不服的，应该可以直接提起行政诉讼，没有必要将行政复议作为提起行政诉讼的前置程序。根据常委会审议意见，为方便当事人行使权利，立法机关对草案作了修改。根据本条的规定，被决定人对公安机关作出的强制隔离戒毒决定不服的，可以依法申请行政复议或者提起行政诉讼。

条文解读

本条共分为两款。第一款是关于强制隔离戒毒决定书制作、送达、通知的规定，包含以下三层含义：

第一，公安机关应当制作强制隔离戒毒决定书。根据本款的规定，公安机关对吸毒成瘾人员决定予以强制隔离戒毒的，应当制作强制隔离戒毒决定书。这里所说的“强制隔离戒毒决定书”，是指公安机关对吸毒成瘾人员予以强制隔离戒毒所作出的书面决定，是具有法律效力的文书。决定书的内容主要包括：（1）被决定人的姓名、身份证件的名称和号码、住址。“身份证件”，主要是指身份证、户口簿等用以证明身份的证件。姓名应当与身份证件上的姓名一致。对事实清楚、证据充分，但不能如实提供真实姓名的，可以按其供认的姓名填写。住址应当是被决定人被处罚时的常住地址。（2）吸毒成瘾的违法事实和证据。“吸毒成瘾的违法事实”，是指被决定人吸毒的行为。“证据”，主要是指符合吸毒成瘾医学标准的检测结果报告以及其他证据。（3）决定强制隔离戒毒的依据。公安机关作出强制隔离戒毒决定，主要是依据本法的规定和有关部门依据本法的规定制定的吸毒成瘾标准，不能超出本法及有关法律规定的范围。（4）执行强制隔离戒毒的具体期限和场所。根据本法的规定，强制隔离戒毒期限为二年，可以延长一年。强制隔离戒毒场所是指根据本法和有关行政法规设立的对被决定人进行强制隔离戒毒治疗和教育的场所。公安机关应当确定被决定人强制隔离戒毒的期限以及执行强制隔离戒毒的场所。（5）对决定不服，申请行政复议、提起行政诉讼的途径和期限。本条第二款明确规定了被决定人的救济权利。公安机关应当在决定书中向被决定人告知对决定不服的法律救济途径，也就是向被决定人告知可以向哪级行政机关申请行政复议或者向哪级人民法院提起行政诉讼；同时，还要依照法律的规定，向被决定人告知申请行政复议或者提起行政诉讼的期限。在决定书中载明该事项，有利于维护当事人的合法权益，加强对公安机关的监督。（6）作出处罚决定的公安机关的名称和作出决定的日期。只有具有主体资格的公安机关才能作出该决定。作出决定的日期也是必须载明的事项，对公安机关按照法定期限送达决定书、被决定人在法定期限内申请行政复议或者提起行政诉讼具有重要作用。在具体实施时，公安部门应当形成规范统一的决定书格式，做到清楚、规范、有理、有据。决定书应当由作出决定的公安机关加盖印章。公安机关印章是具有法律效力的签名。没有加盖公安机关印章的决定书不具有法律效力。

第二，公安机关应当在执行强制隔离戒毒前，将强制隔离戒毒决定书送达被决定人。公安机关制作好决定书后，应当在执行强制隔离戒毒前向被决定人送达决定书，这是必经程序，是决定书发生法律效力的基本前提，未经送达的决定书，对被决定人没有法律约束力。实践中要注意，不能未送达决定书给被决定人，就对其执行强制隔离戒毒，也不能执行强制隔离戒毒后再送达决定书。决定书的送达一般应当用直接送达，也称交付送达，即公安机关将决定书直接交付给被强制隔离戒毒人。

第三，公安机关应当及时通知被决定人的家属、所在单位和户籍所在地公安派出所。根据本款的规定，公安机关应当在决定书送达后二十四小时以内通知被决定人的家属、所在单位和户籍所在地公安派出所；被决定人不讲真实姓名、住址，身份不明的，公安机关应当自查清其身份后通知。由于强制隔离戒毒措施需要较长时间限制人身自由，规定公安机关及时通知义务是非常必要的。公安机关应当将决定书的主要内容，包括被强制隔离戒毒的原因、时间以及执行强制隔离戒毒的场所，在二十四小时以内通知被决定人的家属、所在单位和户籍所在地公安派出所。这样规定，主要是为了有利于被决定人的家属、所在单位和户籍所在地公安派出所及时了解情况，避免家属不必要的心理恐慌，有利于社会稳定。

本条第二款是关于被决定人对强制隔离戒毒决定不服的救济措施的规定，包括以下两层意思。

第一，被决定人对强制隔离戒毒决定不服的，可以依法申请行政复议。行政复议法对行政复议的申请、受理和决定等作了具体规定。行政复议是运用行政机关系统内部的层级监督关系，依行政管理相对人的申请，由上一级国家行政机关或者法律、行政法规规定的其他机关依法对引起争议的具体行政行为进行审查并作出处理决定的一种活动，是行政系统内部对行政权的监督形式。行政复议具有及时、方便、成本低等特点。结合本款的规定，对强制隔离戒毒决定不服，申请行政复议的程序主要包括下列内容：(1) 被决定人可以自收到决定书之日起六十日内提出行政复议申请；如果超过规定的时效，被决定人就失去了复议申请权。(2) 申请行政复议，可以书面申请，也可以口头申请。(3) 被决定人可以向本级人民政府申请行政复议，也可以向上一级公安机关申请行政复议。(4) 被决定人申请行政复议，行政复议机关已经依法受理的，在法定行政复议期限内不得向人民法院提起行政诉讼。(5) 行政复议期间强制隔离戒毒决定不停止执行，但是作出决定的公安机关认为需要停止执行的或者行政复议机关认为需要停止执行的，可以停止执行。(6) 行政复议机关应当自受理申请之日起六十日内作出行政复议决定。(7) 对行政复议决定不服的，可以向人民法院提起行政诉讼。

第二，被决定人对强制隔离戒毒决定不服的，也可以依法直接向人民法院提起行政诉讼。行政诉讼法对行政诉讼程序作了具体规定。行政诉讼是由人民法院对引起争议的行政行为进行审查，以保护相对人的合法权益。这是一种司法救济，是行政系统外部对行政权的监督形式，也是行政相对人获得救济的一个途径。由行政系统外部对行政权的行使进行监督，更有利于客观、公正地保护行政相对人的合法权益。结合本款的规定，对强制隔离戒毒决定不服，提起行政诉讼的程序主要包括下列内容：(1) 被决定人直接向人民法院提起行政诉讼的，应当在收到强制隔离戒毒决定书之日起六个月内提出。(2) 被决定人不服行政复议决定的，可以在收到复议决定书之日起十五日内向人民法院提起行政诉讼。复议机关逾期不作决定的，申请人可以在复议期满之日起十五日内向人民法院提起行政诉讼。(3) 行政诉讼期间不停止强制隔离戒毒决定的执行，但人民法院裁定停止执行的除外。(4) 经人民法院传票传唤，被决定人无正当理由拒不到庭的，可以按照撤诉处理；公安机关无正当理由不到庭的，可以缺席判决。(5) 人民法院对行政案件宣告判决或者裁定前，申请撤诉是否准许，由人民法院裁定。(6) 人民法院应当在立案之日起六个月内作出第一审判决，适用简易程序审理的，应当在立案之日起四十五日内审结。

相关规定

《中华人民共和国治安管理处罚法》第 96 条、第 97 条、第 102 条；《中华人民共和国行政处罚法》第 6 条；《中华人民共和国行政复议法》；《中华人民共和国行政诉讼法》

第四十一条　对被决定予以强制隔离戒毒的人员，由作出决定的公安机关送强制隔离戒毒场所执行。

强制隔离戒毒场所的设置、管理体制和经费保障，由国务院规定。

条文主旨

本条是关于将强制隔离戒毒人员送交执行和强制隔离戒毒场所的规定。

立法背景

本条第一款规定，由作出强制隔离戒毒决定的公安机关将被决定人送至指定的强制隔离戒毒场所执行，这一规定从程序上明确了送交强制隔离戒毒场所的执行主体是作出决定的公安机关。这样规定，主要是基于以下考虑：一是公安机关所承担的职责。公安机关是强制隔离戒毒的决定机关，也是根据《戒毒条例》规定首先接收强制隔离戒毒人员的强制隔离戒毒场所的管理机关。强制隔离戒毒措施以国家强制力作后盾，是一种具有强制性的戒毒措施。由公安机关强制送交执行，体现了国家对强制隔离戒毒措施的强制力。二是由作出决定的公安机关送交执行，便于提高执行效率。随着公民在择业、居住等方面的自由度不断提高，流动人口大量增加，同时社会基层组织对人员状况的掌握、控制能力也不像以前那样强。除本法第三十八条中规定的吸毒成瘾人员自愿接受强制隔离戒毒，经公安机关同意，进入强制隔离戒毒场所戒毒的情形以外，作出强制隔离戒毒决定后让被决定人自行去强制隔离戒毒场所戒毒的可能性不大，需要由公安机关依靠国家强制力将吸毒成瘾人员送至强制隔离戒毒场所执行。三是考虑到被决定予以强制隔离戒毒的人员都是吸毒成瘾人员，这些吸毒成瘾人员，往往都有毒瘾症状，如有的行为上失控，不能控制自己；有的停止吸毒一段时间后出现戒断症状，腹泻、呕吐、腹痛、无力、不安等；有的吸毒尤其是吸食 K 粉、摇头丸等新型毒品后，出现精神病症状，如出现幻觉、妄想或者明显的暴力、伤害和杀人犯罪倾向等，存在社会危险性。因此，公安机关有必要对其及时进行管理，在依法作出强制隔离戒毒决定后直接将其送至强制隔离戒毒场所执行，以维护公共安全和保护吸毒成瘾人员自身安全。

本法对强制隔离戒毒制度的主要方面，包括适用对象、期限、主要执行规范等内容作了规定。在此前提下，本条又明确授权国务院，由国务院对强制隔离戒毒场所的设置、管理体制和经费保障作出规定。之所以这样规定，主要是基于以下三个方面的考虑：一是根据立法法的规定，限制人身自由的强制措施，只能制定法律。强制隔离戒毒是限制人身自由的强制性戒毒措施，只能由法律规定。国务院有权根据宪法和法律，制定行政法规。关于强制隔离戒毒场所的设置、管理体制和经费保障等，属于国务院可以制定行政法规的事项，国务院可以按照本法的规定，通过制定行政法规等方式作出具体规定。二是强制隔离戒毒是本法在总结以往多年强制戒毒、劳教戒毒经验基础上，改革原来分段戒毒体制，重新构建的一种强制戒毒体制，仍有待于进一步总结经验，接受实践检验。三是考虑到改革的复杂性，强制性戒毒体制还需要进一步总结实践经验，确定具体方案，有步骤地推行。因此，本法当时只对强制隔离戒毒措施的主要方面包括适用对象、期限、入所检查、强制隔离戒毒的主要措施等作出了规定。有关强制隔离戒毒场所的设置、管理体制和经费等内容，涉及根据本法规定对公安机关原有强制戒毒场所和司法行政部门原有劳教戒毒场所进行相应改革，需要一定的时间实践。如果要求由法律对其作出明确规定有一定难度，也有违科学立法精神。所以，本法授权国务院根据本法再作规定，符合实际情况，也是必要的。

条文解读

本条共分为两款。第一款是关于强制隔离戒毒决定送交执行的规定。根据本款的规定，对被决定予以强制隔离戒毒的人员，由作出决定的公安机关送强制隔离戒毒场所执行。这里规定的“作出决定的公安机关”，是指依照本法第三十八条和《戒毒条例》的有关规定，有权具体作出强制隔离戒毒决定的县级以上人民政府公安机关。公安机关派出机构无权决定强制隔离戒毒。本条规定的“送”，是指作出强制隔离戒毒决定的公安机关，派出工作人员将被决定人送至强制隔离戒毒场所执行的行为。本条规定的“强制隔离戒毒场所”，是指执行强制隔离戒毒措施的场所。根据本条第二款的规定，有关强制隔离戒毒场所的设置等内容，授权国务院作具体规定。

本条第二款是关于授权国务院对强制隔离戒毒场所设置等内容作出具体规定的规定。本法实施后，国务院可以根据本法规定，对有关规定进行修改完善，并应当就强制隔离戒毒场所的设置、管理体制和经费保障等方面内容作出具体规定。2011年6月22日，国务院常务会议通过了《戒毒条例》，并于2018年9月18日对其予以修正。《戒毒条例》根据本法对强制隔离戒毒场所的设置、管理体制和经费保障等内容作出了具体规定。关于强制隔离戒毒场所的设置，《戒毒条例》第六条第一款规定，县级、设区的市级人民政府需要设置强制隔离戒毒场所的，应当合理布局，报省、自治区、直辖市人民政府批准，并纳入当地国民经济和社会发展规划。关于强制隔离戒毒场所的管理体制，《戒毒条例》第四条中规定，县级以上地方人民政府公安机关负责管理公安机关的强制隔离戒毒场所，设区的市级以上地方人民政府司法行政部门负责管理司法行政部门的强制隔离戒毒场所。关于强制隔离戒毒场所的经费保障，《戒毒条例》第三条规定，县级以上人民政府应当按照国家有关规定将戒毒工作所需经费列入本级财政预算。

相关规定

《中华人民共和国治安管理处罚法》第 103 条；《戒毒条例》第 3 条、第 4 条、第 6 条

第四十二条　戒毒人员进入强制隔离戒毒场所戒毒时，应当接受对其身体和所携带物品的检查。

条文主旨

本条是关于戒毒人员入所检查的规定。

立法背景

对公民身体和所携带物品的检查，涉及公民的基本权利，如隐私权、人格尊严等，必须通过法律加以规定。我国对有关人员人身、所携带物品的检查也都是通过具体法律专门作针对性的规定。例如，《中华人民共和国监狱法》第十八条规定：“罪犯收监，应当严格检查其人身和所携带的物品。非生活必需品，由监狱代为保管或者征得罪犯同意退回其家属，违禁品予以没收。”本条明确规定，戒毒人员进入强制隔离戒毒场所戒毒时，应当接受对其身体和所携带物品的检查。入所检查是强制隔离戒毒措施的一个重要环节，把好这个入门关，对于实施好强制隔离戒毒措施具有重要意义。

条文解读

本条规定包括两层含义：一是强制隔离戒毒场所有权对进入强制隔离戒毒场所戒毒的人员进行身体和所携带物品的检查。强制隔离戒毒场所的主要任务是对戒毒人员进行戒毒治疗，教育和挽救吸毒人员。实践中，曾发现有些戒毒场所管理混乱，甚至不能控制毒品的流入，出现所内吸毒的严重问题。因此，明确入所检查是必要的。强制隔离戒毒场所的工作人员，一般由人民警察担任，明确赋予其检查职责，有利于把好强制隔离戒毒场所入门关。强制隔离戒毒场所对入所戒毒人员进行"身体"检查，主要是为了确认戒毒人员的某些身体特征、生理状态以及毒品依赖程度等，以便于强制隔离戒毒场所采取有针对性的管理和治疗。对入所戒毒人员"所携带物品"进行检查，主要是为了防止入所戒毒人员携带违禁品特别是毒品进入强制隔离戒毒场所，破坏强制隔离戒毒场所的管理秩序，对戒毒治疗造成恶劣影响。

二是戒毒人员在进入强制隔离戒毒场所戒毒时，有义务接受对其身体和所携带物品的检查。戒毒人员有义务配合强制隔离戒毒场所的检查。对于拒绝接受检查的，强制隔离戒毒场所应当进行说服教育，必要时可以强制检查。本条所说的"戒毒人员"，是指符合强制隔离戒毒条件由公安机关决定强制隔离戒毒的人员，还包括经公安机关同意，自愿进入强制隔离戒毒场所戒毒的人员。本条所说的"进入强制隔离戒毒场所戒毒时"，包括第一次进入强制隔离戒毒场所戒毒时，也包括以后戒毒人员经批准外出探视后回强制隔离戒毒场所时。也就是说，戒毒人员每次进入强制隔离戒毒场所时，都要接受检查，特别是对其所携带物品的检查，主要目的是防止有些入所戒毒人员携带违禁品特别是毒品进入强制隔离戒毒场所。同时，强制隔离戒毒场所根据管理的需要，可以在强制隔离戒毒期间对戒毒人员进行日常安全方面的检查，以便于及时发现和消除安全隐患。

需要说明的是，本条只是对入所检查作了原则性规定，明确了入所检查职责和接受入所检查义务。根据本法第四十一条的规定和立法法的规定，对有关强制隔离戒毒场所的管理、入所检查的具体操作以及检查人员的配置等内容，需要由配套的行政法规和规章进一步作出具体规定。国务院和有关部门在本法施行后制定的行政法规、规章对此作了具体规定。如《戒毒条例》第二十八条规定，强制隔离戒毒场所对强制隔离戒毒人员的身体和携带物品进行检查时发现的毒品等违禁品，应当依法处理；对生活必需品以外的其他物品，由强制隔离戒毒场所代为保管。女性强制隔离戒毒人员的身体检查，应当由女性工作人员进行。《公安机关强制隔离戒毒所管理办法》第十七条规定，强制隔离戒毒所应当对戒毒人员人身和随身携带的物品进行检查。除生活必需品外，其他物品由强制隔离戒毒所代为保管，并填写《戒毒人员财物保管登记表》一式二份，强制隔离戒毒所和戒毒人员各存一份。经戒毒人员签字同意，强制隔离戒毒所可以将代为保管物品移交戒毒人员近亲属保管。对检查时发现的毒品以及其他依法应当没收的违禁品，强制隔离戒毒所应当逐件登记，并依照有关规定处理。与案件有关的物品应当移交强制隔离戒毒决定机关处理。对女性戒毒人员的人身检查，应当由女性工作人员进行。《司法行政机关强制隔离戒毒工作规定》第十三条也有类似规定。

相关规定

《中华人民共和国宪法》第 37 条；《中华人民共和国监狱法》第 18 条；《戒毒条例》第 28 条；《公安机关强制隔离戒毒所管理办法》第 17 条；《司法行政机关强制隔离戒毒工作规定》第 13 条

第四十三条　强制隔离戒毒场所应当根据戒毒人员吸食、注射毒品的种类及成瘾程度等，对戒毒人员进行有针对性的生理、心理治疗和身体康复训练。

根据戒毒的需要，强制隔离戒毒场所可以组织戒毒人员参加必要的生产劳动，对戒毒人员进行职业技能培训。组织戒毒人员参加生产劳动的，应当支付劳动报酬。

条文主旨

本条是关于强制隔离戒毒治疗、康复训练、生产劳动、职业技能培训的规定。

立法背景

对戒毒人员进行有针对性的戒毒治疗和康复训练，是强制隔离戒毒的重要内容，也是戒毒的重要途径。对于吸毒成瘾的治疗，国内外已经有了一些比较成熟的经验，我国也基本已经有了戒毒的治疗规范。针对不同的麻醉药品和精神药品，戒毒的治疗规范有所不同。根据国际上的通行做法，对于所有的毒品，戒毒治疗一般分为三个阶段：一是急性脱毒阶段，二是心理康复治疗阶段，三是回归社会阶段。戒毒的这三个阶段不能割裂，要形成“无缝衔接”，不能只管其中一段而忽略另一段，否则很难达到戒毒效果。戒毒人员在强制隔离戒毒期间，都需要经过急性脱毒和心理康复治疗这两个阶段。在强制隔离戒毒场所做好这两个阶段的戒毒工作，通过严格管理、完全阻断毒品的来源、强化戒毒效果，对于戒毒人员回归社会后巩固戒毒成果具有重要意义。本条总结戒毒工作经验，对有关治疗、康复、培训措施作了规定。

条文解读

本条共分为两款。第一款是关于强制隔离戒毒场所对戒毒人员进行戒毒治疗、康复训练的规定，包括以下三层含义。

第一，强制隔离戒毒场所应当根据戒毒人员吸食、注射毒品的种类及成瘾程度，进行有针对性的治疗和康复训练。针对不同的毒品种类以及戒毒人员吸毒成瘾的程度，制定相应的戒毒治疗方法。这里所说的“毒品的种类”，是指违法使用的国家规定管制的能够使人形成瘾癖的麻醉药品和精神药品种类，包括鸦片、海洛因、甲基苯丙胺（冰毒）、吗啡、大麻、可卡因等。国际有关组织对毒品也有各自的分类，如联合国麻醉药品委员会将毒品分为六大类，如吗啡类，包括鸦片、海洛因、吗啡、可待因和罂粟植物等；大麻类等。世界卫生组织则将毒品分为八大类，如吗啡类、可卡因类、印度大麻类、苯西胺类、致幻剂类等。有的组织将毒品分为四大类，如鸦片类、大麻类、可卡类、精神类。不论毒品如何分类，其中都包括一些常见的毒品，如鸦片、海洛因、甲基苯丙胺（冰毒）、吗啡、大麻、可卡因以及新型毒品如 K 粉、摇头丸等。不同的分类方法也说明了毒品的复杂性。这里所说的“吸毒成瘾的程度”，是指吸毒人员对毒品的依赖程度，特别是心理依赖程度。心理依赖是指吸毒人员为寻求愉快满足或者欣快的感觉而反复吸食、注射毒品而表现出的对毒品渴求的一种状态。因此，戒毒治疗和康复训练必须根据戒毒人员吸食、注射毒品的种类及成瘾程度，有针对性地进行，戒毒治疗才能发挥应有的作用。

第二，强制隔离戒毒场所应当对戒毒人员进行有针对性的生理治疗和心理治疗。如前面所述，毒品的心理依赖和生理依赖，是吸毒人员摆脱不了毒品的关键因素，所以对吸毒人员进行有针对性的生理治疗和心理治疗，主要目的在于使吸毒人员摆脱对毒品的生理依赖和心理依赖。这里所说的“生理治疗”，主要是指强制隔离戒毒场所对急性脱毒阶段的戒毒人员因戒毒产生的戒断症状进行有针对性的治疗，减轻其戒断症状，并预防由于突然戒毒可能产生的其他生理健康问题。戒断症状是指戒毒一段时间后所出现的血压升高、脉搏加快、体温升高、鸡皮疙瘩、流涕、腹泻、呕吐、肌肉骨骼病痛、腹痛、无力、不安、发冷、发热等症状。由于出现的戒断症状因吸食、注射的毒品不同而不同，治疗时也应采取相应的措施。吸毒人员由于使用不洁注射器具等，大都患有各种疾病，开始戒毒时，各种疾病都有不同程度的反应，同时需要对疾病进行治疗，否则会直接影响后续的康复进程。“心理治疗”，主要是帮助吸毒成瘾人员纠正错误认识，树立自信心、责任心和意志力，强化其戒毒动机；帮助戒毒人员分析吸毒原因，提高自控能力；让戒毒人员逐渐减少不良习惯、不良行为、不良心理反应，建立奖励机制，挖掘潜力，重塑自我，使其能够依靠自身力量和精神摆脱对毒品的依赖，达到戒毒的目的。心理依赖是吸毒人员最难戒除、最复杂的症状，所以心理治疗所承担的任务也尤为重要、艰难和复杂。实践中应注意，强制隔离戒毒场所应当配备必要的专业医务人员，同时转变观念，更多地将戒毒人员当病人看待。

第三，强制隔离戒毒场所应当对戒毒人员进行有针对性的身体康复训练。身体康复训练主要是通过生理康复、心理康复，恢复心理、躯体、语言、日常生活、职业活动和社会生活等方面的能力，对戒毒人员进行行为矫治，矫正戒毒人员的不良行为习惯，在心理上、生理上以及社会生活上实现全面的整体的康复，达到心理协调平衡。吸毒人员由于长期吸食、注射毒品，生活状况差，身体机能较差，因此有必要在戒毒治疗的同时进行身体各部分功能的康复训练。身体康复训练包括体育训练、生活技能训练、文体活动等。体育训练有助于恢复戒毒人员的体能，培养集体主义观念，重塑精神面貌。文体活动有助于增强戒毒人员的自信心，增强意志力，有助于转移戒毒人员对毒品的渴求心理。生理、心理治疗和身体康复训练要根据戒毒人员的实际情况综合运用，治疗与康复要相互衔接，以有效提高戒毒的效果。

本条第二款是关于强制隔离戒毒场所组织戒毒人员参加生产劳动、进行职业技能培训的规定。生产劳动有助于戒毒人员身体恢复，有助于戒毒人员的职业技能培养，有助于培养戒毒人员生活的自信心，有助于提升戒毒所自身的发展潜力。本条规定，强制隔离戒毒场所可以根据戒毒的需要，组织戒毒人员参加必要的生产劳动，对戒毒人员进行职业技能培训。同时，本条还规定，组织戒毒人员参加生产劳动的，应当支付劳动报酬。戒毒人员通过生理、心理治疗和身体康复训练，一般由心理脱瘾期转入巩固期，强制隔离戒毒场所这时可以组织戒毒人员参加生产劳动。通过劳动，戒毒人员可以锻炼身体，提高戒毒意志力，学会劳动技能和生存本领，这为其戒毒期满回归社会谋职业，防止复吸打下一定的基础。实践中，应当注意把握以下几点：一是强制隔离戒毒场所要根据戒毒的需要，组织戒毒人员参加生产劳动。生产劳动应在戒毒人员生理脱毒后，身体无其他严重疾病下逐渐进行。二是强制隔离戒毒场所应当只是让戒毒人员参加必要的生产劳动，避免将戒毒人员仅仅当作劳动力使用。三是强制隔离戒毒场所要重视对戒毒人员的职业技能培训。四是强制隔离戒毒场所应当向参加生产劳动的戒毒人员支付劳动报酬。劳动法明确规定，劳动者享有取得劳动报酬的权利、接受职业技能培训的权利。通过劳动得到报酬，也有利于戒毒人员珍惜劳动机会，提高参加生产劳动的自觉性。

对于强制隔离戒毒场所依照本条组织开展戒毒治疗、康复训练、生产劳动、技能培训的具体措施，《戒毒条例》第二十九条，《公安机关强制隔离戒毒所管理办法》第五章、第六章、第七章和《司法行政机关强制隔离戒毒工作规定》第五章、第六章的有关条款作了具体规定。

相关规定

《中华人民共和国宪法》第 42 条；《中华人民共和国劳动法》第 3 条；《戒毒条例》第 29 条；《公安机关强制隔离戒毒所管理办法》第五章、第六章、第七章；《司法行政机关强制隔离戒毒工作规定》第五章、第六章

第四十四条 强制隔离戒毒场所应当根据戒毒人员的性别、年龄、患病等情况，对戒毒人员实行分别管理。

强制隔离戒毒场所对有严重残疾或者疾病的戒毒人员，应当给予必要的看护和治疗；对患有传染病的戒毒人员，应当依法采取必要的隔离、治疗措施；对可能发生自伤、自残等情形的戒毒人员，可以采取相应的保护性约束措施。

强制隔离戒毒场所管理人员不得体罚、虐待或者侮辱戒毒人员。

条文主旨

本条是关于强制隔离戒毒场所对戒毒人员实行分别管理、采取有关治疗措施和管理人员不得体罚、虐待、侮辱戒毒人员的规定。

立法背景

受到毒品危害的戒毒人员的情况有很大差异，有男性和女性，有成年人和未成年人，也有的患有多种疾病或者传染病。为了更好地保证强制隔离戒毒的效果，保障强制隔离戒毒场所的秩序和戒毒人员的安全，本条规定对戒毒人员实行分别管理、有针对性地采取有关治疗措施。

条文解读

本条第一款是关于强制隔离戒毒场所根据戒毒人员的性别、年龄、患病等情况实行分别管理的规定。根据本款的规定，强制隔离戒毒场所应当根据戒毒人员的性别、年龄、患病等情况，对戒毒人员实行分别管理。这里所规定的“分别管理”，主要是指根据戒毒人员的性别、年龄、患病等情况，让其在不同的场所或者区域生活、劳动、接受治疗，由不同的管理人员根据其特点实施不同的管理措施等。这里所规定的根据“性别”实行分别管理，是指强制隔离戒毒场所对男性和女性戒毒人员实行分别管理；根据“年龄”实行分别管理，主要是指对未成年人和成年人实行分别管理；根据“患病”情况实行分别管理，主要是指根据对患病的戒毒人员进行治疗的需要，如对重病患者、传染病患者进行特殊照顾或者隔离治疗的需要，对患病和没有患病的戒毒人员，对患有不同病的戒毒人员实行分别管理。根据本款的规定，根据戒毒人员的其他情况，有实行分别管理的必要的，强制隔离戒毒场所也可以对戒毒人员实行分别管理。

本条第二款是关于强制隔离戒毒场所采取看护、隔离、治疗和保护性约束措施的规定。本款共规定了三个方面的内容。

1. 强制隔离戒毒场所对有严重残疾或者疾病的戒毒人员，应当给予必要的看护和治疗。这里规定了两种戒毒人员，即有严重残疾的戒毒人员和有严重疾病的戒毒人员。根据《中华人民共和国残疾人保障法》第二条的规定，残疾人是指在心理、生理、人体结构上，某种组织、功能丧失或者不正常，全部或者部分丧失以正常方式从事某种活动能力的人。残疾人包括视力残疾、听力残疾、言语残疾、肢体残疾、智力残疾、精神残疾、多重残疾和其他残疾的人。第四条规定，国家采取辅助方法和扶持措施，对残疾人给予特别扶助，减轻或者消除残疾影响和外界障碍，保障残疾人权利的实现。本款的规定体现了残疾人保障法的精神。根据这一规定，对于有严重残疾的戒毒人员和有严重疾病的戒毒人员，强制隔离戒毒场所应当给予必要的看护和治疗。这里所规定的“必要的看护”，主要是指为了保证有严重残疾或者疾病的戒毒人员正常生活和接受正常治疗的需要，向其提供必要的照顾和帮助。

2. 强制隔离戒毒场所对患有传染病的戒毒人员，应当依法采取必要的隔离、治疗措施。这里所规定的“依法”，主要是指依照传染病防治法及其他相关法律法规的规定。根据《中华人民共和国传染病防治法》第三条的规定，传染病分为甲类、乙类和丙类。其中甲类传染病是指：鼠疫、霍乱。乙类传染病是指：传染性非典型肺炎、艾滋病、病毒性肝炎、脊髓灰质炎、人感染高致病性禽流感、麻疹、流行性出血热、狂犬病、流行性乙型脑炎、登革热、炭疽、细菌性和阿米巴性痢疾、肺结核、伤寒和副伤寒、流行性脑脊髓膜炎、百日咳、白喉、新生儿破伤风、猩红热、布鲁氏菌病、淋病、梅毒、钩端螺旋体病、血吸虫病、疟疾。丙类传染病是指：流行性感冒、流行性腮腺炎、风疹、急性出血性结膜炎、麻风病、流行性和地方性斑疹伤寒、黑热病、包虫病、丝虫病，除霍乱、细菌性和阿米巴性痢疾、伤寒和副伤寒以外的感染性腹泻病。对于其他传染病，根据其暴发、流行情况和危害程度，需要列入乙类、丙类传染病的，由国务院卫生行政部门决定并予以公布。第三十九条规定，医疗机构发现甲类传染病时，应当及时采取下列措施：（1）对病人、病原携带者，予以隔离治疗，隔离期限根据医学检查结果确定；（2）对疑似病人，确诊前在指定场所单独隔离治疗；（3）对医疗机构内的病人、病原携带者、疑似病人的密切接触者，在指定场所进行医学观察和采取其他必要的预防措施。医疗机构发现乙类或者丙类传染病病人，应当根据病情采取必要的治疗和控制传播措施。第四十一条第一款规定，对已经发生甲类传染病病例的场所或者该场所内的特定区域的人员，所在地的县级以上地方人民政府可以实施隔离措施，并同时向上一级人民政府报告；接到报告的上级人民政府应当即时作出是否批准的决定。上级人民政府作出不予批准决定的，实施隔离措施的人民政府应当立即解除隔离措施。第五十二条规定，医疗机构应当对传染病病人或者疑似传染病病人提供医疗救护、现场救援和接诊治疗，书写病历记录以及其他有关资料，并妥善保管。医疗机构应当实行传染病预检、分诊制度；对传染病病人、疑似传染病病人，应当引导至相对隔离的分诊点进行初诊。医疗机构不具备相应救治能力的，应当将患者及其病历记录复印件一并转至具备相应救治能力的医疗机构。强制隔离戒毒场所应当依照传染病防治法及其他相关法律法规的规定，对患有传染病的戒毒人员采取必要的隔离、治疗措施。

3. 强制隔离戒毒场所对可能发生自伤、自残等情形的戒毒人员，可以采取相应的保护性约束措施。这里所规定的“自伤、自残”，是指戒毒人员由于毒瘾发作、自暴自弃或者为逃避监管治疗等原因，通过吞食异物、故意伤残自己身体等方式，故意使自己的身体受到伤害或者导致残疾的情况。考虑到戒毒人员的特点，除对自伤、自残的戒毒人员，强制隔离戒毒场所应当及时采取必要的措施进行治疗外，本条还特别规定了对戒毒人员可能自伤、自残的预防措施。即根据戒毒人员的吸毒成瘾程度、精神状态及行为表现等，戒毒人员可能自伤、自残甚至自杀的，强制隔离戒毒场所可以采取相应的保护性约束措施。这里所规定的“保护性约束措施”，其适用目的是保护戒毒人员的人身安全和健康，其约束的程度和时间要依据保护其人身安全和健康为限度。这种保护性约束措施不是一种处罚。

本条第三款是关于强制隔离戒毒场所管理人员不得体罚、虐待或者侮辱戒毒人员的规定。尊重和保障人权是党和国家的一贯方针，宪法将尊重和保障人权作为一项宪法原则加以规定，为进一步确立各方面的法律制度提供了依据和保障，也体现了社会主义制度的本质要求。公民的人身权是最重要、最基本的人权。我国宪法规定，公民的人格尊严不受侵犯，禁止用任何方法对公民进行侮辱、诽谤和诬告陷害。本款规定禁止强制隔离戒毒场所管理人员体罚、虐待或者侮辱戒毒人员。这是对强制隔离戒毒场所管理人员的规范要求，是其应当遵守的行为准则。这里所规定的“管理人员”，是指在强制隔离戒毒场所中行使管理职责的工作人员。本条所禁止的体罚、虐待或者侮辱，主要是指对戒毒人员强迫从事过度劳动、任意殴打、捆绑、冻饿、罚站、罚跪、嘲笑、辱骂、滥施械具等行为。对于强制隔离戒毒场所管理人员违反本条规定的行为，本法第六十九条规定，公安机关、司法行政部门或者其他有关主管部门的工作人员在禁毒工作中对戒毒人员有体罚、虐待、侮辱等行为，构成犯罪的，依法追究刑事责任；尚不构成犯罪的，依法给予处分。

对于强制隔离戒毒场所依照本条对戒毒人员实行分别管理、采取有关治疗措施的具体办法，《戒毒条例》第三十条，《公安机关强制隔离戒毒所管理办法》第十九条、第四十四条、第四十五条，《司法行政机关强制隔离戒毒工作规定》第十六条、第三十六条、第四十条等条款作了具体规定。

相关规定

《中华人民共和国宪法》第33条；《中华人民共和国残疾人保障法》第2条、第4条；《中华人民共和国传染病防治法》第3条、第4条、第12条、第39条、第41条、第42条、第52条、第69条；《中华人民共和国刑法》第248条；《中华人民共和国人民警察法》第22条、第48条；《戒毒条例》第30条；《公安机关强制隔离戒毒所管理办法》第19条、第44条、第45条；《司法行政机关强制隔离戒毒工作规定》第16条、第36条、第40条

第四十五条　强制隔离戒毒场所应当根据戒毒治疗的需要配备执业医师。强制隔离戒毒场所的执业医师具有麻醉药品和精神药品处方权的，可以按照有关技术规范对戒毒人员使用麻醉药品、精神药品。

卫生行政部门应当加强对强制隔离戒毒场所执业医师的业务指导和监督管理。

条文主旨

本条是关于强制隔离戒毒场所配备执业医师的规定。

立法背景

吸毒人员既是违法者，又是病人和毒品的受害者。对吸毒人员的处罚主要是依据治安管理处罚法进行，而对吸毒成瘾符合强制隔离戒毒条件的人员予以强制隔离戒毒，则主要是一种教育和医疗措施。强制隔离戒毒场所的主要职责之一是对戒毒

人员进行戒毒治疗，本法第四十三条第一款规定，强制隔离戒毒场所应当根据戒毒人员吸食、注射毒品的种类及成瘾程度等，对戒毒人员进行有针对性的生理、心理治疗和身体康复训练。同时，被强制隔离戒毒的戒毒人员中许多患有其他疾病，有的有严重残疾或者患有传染病等。本法第四十四条第二款规定，强制隔离戒毒场所对有严重残疾或者疾病的戒毒人员，应当给予必要的看护和治疗；对患有传染病的戒毒人员，应当依法采取必要的隔离、治疗措施。因此，本条对强制隔离场所配备执业医师作了规定。

条文解读

本条第一款是关于强制隔离戒毒场所配备执业医师和执业医师使用麻醉药品、精神药品的规定，包括两个方面的内容。

一是强制隔离戒毒场所应当根据戒毒治疗的需要配备执业医师。这里所规定的"执业医师"，依照执业医师法的规定，是指依法取得执业医师资格或者执业助理医师资格，经注册在医疗、预防、保健机构中执业的专业医务人员。根据执业医师法的规定，具有高等学校医学专业本科以上学历，在执业医师指导下，在医疗、预防、保健机构中试用期满一年的；取得执业助理医师执业证书后，具有高等学校医学专科学历，在医疗、预防、保健机构中工作满二年的；以及具有中等专业学校医学专业学历，在医疗、预防、保健机构中工作满五年的，可以参加执业医师资格考试。具有高等学校医学专科学历或者中等专业学校医学专业学历，在执业医师指导下，在医疗、预防、保健机构中试用期满一年的，可以参加执业助理医师资格考试。以师承方式学习传统医学满三年或者经多年实践医术确有专长的，经县级以上人民政府卫生行政部门确定的传统医学专业组织或者医疗、预防、保健机构考核合格并推荐，可以参加执业医师资格或者执业助理医师资格考试。考试成绩合格，取得医师资格的，可以向所在地县级以上人民政府卫生行政部门申请注册。未经医师注册取得执业证书，不得从事医师执业活动。

二是强制隔离戒毒场所的执业医师具有麻醉药品和精神药品处方权的，可以按照有关技术规范对戒毒人员使用麻醉药品、精神药品。强制隔离戒毒场所在对戒毒人员进行戒毒治疗或者对戒毒人员的其他疾病进行治疗的过程中，有时需要使用麻醉药品和精神药品。在使用麻醉药品和精神药品时，必须严格遵守国家有关麻醉药品和精神药品使用的管理规定。强制隔离戒毒场所对戒毒人员使用麻醉药品和精神药品，必须由具有麻醉药品和精神药品处方权的执业医师进行。根据《麻醉药品和精神药品管理条例》第三十八条的规定，医疗机构应当按照国务院卫生主管部门的规定，对本单位执业医师进行有关麻醉药品和精神药品使用知识的培训、考核，经考核合格的，授予麻醉药品和第一类精神药品处方资格。执业医师取得麻醉药品和第一类精神药品的处方资格后，方可在本医疗机构开具麻醉药品和第一类精神药品处方，但不得为自己开具该种处方。强制隔离戒毒场所具有麻醉药品和精神药品处方权的执业医师，在对戒毒人员使用麻醉药品、精神药品时，必须严格按照有关技术规范进行。《中华人民共和国执业医师法》第二十五条第二款规定，除正当诊断治疗外，不得使用麻醉药品、医疗用毒性药品、精神药品和放射性药品。根据《麻醉药品和精神药品管理条例》的有关规定，医务人员应当根据国务院卫生主管部门制定的临床应用指导原则，使用麻醉药品和精神药品。具有麻醉药品和第一类精神药品处方资格的执业医师，根据临床应用指导原则，对确需使用麻醉药品或者第一类精神药品的患者，应当满足其合理用药需求。执业医师应当使用专用处方开具麻醉药品和精神药品，单张处方的最大用量应当符合国务院卫生主管部门的规定。对麻醉药品和第一类精神药品处方，处方的调配人、核对人应当仔细核对，签署姓名，并予以登记。对于强制隔离戒毒场所及其执业医师违反本条规定的行为，本法第六十八条规定，强制隔离戒毒场所、医疗机构、医师违反规定使用麻醉药品、精神药品，构成犯罪的，依法追究刑事责任；尚不构成犯罪的，依照有关法律、行政法规的规定给予处罚。

本条第二款是关于卫生行政部门对强制隔离戒毒场所执业医师的业务指导和监督管理的规定。《中华人民共和国执业医师法》第四条规定，国务院卫生行政部门主管全国的医师工作。县级以上地方人民政府卫生行政部门负责管理本行政区域内的医师工作。即对于执业医师，包括强制隔离戒毒场所的执业医师的业务指导和监督管理，统一由卫生行政部门负责。因此，本条规定，卫生行政部门应当加强对强制隔离戒毒场所执业医师的业务指导和监督管理，包括考核、培训、检查等。

对于强制隔离戒毒场所依照本条规定配备执业医师，对戒毒人员使用麻醉药品、精神药品的具体办法，《戒毒条例》第二十九条，《公安机关强制隔离戒毒所管理办法》第四十七条，《司法行政机关强制隔离戒毒工作规定》第三十五条等条款作了具体规定。

相关规定

《中华人民共和国执业医师法》第 2 条、第 4 条、第 8—15 条、第 25 条、第 37 条；《中华人民共和国刑法》第 355 条；《麻醉药品和精神药品管理条例》第 4 条、第 38— 41 条、第 45 条、第 73 条；《戒毒条例》第 29 条；《公安机关强制隔离戒毒所管理办法》第 47 条；《司法行政机关强制隔离戒毒工作规定》第 35 条

第四十六条　戒毒人员的亲属和所在单位或者就读学校的工作人员，可以按照有关规定探访戒毒人员。戒毒人员经强制隔离戒毒场所批准，可以外出探视配偶、直系亲属。

强制隔离戒毒场所管理人员应当对强制隔离戒毒场所以外的人员交给戒毒人员的物品和邮件进行检查，防止夹带毒品。在检查邮件时，应当依法保护戒毒人员的通信自由和通信秘密。

条文主旨

本条是关于强制隔离戒毒人员探访探视和强制隔离戒毒场所检查物品邮件的规定。

立法背景

吸毒人员既是违法者，又是病人和受害者。对吸毒人员除依照治安管理处罚法和本法的有关规定予以处罚外，对吸毒成瘾进行戒毒治疗也非常重要。本法针对吸毒成瘾人员规定的社区戒毒和强制隔离戒毒措施都不是处罚，在性质上属于教育和

医疗措施。对强制隔离戒毒人员有关探访探视和接收物品、邮件方面的权利和管理措施作出规定，体现了人道主义精神，使戒毒人员感受到来自家庭和社会的关心，增强其戒毒的决心和毅力，可以防止戒毒人员由于与其家庭及外部社会的隔绝而产生被抛弃的感觉，从而避免对其接受戒毒治疗产生的消极影响。另外，加强探访探视和物品邮件检查管理，可以防止戒毒人员接触不利于其戒毒的人员、物品，特别是防止其再接触毒品，有利于加强约束，真正戒断毒瘾。

条文解读

一、关于强制隔离戒毒人员探访探视

本条第一款共规定了两个方面的内容：第一，戒毒人员的亲属和所在单位或者就读学校的工作人员，可以按照有关规定探访戒毒人员。允许适当范围人员探访强制隔离戒毒人员，保持强制隔离戒毒人员与外界的必要接触，让其得到必要关心和帮助，既是人道主义精神的体现，也有利于强制隔离戒毒的顺利实施和强制隔离戒毒人员成功戒除毒瘾后融入社会。探访人员范围要根据强制隔离戒毒的性质、强制隔离戒毒工作顺利开展的需要以及强制隔离戒毒人员的社会关系情况等因素来划定，既不宜太宽，使强制隔离戒毒失去实效；也不宜太窄，使强制隔离戒毒过于严苛。根据本条第一款的规定，戒毒人员的亲属和所在单位或者就读学校的工作人员，可以按照有关规定探访戒毒人员。这里所规定的戒毒人员的“亲属”，既包括戒毒人员的夫、妻、父、母、子、女、同胞兄弟姊妹等近亲属，也包括戒毒人员的其他亲属，既包括在强制隔离戒毒前与戒毒人员共同生活的家庭成员，也包括不与戒毒人员共同生活的其

他亲属。所在单位的工作人员，主要是指戒毒人员在被强制隔离戒毒前工作的机关、企业事业单位的领导、同事等。就读学校的工作人员，主要是指戒毒人员在被强制隔离戒毒前就读的学校的教师及其他工作人员。需要注意的是，依照本法第三十九条的规定，不满十六周岁的未成年人吸毒成瘾的，可以不适用强制隔离戒毒。如果根据该未成年人的吸毒成瘾情况及其家庭条件、在学校的表现等，确实需要对其采取强制隔离戒毒措施的，其原就读学校的教师等工作人员到强制隔离戒毒场所对其进行探视就尤为重要，可以更好地配合强制隔离戒毒场所对其进行教育，提高戒毒效果。这里所规定的“按照有关规定”，主要是指到强制隔离戒毒场所探视戒毒人员，应当按照国务院行政法规、部门规章等关于强制隔离戒毒场所的有关管理规定。如《公安机关强制隔离戒毒所管理办法》第二十四条第二款规定，探访人员应当接受强制隔离戒毒所身份证件检查，遵守探访规定。对违反规定的探访人员，强制隔离戒毒所可以提出警告或者责令其停止探访。《司法行政机关强制隔离戒毒工作规定》第二十二条第二款、第三款规定，强制隔离戒毒所应当检查探访人员身份证件，对身份不明或者无法核实的不允许探访。对正被采取保护性约束措施或者正处于单独管理期间的戒毒人员，不予安排探访。第二十三条第一款规定，探访应当在探访室进行。探访人员应当遵守探访规定；探访人员违反规定经劝阻无效的，可以终止其探访。探访人员探访时应当遵守上述规定。强制隔离戒毒场所也应当依照有关规定，尽量为戒毒人员的家属和所在单位或者就读学校的工作人员探访戒毒人员提供方便和必要的会见条件。有关部门规章对强制隔离戒毒场所在这方面的责任作了明确规定。例如，《公安机关强制隔离离戒毒所管理办法》第二十四条第一款规定，强制隔离戒毒所建立探访制度，允许戒毒人员亲属、所在单位或者就读学校的工作人员探访。强制隔离戒毒场所应当依照上述规定的要求安排探访。

第二，戒毒人员经强制隔离戒毒场所批准，可以外出探视配偶、直系亲属。强制隔离戒毒措施是一种限制人身自由的强制性教育医疗措施，设立这一制度主要是考虑到对于严重的吸毒成瘾人员或者经过社区戒毒效果不好的吸毒成瘾人员，由专门的人员按照有关戒毒治疗规范，对其进行集中统一的教育、治疗和管理很有必要。同时，强制隔离戒毒还可以使戒毒人员与毒品的来源及“毒友”等相隔离，使其在一定期限内生活在一个“无毒”的环境中，对其成功戒毒也具有重要的意义。因此，戒毒人员在被强制隔离戒毒期间，原则上不能离开所在的强制隔离戒毒场所，从而防止其拒绝不了毒品的诱惑或者“毒友”的不良影响，使其在强制隔离戒毒场所接受戒毒治疗的努力付之东流。但在现实生活中，在强制隔离戒毒期间，可能出现戒毒人员的配偶生重病、遇到事故或者其他有重大情况，或者戒毒人员的直系亲属结婚、死亡、生重病或者有其他重大变故的情形。在这种情况下，如果一律不允许戒毒人员回家探视，不仅与强制隔离戒毒措施的性质不符，也可能会对戒毒人员及其配偶、直系亲属的感情造成伤害，反而不利于对戒毒人员的教育治疗。因此，对于在强制隔离戒毒场所接受较长时间的戒毒治疗后表现良好的戒毒人员，适当地考虑允许其回家探亲，对戒毒人员既是一种奖励和鼓励，也有利于戒毒人员在强制隔离戒毒期限届满后顺利地融入社会，巩固戒毒效果。根据本条第一款的规定，强制隔离戒毒人员经强制隔离戒毒场所批准，可以外出探视配偶、直系亲属。《公安机关强制隔离戒毒所管理办法》和《司法行政机关强制隔离戒毒工作规定》对可以外出探视的情形作了细化。《公安机关强制隔离戒毒所管理办法》第二十五条第一款规定："戒毒人员具有以下情形之一的，强制隔离戒毒所可以批准其请假出所：（一）配偶、直系亲属病危或者有其他正当理由需离所探视的；（二）配偶、直系亲属死亡需要处理相应事务的；（三）办理婚姻登记等必须由本人实施的民事法律行为的。"《司法行政机关强制隔离戒毒工作规定》第二十四条中规定，戒毒人员因配偶、直系亲属病危、死亡或者家庭有其他重大变故，可以申请外出探视。强制隔离戒毒所可以批准戒治效果好的戒毒人员外出探视其配偶、直系亲属。强制隔离戒毒场所应当考虑其请假出所的原因、理由，戒毒人员接受强制隔离戒毒的时间及行为表现等，作出是否批准的决定。

需要注意的是，根据本条的规定，可以探访强制隔离戒毒人员的人员范围与强制隔离戒毒人员外出探视的对象范围不是一致的。可以探访的人员包括戒毒人员的亲属和所在单位或者就读学校的工作人员，范围较大。可以外出探视的对象范围仅限于配偶、直系亲属，范围较小。作出这种规定的主要考虑有两个：一是强制隔离戒毒场所有专门的人员、设施和安全管理制度，允许较大范围人员探访，在保障探访安全、防止戒毒人员复吸等方面不至于出现问题。而如果允许戒毒人员离开强制隔离戒毒场所，且对其探视范围不予以严格限制的话，可能无法隔绝其与"毒友"甚至毒贩的接触。二是强制隔离戒毒具有一定程度的强制性，严格限制探视理由和探视范围是这种强制性的体现之一。

二、关于强制隔离戒毒场所检查物品邮件

强制隔离戒毒人员与外界交流有两种方式：一种是本条第一款规定的探访探视，也就是俗话说的“人来人往”；另一种是本条第二款规定的邮件交流，也就是俗话说的“信来信往”。无论是在人来人往还是在信来信往中，都要以避免不当接触、防止复吸、保证戒毒效果为目的。此外，戒毒人员在强制隔离戒毒场所内可能基于生活需要，要求亲属、朋友送一些食品、衣服等生活必需品；其亲属、朋友也可能会主动送些生活必需品。外界人员送的物品必须经过强制隔离戒毒所的检查，以防止夹带毒品，保证戒毒效果。基于上述考虑，本条第二款中规定，强制隔离戒毒场所管理人员应当对强制隔离戒毒场所以外的人员交给戒毒人员的物品和邮件进行检查，防止夹带毒品。实践中，戒毒人员在被强制隔离戒毒期间，有时发生戒毒人员的家属或者朋友禁不住戒毒人员的央求，或者心疼戒毒人员在发生戒断症状时的痛苦，而在交给戒毒人员的食品、衣物等物品或者邮件中夹带少量毒品等情况，甚至还有社会上的不法分子，通过上述方式向在强制隔离戒毒场所的戒毒人员贩卖毒品的极端情况。针对上述情况，强制隔离戒毒场所应当严格依照本款的规定对强制隔离戒毒场所以外的人员交给戒毒人员的物品、邮件进行检查，防止夹带毒品。

需要注意的是，强制隔离戒毒场所的管理人员对强制隔离戒毒场所以外的人员交给戒毒人员的物品和邮件进行检查，其目的是防止夹带毒品。因此，所采用的检查方法和手段，既要能实现这一目的，又要以实现这一目的为限；既不能疏忽大意、懈怠履职，导致毒品流入戒毒人员之手，也不能采用破坏性方式损毁物品和邮件，侵犯戒毒人员的合法权益。《公安机

关强制隔离戒毒所管理办法》和《司法行政机关强制隔离戒毒工作规定》对检查物品和邮件的程序作了规定。《公安机关强制隔离戒毒所管理办法》第二十三条中规定，强制隔离戒毒所检查物品和邮件时，应当有两名以上工作人员同时在场。《司法行政机关强制隔离戒毒工作规定》第二十条中规定，对强制隔离戒毒所以外的人员交给戒毒人员的物品和邮件，强制隔离戒毒所应当进行检查，防止夹带毒品及其他违禁品。检查时，应当有两名以上人民警察在场。对于在检查物品和邮件时发现毒品等违禁品如何处理，《戒毒条例》作了明确规定。《戒毒条例》第二十八条第一款规定，强制隔离戒毒场所对强制隔离戒毒人员的身体和携带的物品进行检查时发现的毒品等违禁品，应当依法处理；对生活必需品以外的其他物品，由强制隔离戒毒场所代为保管。对于检查邮件，本条还特别规定，在检查邮件时，应当依法保护戒毒人员的通信自由和通信秘密。通信自由和通信秘密是包括戒毒人员在内的公民享有的宪法权利。《中华人民共和国宪法》第四十条规定："中华人民共和国公民的通信自由和通信秘密受法律的保护。除因国家安全或者追查刑事犯罪的需要，由公安机关或者检察机关依照法律规定的程序对通信进行检查外，任何组织或者个人不得以任何理由侵犯公民的通信自由和通信秘密。"根据这一规定，强制隔离戒毒场所的管理人员，不能仅仅为防止夹带毒品，而将强制隔离戒毒场所以外的人寄给戒毒人员的邮件予以退回或者截留等。对邮件进行防止夹带毒品的检查，也要注意使用不泄露通信内容的检查方法。

相关规定

《中华人民共和国宪法》第40条；《戒毒条例》第28条；《公安机关强制隔离戒毒所管理办法》第23—25条；《司法行政机关强制隔离戒毒工作规定》第20—25条

第四十七条　强制隔离戒毒的期限为二年。

执行强制隔离戒毒一年后，经诊断评估，对于戒毒情况良好的戒毒人员，强制隔离戒毒场所可以提出提前解除强制隔离戒毒的意见，报强制隔离戒毒的决定机关批准。

强制隔离戒毒期满前，经诊断评估，对于需要延长戒毒期限的戒毒人员，由强制隔离戒毒场所提出延长戒毒期限的意见，报强制隔离戒毒的决定机关批准。强制隔离戒毒的期限最长可以延长一年。

条文主旨

本条是关于强制隔离戒毒期限的规定。

立法背景

规定强制隔离戒毒的期限，主要是总结和借鉴国内外在戒毒治疗方面比较成熟的经验。针对不同的毒品，戒毒治疗的方法和规范也有所不同。根据国际上的通行做法，对于所有的毒品，戒毒治疗一般都分为三个阶段：一是急性脱毒阶段。这一阶段主要是通过生理治疗来减轻吸毒成瘾者的戒断症状，预防由于突然停药可能产生的身体健康问题。二是心理康复治疗阶段。这一阶段主要是对吸毒成瘾者进行心理治疗和行为矫治，包括帮助吸毒成瘾者树立信心、责任心，强化其戒毒动机；帮助其分析吸毒原因，提高自控能力，帮助其掌握一些应对技能；矫正其不良的行为习惯；对吸毒成瘾者脱毒后的失眠、焦虑、病痛等症状进行对症治疗等。三是回归社会阶段。需要采取强制隔离戒毒措施的，主要是在前两个阶段，因为在急性脱毒期戒毒人员有急性戒断症状，行为失控，需要在管理严格的封闭环境中进行；而心理康复治疗阶段，仍是对毒品敏感和戒毒比较困难的时期，为了强化戒毒效果，同时完全阻断毒品的来源，也需要进行隔离治疗。从医学观点看，急性脱毒阶段所需时间很短，一般在两周以内，而心理康复治疗阶段所需时间则因人而异，一般两年时间比较合适。因此，本条规定，强制隔离戒毒的期限一般为二年，并可以根据不同情况提前解除或者延长期限。

条文解读

一、关于强制隔离戒毒一般期限

根据本条第一款的规定，强制隔离戒毒的期限为二年。《戒毒条例》对这一期限的起算时间作了明确规定。《戒毒条例》第二十七条第一款规定，强制隔离戒毒的期限为二年，自作出强制隔离戒毒决定之日起计算。根据上述规定，自县级以上人民政府公安机关依照本法第三十八条的规定，对符合条件的吸毒成瘾人员决定强制隔离戒毒之日起，强制隔离戒毒措施的期限一律为二年。这样规定，主要是考虑戒毒治疗的心理康复治疗阶段一般需要二年时间比较合适。

强制隔离戒毒措施中“强制隔离”是手段，“戒毒”是目的。在强制隔离戒毒期间，强制隔离戒毒场所应当依法为强制隔离戒毒人员提供科学规范的戒毒治疗、心理治疗、身体康复训练和卫生、道德、法制教育，开展职业技能培训。对于强制隔离戒毒期间公安机关与司法行政机关的工作如何衔接以及二年的期限如何分配，有关的行政法规和部门规章作了明确规定。《戒毒条例》第二十七条中规定，被强制隔离戒毒的人员在公安机关的强制隔离戒毒场所执行强制隔离戒毒 3 个月至 6 个月后，转至司法行政机关的强制隔离戒毒场所继续执行强制隔离戒毒。执行上述规定不具备条件的省、自治区、直辖市，由公安机关和司法行政机关共同提出意见报省、自治区、直辖市人民政府决定具体执行方案，但在公安机关的强制隔离戒毒场所执行强制隔离戒毒的时间不得超过 12 个月。《公安机关强制隔离戒毒所管理办法》第六十二条规定，对需要转至司法行政机关强制隔离戒毒所继续执行强制隔离戒毒的人员，公安机关应当与司法行政机关办理移交手续。《司法行政机关强制隔离戒毒工作规定》第三条规定，司法行政机关强制隔离戒毒所对经公安机关作出强制隔离戒毒决定，在公安机关强制隔离戒毒场所执行三个月至六个月后，或者依据省、自治区、直辖市具体执行方案送交的强制隔离戒毒人员，依法执行强制隔离戒毒。实践中，公安机关和司法行政机关应严格执行上述规定，确保强制隔离戒毒工作的无缝衔接和顺利开展。

需要注意的是，强制隔离戒毒执行过程中可能会遇到较为复杂的情况，如戒毒人员患有严重疾病需要出所就医、戒毒人员脱逃等，对于发生这些特殊情况时，强制隔离戒毒期限如何计算，《戒毒条例》《公安机关强制隔离戒毒所管理办法》《司法行政机关强制隔离戒毒工作规定》对此作了明确规定。《戒毒条例》第三十一条中规定，强制隔离戒毒人员患严重疾病，不出所治疗可能危及生命的，经强制隔离戒毒场所主管机关批准，并报强制隔离戒毒决定机关备案，强制隔离戒毒场所可以允许其所外就医。所外就医期间，强制隔离戒毒期限连续计算。《公安机关强制隔离戒毒所管理办法》第四十六条中规定，戒毒人员患严重疾病，不出所治疗可能危及生命的，经强制隔离戒毒所主管公安机关批准，报强制隔离戒毒决定机关备案，强制隔离戒毒所可以允许其所外就医，并发给所外就医证明。所外就医期间，强制隔离戒毒期限连续计算。根据上述规定，戒毒人员经允许所外就医的，所外就医期间强制隔离戒毒期限连续计算。《戒毒条例》第三十二条规定，强制隔离戒毒人员脱逃的，强制隔离戒毒场所应当立即通知所在地县级人民政府公安机关，并配合公安机关追回脱逃人员。被追回的强制隔离戒毒人员应当继续执行强制隔离戒毒，脱逃期间不计入强制隔离戒毒期限。被追回的强制隔离戒毒人员不得提前解除强制隔离戒毒。《公安机关强制隔离戒毒所管理办法》第三十七条规定，强制隔离戒毒所发生戒毒人员脱逃的，应当立即报告主管公安机关，并配合追回脱逃人员。被追回的戒毒人员应当继续执行强制隔离戒毒，脱逃期间不计入强制隔离戒毒期限。被追回的戒毒人员不得提前解除强制隔离戒毒，诊断评估时可以作为建议延长其强制隔离戒毒期限的情节。《司法行政机关强制隔离戒毒工作规定》第三十一条规定，戒毒人员脱逃的，强制隔离戒毒所应当立即通知当地公安机关，并配合公安机关追回脱逃人员。被追回的戒毒人员应当继续执行强制隔离戒毒，脱逃期间不计入强制隔离戒毒期限。对被追回的戒毒人员不得报请提前解除强制隔离戒毒。根据上述规定，戒毒人员在强制隔离戒毒期间脱逃的，不仅脱逃期间不计入强制隔离戒毒期限，而且被追回后还不得提前解除强制隔离戒毒。

二、关于提前解除强制隔离戒毒

根据本条第二款的规定，执行强制隔离戒毒一年后，经诊断评估，对于戒毒情况良好的戒毒人员，强制隔离戒毒场所可以提出提前解除强制隔离戒毒的意见，报强制隔离戒毒的决定机关批准。戒毒治疗一般分为急性脱毒、心理康复治疗和回归社会三个阶段。对于前两个阶段，为了保证戒毒效果，完全阻断毒品的来源，有必要采取强制隔离戒毒。但心理康复治疗所需要的时间因人而异，一般需要两年，但有许多戒毒人员可能只需要更短的时间即可。对于这些戒毒人员，如果急性脱毒和心理康复治疗的治疗目的已经达到，戒毒效果良好，就应当及时解除强制隔离戒毒，以有利于戒毒人员更早地回归社会。但从戒毒规律来看，戒毒的期限不应过短，以防止其因戒毒效果未充分巩固而解除戒毒措施后复吸。因此，本法规定了提前解除戒毒措施时进行强制隔离戒毒的最短期限。根据本条的规定，提前解除强制隔离戒毒必须是在执行强制隔离戒毒一年后。强制隔离戒毒执行未满一年的，不得提前解除。

对于如何进行诊断评估，《戒毒条例》作了原则性规定。《戒毒条例》第三十五条规定，强制隔离戒毒诊断评估办法由国务院公安部门、司法行政部门会同国务院卫生行政部门制定。2013 年 9 月，公安部、司法部、国家卫计委共同印发了《强制隔离戒毒诊断评估办法》。根据该办法的规定，诊断评估由强制隔离戒毒所实施，县级以上人民政府公安机关、司法行政部门、卫生计生行政部门在各自职责范围内对诊断评估工作进行监督和指导；诊断评估的内容包括生理脱毒评估、身心健康评估、行为表现评估、社会环境与适应能力评估；各项评估内容有具体明确的评估标准。对于各项评估内容均达到评估标准的戒毒人员，强制隔离戒毒所可以提出提前解除强制隔离戒毒的意见。同时，该办法对不得提出提前解除强制隔离戒毒意见的情形也作了明确规定。该办法第十三条规定："对具有下列情形之一的戒毒人员，不得提出提前解除强制隔离戒毒的意见：（一）拒不交代真实身份和住址的；（二）脱逃被追回或者有自伤自残行为的；（三）所外就医、探视、请假外出等期间或者回所时毒品检测结果呈阳性或者拒绝接受毒品检测的；（四）被责令社区康复的人员拒绝社区康复或者严重违反社区康复协议，因再次吸食、注射毒品被决定强制隔离戒毒的；（五）其他不宜提前解除强制隔离解毒的。"实践中，有关部门和强制隔离戒毒所应当严格依照该办法的规定规范开展诊断评估工作，科学评价戒毒效果，既要实现帮助戒毒人员戒除毒瘾的目的，也要有效保障戒毒人员的合法权益。

根据本条第二款的规定，提前解除强制隔离戒毒的程序是先由强制隔离戒毒所进行诊断评估；符合提前解除条件的，由强制隔离戒毒所提出提前解除强制隔离戒毒的意见，并报强制隔离戒毒的决定机关批准。《强制隔离戒毒诊断评估办法》对这一程序作了进一步的细化。根据该办法的规定，执行强制隔离戒毒一年后，强制隔离戒毒所应当对戒毒人员进行综合诊断评估。强制隔离戒毒所诊断评估办公室应当采取查看戒毒人员诊断评估材料、与戒毒人员谈话、进行相关测试和社会调查等方式开展诊断评估工作，形成诊断评估报告。强制隔离戒毒所应当将诊断评估结果向戒毒人员公示三日以上。戒毒人员本人或者他人向强制隔离戒毒所提出异议的，诊断评估办公室应当给予解释或者答复。对解释或者答复仍有异议的，七日内可以向强制隔离戒毒所所属机关的强制隔离戒毒诊断评估指导委员会提出复核要求。诊断评估结果经公示并按有关规定审核后，强制隔离戒毒所提出提前解除强制隔离戒毒意见，连同其他相关材料一并报强制隔离戒毒决定机关批准。强制隔离戒毒决定机关自收到提前解除强制隔离戒毒意见之日起七日内，作出是否批准的决定。

三、关于延长强制隔离戒毒期限

根据本条第三款的规定，强制隔离戒毒期满前，经诊断评估，对于需要延长戒毒期限的戒毒人员，由强制隔离戒毒场所提出延长戒毒期限的意见，报强制隔离戒毒的决定机关批准。强制隔离戒毒的期限最长可以延长一年。考虑到对戒毒人员进行心理康复治疗所需要的时间因人而异，对于有的吸毒成瘾严重的人员，可能会需要多于两年的时间。对于这些戒毒人员，如果在强制隔离戒毒期间，对其进行心理康复治疗的目的还没有达到，戒毒效果较差，从对戒毒人员负责的角度出发，对强制隔离戒毒的期限予以适当延长很有必要。但强制隔离戒毒毕竟限制了戒毒人员的人身自由，延长强制隔离戒毒期限也不能没有限度。根据上述考虑，本条对延长强制隔离戒毒期限作了规定，并规定强制隔离戒毒的期限最长可以延长一年，即执行强制隔离戒毒最长可达三年。这里所规定的“诊断评估”内容、标准和程序等与提前解除强制隔离戒毒的“诊断评估”是一致的，都要依照《强制隔离戒毒诊断评估办法》进行。

相关规定

《戒毒条例》第 20 条、第 27 条、第 31 条、第 32 条；《公安机关强制隔离戒毒所管理办法》第37条、第46条、第62条；《司法行政机关强制隔离戒毒工作规定》第3条、第31条；《强制隔离戒毒诊断评估办法》

第四十八条 对于被解除强制隔离戒毒的人员，强制隔离戒毒的决定机关可以责令其接受不超过三年的社区康复。

社区康复参照本法关于社区戒毒的规定实施。

条文主旨

本条是关于被解除强制隔离戒毒人员接受社区康复的规定。

立法背景

规定对被解除强制隔离戒毒人员的社区康复，是对国内外在戒毒治疗方面比较成熟的经验和做法的总结和借鉴。根据国际上的通行做法，对吸毒成瘾的戒毒治疗一般都分为三个阶段：急性脱毒阶段、心理康复治疗阶段和回归社会阶段。回归社会阶段是戒毒治疗过程中的一个重要阶段。这是因为，戒毒能否成功，除戒毒人员本人的意愿和意志力外，其周围环境非常关键。从实践情况看，戒毒人员回到社区后，如果受到歧视，在工作、生活等方面遇到许多难以解决的困难，就很容易走上复吸的道路。与之相反，戒毒人员在回到社区后，如果能及时获得必要的帮助，及时得到他人的关心，戒毒成功的可能性就大大提高。戒毒治疗要按科学规律办事，三个阶段不能割裂，要形成“无缝衔接”，不能只管其中一段或者两段而忽略另一段，否则很难达到戒毒的预期效果。特别是回归社会后，要完善后续配套措施，以巩固戒毒效果。禁毒法规定社区康复措施，是总结多年实践经验的结果。在制定禁毒法以前，实践中，许多地方就发展和推广了基层组织的社会帮教戒毒措施，其对象主要是解除强制戒毒的人员，通过社会帮教戒毒来巩固戒毒效果，防止复吸。实践中，一些地方建立了强制性戒毒措施和基层组织社会帮教戒毒工作的衔接机制，凡是强制戒毒的出所人员，都纳入社会帮教体系。社会帮教戒毒由乡镇人民政府或者街道办事处组织实施，主要依靠基层的党支部、公安派出所、居民委员会、村民委员会、共青团、民兵组织等，动员各方面的力量，运用签订帮教责任书、谈心走访、就业培训指导、帮助解决生活困难、定期尿检等多种方法对解除戒毒措施的人员进行帮教，有的地方还在社区建立了吸毒人员帮教中心。在帮教戒毒工作中，戒毒人员的家属发挥了十分重要的作用。帮教期限一般为三年，帮教措施也从紧到松，根据不同阶段采取不同的帮教办法。制定禁毒法时，总结戒毒治疗的科学规律和各地在社会帮教戒毒工作方面的实践经验，规定了对戒毒人员的社区康复措施。

条文解读

本条第一款是关于责令被解除强制隔离戒毒人员接受社区康复的规定。根据本款的规定，对于被解除强制隔离戒毒的人员，强制隔离戒毒的决定机关可以责令其接受不超过三年的社区康复。需要注意的是，本款规定的是“可以责令”而不是一律责令。即是否责令戒毒人员进行社区康复，应根据戒毒人员在强制隔离戒毒期间的戒毒情况而定。实践中，被责令社区康复的戒毒人员包括三类：一是执行强制隔离戒毒一年后，经诊断评估，戒毒情况良好，提前解除强制隔离戒毒措施后，有必要进行社区康复以观后效的人员；二是执行强制隔离戒毒二年期满，解除强制隔离戒毒措施后，有必要继续进行社区康复的人员；三是先被执行强制隔离戒毒二年，又经法定程序延长一年，解除强制隔离戒毒措施后，仍有必要进行社区康复的人员。这里所规定的"强制隔离戒毒的决定机关"，是指对该戒毒人员决定强制隔离戒毒的县级以上人民政府公安机关。社区康复的最长期限为三年，公安机关在责令戒毒人员接受社区康复时，可以根据戒毒人员在强制隔离戒毒期间的表现、接受戒毒治疗的效果及其回归社会后的家庭、社会环境等因素，确定其接受社区康复的具体期限。

本条第二款是关于如何实施对被解除强制隔离戒毒人员的社区康复的规定。本法第三十三条至第三十五条规定了对吸毒成瘾人员的社区戒毒措施。社区戒毒措施与社区康复措施在适用对象和适用时间上不同。社区戒毒措施适用于初次发现的吸毒成瘾不太严重的吸毒人员，吸毒人员被责令接受社区戒毒的，只有在其拒绝社区戒毒、在社区戒毒期间吸食、注射毒品、严重违反社区戒毒协议或者经社区戒毒后再次吸食、注射毒品的，才予以强制隔离戒毒；而社区康复则适用于被解除强制隔离戒毒的人员，对于被解除强制隔离戒毒的人员，除根据本法第四十九条的规定自愿在戒毒康复场所生活、劳动的以外，公安机关可以责令其接受社区康复。但社区戒毒和社区康复在执行主体、目的及方法上基本是相同的。根据本款的规定，对戒毒人员一般也在户籍所在地接受社区康复；在户籍所在地以外的现居住地有固定住所的，可以在现居住地接受社区康复。社区康复工作也由城市街道办事处、乡镇人民政府负责。戒毒条例对社区康复的执行主体和执行地点又作了进一步明确。根据《戒毒条例》第三十七条、第三十八条、第三十九条的规定，社区康复在当事人户籍所在地或者现居住地乡（镇）人民政府、城市街道办事处执行，经当事人同意，也可以在戒毒康复场所中执行。被责令接受社区康复的人员，应当自收到责令社区康复决定书之日起15日内到户籍所在地或者现居住地乡（镇）人民政府、城市街道办事处报到。城市街道办事处、乡镇人民政府可以指定有关基层组织，根据戒毒人员本人和家庭情况，与戒毒人员签订社区康复协议，落实有针对性的社区康复措施。公安机关和司法行政、卫生行政、民政等部门应当对社区康复工作提供指导和协助。城市街道办事处、乡镇人民政府，以及县级人民政府劳动行政部门对无职业且缺乏就业能力的戒毒人员，应当提供必要的职业技能培训、就业指导和就业援助。同时，根据《戒毒条例》第三十九条的规定，负责社区康复工作的人员应当为社区康复人员提供必要的心理治疗和辅导、职业技能培训、职业指导以及就学、就业、就医援助。接受社区康复的戒毒人员应当遵守法律、法规，自觉履行社区康复协议，并根据公安机关的要求，定期接受检测。对违反社区康复协议的戒毒人员，参与社区康复的工作人员应当进行批评、教育；对严重违反社区康复协议或者在社区康复期间又吸食、注射毒品的，应当及时向公安机关报告。

需要注意的是，《戒毒条例》对拒绝接受社区康复或者严重违反社区康复协议的后果作了进一步的明确规定。《戒毒条例》第三十八条第二款规定，被责令接受社区康复的人员拒绝接受社区康复或者严重违反社区康复协议，并再次吸食、注射毒品被决定强制隔离戒毒的，强制隔离戒毒不得提前解除。根据上述规定，被责令社区康复的人员如因法定情形被再次决定强制隔离戒毒的，对其一律不得提前解除。此外，《戒毒条例》还对戒毒康复场所的责任和义务作了明确。根据《戒毒条例》第四十一条、第四十二条的规定，戒毒康复场所应当配备必要的管理人员和医务人员，为戒毒人员提供戒毒康复、职业技能培训和生产劳动条件。戒毒康复场所应当加强管理，严禁毒品流入，并建立戒毒康复人员自我管理、自我教育、自我服务的机制。戒毒康复场所组织戒毒人员参加生产劳动，应当参照国家劳动用工制度的规定支付劳动报酬。

相关规定

《戒毒条例》第38—41条

第四十九条　县级以上地方各级人民政府根据戒毒工作的需要，可以开办戒毒康复场所；对社会力量依法开办的公益性戒毒康复场所应当给予扶持，提供必要的便利和帮助。

戒毒人员可以自愿在戒毒康复场所生活、劳动。戒毒康复场所组织戒毒人员参加生产劳动的，应当参照国家劳动用工制度的规定支付劳动报酬。

条文主旨

本条是关于戒毒康复场所的规定。

立法背景

吸毒成瘾者的戒断巩固问题是一个世界性难题。多年来，我国绝大多数海洛因成瘾者的复吸率很高，陷入了戒毒、复吸、再戒毒、再复吸的恶性循环，直接影响了禁毒工作的成效。为有效解决戒毒人员复吸率高的问题，近年来，各地有关部门进行了创新性探索，积累了一些成功经验，其中就包括创办戒毒康复场所的做法。最早是由云南省、海南省、宁夏回族自治区等省区的部分强制戒毒所积极拓展康复功能，开办戒毒康复场所。戒毒康复场所以自愿为前提、康复为中心、生产为平台、教育为手段、医疗为保障、回归为目标，通过为戒毒期满后自愿留所和返所人员提供就业岗位的方式，安置了一批戒毒人员。有的戒毒康复场所还利用自身优势，积极与企业合作，最大限度向戒毒人员提供培训和就业岗位。通过这种方式，最大限度帮助戒毒人员巩固了戒毒成果，有效降低了复吸率，得到了戒毒人员及其家属的热烈欢迎，也得到了社会各界的广泛认可。与此同时，一些社会有识之士也怀着对禁毒事业的满腔热情，积极兴办戒毒康复场所或者利用开办的工厂企业，接收安置了一批戒毒人员，解决了他们的生活、就业问题，为戒毒康复事业做出了积极贡献。实践证明，建设戒毒康复场所是有效解决戒毒人员复吸问题、深化禁毒人民战争的一项重要举措。

条文解读

本条第一款是关于政府开办戒毒康复场所和社会力量依法开办公益性戒毒康复场所的规定。根据本款的规定，戒毒康复场所可以由县级以上地方各级人民政府根据戒毒工作的需要开办，也可以由社会力量开办，根据自愿原则，接收被依法解除强制隔离戒毒措施的戒毒人员在场所内生活、劳动，并接受戒毒康复治疗。对于社会力量依法开办公益性戒毒康复场所的，县级以上地方各级人民政府应当给予扶持，提供必要的便利和帮助，包括在开办手续、场地选择和经营过程中提供便利，帮助解决在开办和经营过程中遇到的各种困难等。需要指出的是，本法第四十八条第一款规定，对于被解除强制隔离戒毒的人员，强制隔离戒毒的决定机关可以责令其接受不超过三年的社区康复。戒毒康复场所接收的也是被解除强制隔离戒毒的人员，因此对于被解除强制隔离戒毒的戒毒人员自愿到戒毒康复场所生活、劳动的，强制隔离戒毒的决定机关一般就不需要再责令其接受社区康复。

本条第二款是关于戒毒人员自愿在戒毒康复场所生活、劳动及参加生产劳动的劳动报酬的规定。本款共规定了两个方面的内容：一是戒毒人员可以自愿在戒毒康复场所生活、劳动。这一规定强调的是戒毒人员在戒毒康复场所生活、劳动的自愿性。戒毒康复场所的戒毒康复既不属于处罚，也不属于行政强制措施，因此不能强制或者责令戒毒人员到戒毒康复场所生活、劳动。从实践情况看，通过问卷调查，戒毒人员的家庭成员对戒毒康复场所的支持率接近百分之百，在戒毒人员中，也有约三分之一愿意接受这种康复形式。二是戒毒康复场所组织戒毒人员参加生产劳动的，应当参照国家劳动用工制度的规定支付劳动报酬。戒毒人员在戒毒康复场所参加生产劳动，既可以将参加劳动作为戒毒康复的一个有效的辅助手段，也可以通过参加劳动领取劳动报酬来获得治疗和生活的费用。参加生产劳动还可以帮助戒毒人员提高劳动技能，树立成功戒毒和回归社会的信心，从而为其最终离开戒毒康复场所回到社会中生活做充分的准备。因此，戒毒康复场所都要为戒毒人员提供生活和劳动条件。同时，戒毒人员是自愿到戒毒康复场所参加生活、劳动的，其与戒毒康复场所之间的劳动关系主要是合同性质的，戒毒康复场所应当根据其劳动的数量和质量，参照国家劳动用工制度的规定支付劳动报酬。

相关规定

《中华人民共和国劳动法》第46条、第50条

第五十条　公安机关、司法行政部门对被依法拘留、逮捕、收监执行刑罚以及被依法采取强制性教育措施的吸毒人员，应当给予必要的戒毒治疗。

条文主旨

本条是关于对被依法剥夺人身自由的吸毒人员给予戒毒治疗的规定。

立法背景

禁毒法规定的社区戒毒和强制隔离戒毒，都是针对除吸毒、注射毒品外，没有发现有其他违法犯罪行为的吸毒成瘾人员。司法实践中，因为吸毒、注射毒品而引发违法犯罪行为的情况很多。有许多“瘾君子”由于吸毒、注射毒品花销很大，本人又由于吸食、注射毒品导致精神萎靡、健康受损，有的失去工作或者丧失其他收入来源，有些“瘾君子”则产生破罐子破摔的心理，从而走上违法犯罪的道路。从各地情况看，因毒品诱发的抢劫、盗窃、诈骗、卖淫、赌博等刑事、治安案件大量发生。有些地方还存在吸毒者“以贩养吸”的情况。吸毒人员虽然同时也是病人和受害者，但对于吸毒人员的违法犯罪行

为，公安司法机关仍要依法追究其法律责任。与此同时，对于因违法犯罪行为被公安司法机关依法追究责任、限制人身自由的人，国家本着人道主义精神和负责的态度，为了治病救人，防止吸毒人员因为毒瘾发作等原因而受到伤害，也要对其给予必要的戒毒治疗。

条文解读

本条规定的主体是依法执行拘留、逮捕、收监执行刑罚和执行强制性教育措施的公安机关、司法行政部门。这里所规定的“拘留”，包括治安管理处罚法规定的行政拘留和刑事诉讼法规定的刑事拘留。其中，行政拘留是短期内剥夺违反治安管理处罚法行为人的人身自由的一种处罚，是对自然人最严厉的一种治安管理处罚。治安管理处罚法关于拘留处罚的幅度的规定，一般分为五日以下、五日以上十日以下、十日以上十五日以下。拘留处罚由县级以上人民政府公安机关决定。对被决定给予行政拘留处罚的人，在处罚决定生效后，由作出拘留决定的公安机关送达拘留所执行。需要注意的是，这里所说的行政拘留，包括因吸食、注射毒品行为而予以的行政拘留处罚。根据《中华人民共和国治安管理处罚法》第七十二条的规定，吸食、注射毒品属于违反治安管理的行为，处十日以上十五日以下拘留，可以并处二千元以下罚款；情节较轻的，处五日以下拘留或者五百元以下罚款。这里所说的刑事拘留，是公安机关在紧急情况下，对现行犯或者重大嫌疑分子采取的依法剥夺其人身自由的强制措施。刑事拘留不是一种处罚，其目的是及时抓获现行犯和重大嫌疑分子，保证侦查工作顺利进行，及时取得罪证，查明案情，防止新的社会危险发生。刑事拘留由公安机关执行。这里所规定的“逮捕”，是指刑事诉讼法规定的逮捕强制措施。《中华人民共和国刑事诉讼法》第八十条规定：“逮捕犯罪嫌疑人、被告人，必须经过人民检察院批准或者人民法院决定，由公安机关执行。”第八十一条规定：“对有证据证明有犯罪事实，可能判处徒刑以上刑罚的犯罪嫌疑人、被告人，采取取保候审尚不足以防止发生下列社会危险性的，应当予以逮捕：（一）可能实施新的犯罪的；（二）有危害国家安全、公共安全或者社会秩序的现实危险的；（三）可能毁灭、伪造证据，干扰证人作证或者串供的；（四）可能对被害人、举报人、控告人实施打击报复的；（五）企图自杀或者逃跑的。……对有证据证明有犯罪事实，可能判处十年有期徒刑以上刑罚的，或者有证据证明有犯罪事实，可能判处徒刑以上刑罚，曾经故意犯罪或者身份不明的，应当予以逮捕。被取保候审、监视居住的犯罪嫌疑人、被告人违反取保候审、监视居住规定，情节严重的，可以予以逮捕。”这里所规定的“收监执行刑罚”，是指依照刑事诉讼法和监狱法的有关规定，由监狱对被判处死刑缓期二年执行、无期徒刑、有期徒刑的罪犯执行刑罚。对于被判处有期徒刑的罪犯，在被交付执行刑罚前，剩余刑期在三个月以下，由看守所代为执行的，以及对被判处拘役的罪犯在拘役所或者看守所中执行刑罚的，也属于这里所规定的“收监执行刑罚”。对于本条规定的被依法剥夺人身自由的吸毒人员，公安机关、司法行政部门应当参照有关戒毒治疗的规定，给予其必要的戒毒治疗。

需要注意的问题是，如何做好戒毒措施与拘留、逮捕、收监执行刑罚等措施的衔接。根据本条的规定，对于吸毒人员未在社区戒毒或者强制隔离戒毒期间，因法定情形而被拘留、逮捕或者收监执行刑罚的，均应由相应的公安机关、司法行政部门给予必要的戒毒治疗。对于吸毒人员在社区戒毒或者强制隔离戒毒期间，又因法定情形而被拘留、逮捕或者收监执行刑罚的情形，如何做好戒毒措施与拘留等措施衔接，有关行政法规和部门规章等对此作了明确。《戒毒条例》第二十四条规定，社区戒毒人员被依法收监执行刑罚、采取强制性教育措施的，社区戒毒终止。社区戒毒人员被依法拘留、逮捕的，社区戒毒中止，由羁押场所给予必要的戒毒治疗，释放后继续接受社区戒毒。《公安机关强制隔离戒毒所管理办法》第六十五条规定，戒毒人员被依法收监执行刑罚、采取强制性教育措施或者被依法拘留、逮捕的，强制隔离戒毒所应当根据有关法律文书，与相关部门办理移交手续，并通知强制隔离戒毒决定机关。监管场所、羁押场所应当给予必要的戒毒治疗。刑罚执行完毕时、解除强制性教育措施时或者释放时强制隔离戒毒尚未期满的，继续执行强制隔离戒毒。《司法行政机关强制隔离戒毒工作规定》第六十一条规定，戒毒人员被依法收监执行刑罚或者依法拘留、逮捕的，强制隔离戒毒所应当根据有关法律文书，与相关部门办理移交手续，并通知强制隔离戒毒决定机关；戒毒人员被依法释放时强制隔离戒毒尚未期满的，继续执行强制隔离戒毒。

相关规定

《中华人民共和国治安管理处罚法》第 10 条、第 21 条、第 72 条、第 76 条、第 91 条、第 103 条、第 107 条；《中华人民共和国刑事诉讼法》第 80 条、第 81 条；《中华人民共和国监狱法》第 15 条、第 16 条；《戒毒条例》第 21 条；《公安机

关强制隔离戒毒所管理办法》第 65 条；《司法行政机关强制隔离戒毒工作规定》第 61 条

第五十一条　**省、自治区、直辖市人民政府卫生行政部门会同公安机关、药品监督管理部门依照国家有关规定，根据巩固戒毒成果的需要和本行政区域艾滋病流行情况，可以组织开展戒毒药物维持治疗工作。**

条文主旨

本条是关于开展戒毒药物维持治疗工作的规定。

立法背景

生物医学和心理学的研究发现，吸毒已被证明是一种极易复发的慢性疾病。因此，对吸毒者的治疗是长期和困难的，并常常会出现反复，需要采取长期的药物维持治疗。同时，近年来，随着艾滋病、乙肝、丙肝等传染病在吸毒人群中的迅速传播，为了尽快控制艾滋病在吸毒人群中的传播，减轻吸毒者对海洛因的依赖和减少与毒品有关的违法犯罪，我国在部分地区的吸毒人群中开展了美沙酮维持治疗试点门诊，通过较长时期或长期服用美沙酮来处理海洛因成瘾，并同时配合心理治疗、行为干预等综合措施，以最终达到减少毒品危害和需求的目的。卫生部门和参加治疗的戒毒人员都反映，美沙酮维持治疗可以使人免受戒断症状的困扰，减少复吸率，尤其是减少因注射毒品感染艾滋病的机会。而且，药物替代治疗的费用与购买海洛因的费用相差巨大，也有利于避免吸毒人员为获取毒资而引发其他违法犯罪活动。因此，本条对开展戒毒药物维持治疗工作作出了相应的规定。

条文解读

本条规定有两层含义：一是开展戒毒药物维持治疗工作由省、自治区、直辖市人民政府卫生行政部门会同公安机关、药品监督管理部门来进行，其他任何部门或者单位都无权开展这项工作。这主要是考虑到，从医学角度而言，戒毒人员属于慢性疾病患者，需要药物和心理等诸多方面的治疗；戒毒药物也属于药物范畴，并且是国家严格管制的药物，有其严格的临床应用等程序和要求，而现实中，上述工作职能主要是由卫生行政部门负责的，因此本条对开展戒毒药物维持治疗工作的主体予以了相应的明确。

二是开展戒毒药物维持治疗工作的前提是依照国家有关规定，根据巩固戒毒成果的需要和本行政区域艾滋病流行情况的需要。这里的“国家有关规定”，是指《中华人民共和国治安管理处罚法》《公共场所卫生管理条例》《艾滋病防治条例》《戒毒医疗服务管理暂行办法》《戒毒药物维持治疗工作管理办法》等有关戒毒治疗、防治、戒毒药物的临床应用等方面的法律、法规、规章等。根据《艾滋病防治条例》的规定，艾滋病，是指人类免疫缺陷病毒（艾滋病病毒）引起的获得性免疫缺陷综合征。它是由艾滋病病毒（HIV，也称为“人类免疫缺陷病毒”）引起的一种严重传染病。这种病毒专门破坏我们身体的免疫系统（抵抗力）。当一个人受到艾滋病病毒感染后，其免疫系统就遭到破坏，就容易发生各种难以治愈的感染和肿瘤，最终导致死亡。毒品会严重摧残人体的健康，吸食、注射毒品直接破坏人体的免疫功能，降低人体对疾病的抵抗能力。吸毒人员由于共用针管、针头注射毒品，一旦其中有人感染艾滋病，这些注射器就成为将艾滋病病毒传播给别人的“通道”。在静脉注射毒品时，吸毒人员就会在不知不觉中感染艾滋病病毒。因此，戒除毒瘾、停止注射毒品是减少传播艾滋病的有效措施。

从各地的戒毒实践看，戒毒方式主要有：（1）自然戒断法，又称冷火鸡法或干戒法。这是指强制中断吸毒者的毒品供给，仅提供饮食与一般性照顾，使其戒断症状自然消退而达到脱毒目的的一种戒毒方法。其特点是不给药，缺点是较痛苦。（2）药物戒断法，又称药物脱毒治疗。这是指给吸毒者服用戒断药物，以替代、递减的方法，减缓、减轻吸毒者戒断症状的痛苦，逐渐达到脱毒目的的一种戒毒方法。其特点是使用维持性药物脱毒。（3）非药物戒断法。这是指用针灸、理疗仪等，减轻吸毒者戒断症状反应的一种戒毒方法。其特点是通过辅助手段和“心理暗示”的方法减轻吸毒者戒断症状痛苦，达到脱毒目的；缺点是时间长，巩固不彻底。而本条所提及的“戒毒药物维持治疗”，即上述第二种戒毒方式。对吸毒成瘾者的药物维持治疗是指在批准开办戒毒治疗业务的医疗卫生机构中，选用合适的药物替代毒品，并通过逐步减少药量，减轻吸毒人员对毒品的依赖，减少因注射毒品而引起的艾滋病病毒等传染病的感染和扩散，减少毒品成瘾引起的疾病、死亡和引发的犯罪。

根据《戒毒药物维持医疗工作管理办法》的相关规定，戒毒药物维持治疗主要是指美沙酮维持治疗。美沙酮是合成的麻醉性镇痛药，从属性上讲，其本身就是毒品。其化学结构与吗啡相差很远，但药理作用却与吗啡非常相似。美沙酮的盐酸盐为无色或白色结晶粉末，无嗅、味苦，溶于水，常见形式有片剂，临床上用作镇痛，成瘾性较吗啡小。美沙酮维持治疗法，实际上是一种替代和递减法的综合药物脱毒治疗方法，在国外使用的比较普遍。即在戒毒者进行脱毒治疗、消除戒断症状后，定期给戒毒者以限量的美沙酮进行维持，防止和减轻戒毒者产生的对毒品的强烈需求。与其他戒断药物相比，美沙酮具有对戒断症状控制显著，脱毒治疗成功率高，可以口服，一次用药能维持 24 小时的临床效应等优点。通过长期持续的治疗，可以改变病人的高危行为和恢复病人的社会能力。实践表明，美沙酮维持治疗法不仅能够防止疾病的传播，还能有效降低因滥用毒品造成的违法犯罪行为，并改善和恢复吸毒人员的社会能力。国际经验表明，美沙酮维持治疗法是控制海洛因成瘾者毒品滥用和艾滋病等疾病经吸毒传播最有效的干预措施之一。

2014 年 12 月，国家卫生和计划生育委员会（已撤销）、公安部、国家食品药品监督管理总局（已撤销）共同发布了《戒毒药物维持治疗工作管理办法》，对戒毒药物维持医疗工作开展的指导原则、组织管理、机构人员、药品管理、维持治疗等作了全面系统的规定。根据该管理办法的规定，国家卫生和计划生育委员会同公安部、国家食品药品监督管理总局组织协调、监测评估与监督管理全国的维持治疗工作。国家卫生和计划生育委员会根据全国艾滋病防治工作需要和各省级卫生计生行政部门上报的维持治疗工作计划，确定各省（区、市）工作任务。省级卫生计生行政部门会同同级公安、食品药品监管等有关部门制订本辖区的维持治疗工作规划，开展组织协调、监测评估等工作。省级卫生计生行政部门负责本辖区维持治疗工作的审批，组织维持治疗机构的专业人员培训，并对维持治疗工作进行监督管理与技术指导。省级公安机关负责本辖区治疗人员信息的备案登记工作。省级食品药品监管部门负责辖区内维持治疗药品配制单位的审核和确定，维持治疗药品配制、供应的监督管理工作，对治疗人员开展药物滥用监测工作。省级卫生计生行政部门会同同级公安机关、食品药品监管部门，根据本辖区内现有阿片类物质成瘾者分布状况和需求，结合辖区内现有医疗卫生资源分布状况，规划维持治疗机构的数量和布局，并可以根据情况变化进行调整。医疗机构拟开展维持治疗工作的，应当将书面申请材料提交执业登记机关，由其将书面材料报省级卫生计生行政部门批准。省级卫生计生行政部门应当根据本辖区的维持治疗工作规划、本办法及有关规定进行审查，自受理申请之日起20个工作日内，作出批准或者不予批准的决定，并书面告知申请人。批准前，应当征求同级公安机关及食品药品监管部门意见。被批准开展维持治疗工作的医疗机构，应当在省级卫生计生行政部门批准后，及时向同级公安机关备案。省级卫生计生行政部门应当将有关信息通报同级公安机关、食品药品监管部门。省级卫生计生、公安、食品药品监管等部门应当分别报上一级行政部门备案。维持治疗使用的药品为盐酸美沙酮口服溶液（规格：1mg/ml，5000ml/瓶）。维持治疗需要使用其他药品时，由国家卫生和计划生育委员会同公安部和国家食品药品监管总局确定并公布。配制盐酸美沙酮口服溶液的原料药实行计划供应，由维持治疗药品配制单位根据实际情况提出需用计划，经国家食品药品监管总局核准后执行。年龄在18周岁以上、有完全民事行为能力的阿片类物质成瘾者，可以按照自愿的原则申请参加维持治疗。18周岁以下的阿片类物质成瘾者，采取其他戒毒措施无效且经其监护人书面同意，可以申请参加维持治疗。符合维持治疗条件的社区戒毒、社区康复人员，经乡（镇）、街道社区戒毒、社区康复工作机构同意，可以向维持治疗机构申请参加维持治疗。维持治疗机构除为治疗人员提供维持治疗外，还需开展以下工作：(1) 开展禁毒和防治艾滋病法律法规宣传；(2) 开展艾滋病、丙型肝炎、梅毒等传染病防治和禁毒知识宣传；(3) 提供心理咨询、心理康复及行为矫治等工作；(4) 开展艾滋病、丙型肝炎、梅毒和毒品检测；(5) 协助相关部门对艾滋病病毒抗体阳性治疗人员进行随访、治疗和转介；(6) 协助食品药品监管部门开展治疗人员药物滥用的监测工作。国家卫生和计划生育委员会、公安部和国家食品药品监管总局定期组织开展全国维持治疗工作的监督管理、督导和考核评估工作。

相关规定

《戒毒药物维持治疗工作管理办法》

第五十二条　戒毒人员在入学、就业、享受社会保障等方面不受歧视。有关部门、组织和人员应当在入学、就业、享受社会保障等方面对戒毒人员给予必要的指导和帮助。

条文主旨

本条是关于戒毒人员在入学、就业、享受社会保障等方面不受歧视的规定。

立法背景

在戒毒工作的实践中，经常出现戒毒人员在入学、就业、享受社会保障等方面受到歧视的现象。这些行为的存在，客观上严重影响了戒毒人员与毒瘾抗争的决心和回归社会的信心，使戒毒效果出现倒退。为切实保障戒毒人员的基本权利，本法对戒毒人员在入学、就业、享受社会保障等方面享有平等权利作出了专门的规定。

条文解读

本条有两层含义：一是戒毒人员在入学、就业、享受社会保障等方面不受歧视。吸毒者是社会中的一种特殊群体，从法律的角度看，吸毒行为违反治安管理处罚法以及相关法律规定，并且在客观上还会诱发多种违法犯罪行为，所以吸毒人员是违法者。从医学的角度看，吸毒成瘾的人大脑神经功能受到严重损伤，是一种顽固的反复发作的脑部疾病，所以吸毒成瘾者又是脑疾病患者。从社会学角度看，吸毒成瘾对身体上、心理上都造成严重损害。毒瘾发作时，吸毒人员痛苦不堪，有的吸毒人员甚至行为失控。所以从这些方面来看，吸毒人员具有违法者、病人和受害者三重身份。因此，要正确地对待吸毒者，既不能把吸毒者看作犯罪分子，不能歧视他们，又要区别于一般的病人，对其予以严格管理，依法科学戒毒。

戒毒人员不受歧视，主要体现在入学、就业、享受社会保障等方面。(1）关于入学方面。根据宪法及义务教育法的规定，义务教育是国家统一实施的所有适龄未成年人必须接受的教育，是国家必须予以保障的公益性事业。作为戒毒人员，如果是适龄未成年人，则有权利不受歧视地接受义务教育。而各级人民政府及其有关部门应当履行本法规定的各项职责，保障适龄儿童、少年接受义务教育的权利。如果是即将接受高等教育的，还需要保障其入学不受歧视。(2) 关于就业方面。根据就业促进法的规定，劳动者依法享有平等就业和自主择业的权利。劳动者就业，不因民族、种族、性别、宗教信仰等不同而受歧视。作为劳动者，戒毒人员与其他人员一样享有上述权利。(3) 关于社会保障方面。根据社会保险法及有关法律法规的规定，基本养老保险费的征缴范围包括：国有企业、城镇集体企业、外商投资企业、城镇私营企业和其他城镇企业及其职工，实行企业化管理的事业单位及其职工。基本医疗保险费的征缴范围包括：国有企业、城镇集体企业、外商投资企业、城镇私营企业和其他城镇企业及其职工，国家机关及其工作人员，事业单位及其职工，民办非企业单位及其职工，社会团体及其专职人员。失业保险费的征缴范围包括：国有企业、城镇集体企业、外商投资企业、城镇私营企业和其他城镇企业及其职工，事业单位及其职工。各省、自治区、直辖市人民政府根据当地实际情况，可以规定将城镇个体工商户纳入基本养老保险、基本医疗保险的范围，并可以规定将社会团体及其专职人员、民办非企业单位及其职工以及有雇工的城镇个体工商户及其雇工纳入失业保险的范围。戒毒人员如果具有上述规定的单位职工身份，则其社会保险与其他职工一样享有同等的保障。

二是有关部门、组织和人员应当在入学、就业、享受社会保障等方面对戒毒人员给予必要的指导和帮助。

为了提高戒断巩固率、降低复吸率，本法也规定了国家采取各种措施帮助吸毒人员戒除毒瘾，教育和挽救吸毒人员，已经明确了地方各级人民政府特别是乡镇人民政府、城市街道办事处的帮教责任。同时，根据本条的规定，教育部门对适龄的戒毒人员入学时要提供必需的咨询和服务，对其进入高等院校深造时，还要为其予以相应的指导，以促使其接受义务教育或者完成高等教育；劳动行政部门对无职业且缺乏就业能力的戒毒人员，应当提供必要的职业技能培训、就业指导和就业援助，并根据其具体情况，提供社会保险服务，解除其后顾之忧。

相关规定

《中华人民共和国义务教育法》第 2 条、第 4 条、第 5 条；《中华人民共和国就业促进法》第 3 条、第 25 条；《社会保险费征缴暂行条例》第 3 条

第五章　禁毒国际合作

第五十三条　中华人民共和国根据缔结或者参加的国际条约或者按照对等原则，开展禁毒国际合作。

条文主旨

本条是关于开展禁毒国际合作的规定。

立法背景

近年来，各国间开展禁毒工作国际合作范围日益扩大，取得了一定成绩。但当前，毒品问题的形势依然异常严峻，跨国、跨区域及国际化的毒品犯罪日益增多，全球毒品制造、贩运、滥用问题依然突出。毒品犯罪呈现以下四个特点：一是国际贩毒活动有组织化和跨国犯罪严重；二是毒品原植物种植和毒品生产加剧，毒品供应量增加；三是毒品的需求持续增长；四是人工合成的毒品成泛滥之势。各国都普遍认识到，毒品是全人类的公敌，禁毒工作事关人类的生死存亡，生产国、过境国、消费国以及其他国家或者地区，都必须高度重视禁毒工作。当今的毒品犯罪具有有组织和跨国性等特征，各国越来越清楚地认识到毒品问题不是某一个国家能够单独面对和解决的问题，还需要各国加强国际合作，积极开展多边禁毒合作，在毒品犯罪刑事司法合作、缉毒执法和戒毒治疗等方面加强沟通与合作。

我国政府高度重视禁毒国际合作。1985年，我国加入联合国《1961年麻醉品单一公约》和《1971年精神药物公约》；1989年，我国加入《联合国禁止非法贩运麻醉药品和精神药物公约》。20世纪80年代中期以来，我国开始与联合国禁毒机构、其他国家开展禁毒合作，已经和十几个国家签署了双边禁毒协议，大量开展情报交流和执法合作。

我国的禁毒国际合作包括以下几个层次：一是积极参与国际禁毒事务，参加联合国有关禁毒的活动，如从1984年起，中国多次派代表团出席联合国、国际刑警组织、世界海关组织和世界卫生组织召开的禁毒国际会议等。二是高度重视区域禁毒合作。(1)“金三角”区域，即东南亚缅甸、泰国、老挝三国边境交界处，该地区是传统的毒品来源地；(2)“金新月”地区，即巴基斯坦、伊朗、阿富汗交界的地方，位于亚、欧、非三大洲的边缘地带，现已成为世界主要的鸦片类毒品产地。例如，中国与东南亚的禁毒国际合作包括通过筹措资金和提供技术援助，将“金三角”区域的替代种植、替代产业发展纳入合作范畴，减少毒品原植物种植等。三是双边的国际合作。例如，中国与美国从1985年开始进行禁毒合作，1987年两国政府签署了《中美禁毒合作备忘录》，1997年中美两国首脑签署了包括禁毒合作内容的《中美联合声明》，把中美禁毒合作提高到一个新水平，随后，两国政府就互派了禁毒联络官。此外，中国还与俄罗斯、墨西哥、印度、巴基斯坦、泰国、老挝、缅甸、越南等国家签署了双边禁毒合作条约。

多年来，中国与美国、加拿大、日本、法国、澳大利亚、泰国、缅甸、老挝、柬埔寨等国开展了多种形式的禁毒情报交流、培训与执法、刑事司法合作。从1996年起，中国还陆续与缅甸、老挝、越南、俄罗斯等国建立边境地区缉毒执法合作联络官制度，还与美国、加拿大、日本、韩国等国家警方，通过国际禁毒情报交流和司法协助，多次联合破获贩毒案件，打击跨国毒品犯罪活动。

条文解读

对加强禁毒国际合作，各国已经取得共识。就我国而言，我国是毒品贩卖运输的过境国和受害国。进入21世纪，随着中国经济的发展，对外贸易往来的增加以及经济的全球化，中国的跨境毒品犯罪呈现的特点包括：一是呈现全球性和跨国性发展趋势。大批国际毒品集团崛起，制贩毒逐渐形成了种植、加工、贩运、销售的全球化体系，境内外毒品犯罪分子相勾结，进行双向走私毒品犯罪活动，形成制造、贩卖、运输、走私毒品“一条龙”，危害极大。二是犯罪成员有组织化、集团化明显。中国的制贩毒犯罪嫌疑人结成团伙或集团，境内外勾结，长期经营形成职业走私、制贩毒体系。三是制贩毒、藏毒手法、交易方式、付钱方式、分销网络等方面的手段智能化、现代化、网络化程度越来越高。四是制贩毒武装化特征明显，对抗性、暴力性增强。五是中国的跨境毒品犯罪出现大宗化的趋势，犯罪数额不断增大。这对中国的政治、社会治安及国际形象等各方面造成了巨大的危害。也正因为我国跨境毒品犯罪的上述特点及其对我国造成的巨大危害，我国与他国在禁毒方面开展积极务实的国际合作显得尤为重要。

根据国际法的原则和普遍惯例，国际合作必须通过相应的程序和条件予以规范。国际合作事关国家主权和国家利益。处理国家之间的相关事务时，既需遵循相关的执法、司法制度，同时必然要以一定的外交关系为基础，需遵循处理国际关系的有关准则，要求国家之间具有平等关系和互助、互利关系。根据本条的规定，中华人民共和国根据缔结或者参加的国际条约或者按照对等原则，开展禁毒国际合作。也就是说，我国与其他国家开展禁毒国际合作，一是根据缔结或者参加的国际条约开展禁毒国际合作，这里的国际条约，是指国际法主体间缔结的用于确定相互权利义务关系的书面协议。二是如果我国与其他国家之间没有缔结或者参加国际条约的，则按照对等原则来进行。

这里的“缔结或者参加的国际条约”既包括中国与外国共同加入的国际公约，也包括中国与外国签订的多边、双边条约。国际公约包括《1961 年麻醉品单一公约》《1971 年精神药物公约》以及《联合国禁止非法贩运麻醉药品和精神药物公约》；多边、双边国际条约包括《东盟和中国禁毒合作行动计划》、《东盟和中国关于 2006 年开展打击苯丙胺类毒品犯罪联合行动的倡议》、《中美禁毒合作备忘录》、中国与俄罗斯、墨西哥、印度、巴基斯坦、泰国、老挝、缅甸、越南等国家签署的双边禁毒合作条约等。除这些专门针对打击毒品而签订的国际条约外，其他包括《联合国打击跨国有组织犯罪公约》以及中国与他国签订的国际刑事司法协助等条约的有关内容，在我国与他国就打击毒品犯罪、缉毒执法等方面开展国际合作时，是同样适用的。

这里的“对等原则”是处理国家关系一项基本原则。简言之，一国如何对待自己国家，本国就如何对待它。对等原则是基于主权国家之间，在司法上应平等对待的理论确立的原则，是国际上所公认的一项诉讼原则。我国是独立的主权国家，处理与其他国家关系，包括司法上的关系，一向以平等互惠为基础。对等原则体现在我国与其他国家签订的国际条约中，也体现在我国国内的相关法律规定中。如《中华人民共和国民事诉讼法》第五条规定，外国人、无国籍人、外国企业和组织在中华人民共和国进行诉讼，同等享有我国法律规定的诉讼权利。外国法院对中华人民共和国公民、法人和其他组织的民事诉讼权利加以限制的，中华人民共和国人民法院对该国公民、企业和组织的民事诉讼权利，实行对等原则。这是对等原则在我国法律中的首次体现。此外，《中华人民共和国刑事诉讼法》第十八条规定，根据中华人民共和国缔结或者参加的国际条约，或者按照互惠原则，我国司法机关和外国司法机关可以相互请求刑事司法协助。《中华人民共和国引渡法》第三条也明确规定，中华人民共和国和外国之间在平等互惠的基础上进行引渡合作。2018 年 10 月通过的《中华人民共和国国际刑事司法协助法》第四条第一款规定，中华人民共和国和外国按照平等互惠原则开展国际刑事司法协助。这些都是对等原则在我国法律中的具体体现。在毒品合作领域，如果我国与其他国家之间没有缔结或者参加国际条约的，应当按照对等原则来开展国际合作。

实践中，禁毒国际合作主要体现在情报交流、信息交换、培训和执法合作、建立会谈会晤等合作机制、司法协助等方面。例如，我国不断加强与其他各国的经验交流和执法培训，中美情报交流会和中美执法合作禁毒会议定期召开，对执法经验和情报信息进行深入交流。又如，为帮助毒源地国家提高打击毒品犯罪的能力，由新疆警官学院和云南警官学院开设禁毒执法培训课程，先后为“金三角”和“金新月”两大毒源地国家培训禁毒官员，通过培训使外国禁毒官员了解我国的毒品犯罪情况，提高禁毒执法能力，为深入开展禁毒合作奠定基础等。

相关规定

《中华人民共和国民事诉讼法》第 5 条；《中华人民共和国刑事诉讼法》第 18 条；《中华人民共和国引渡法》第 3 条；《中华人民共和国国际刑事司法协助法》第 4 条

第五十四条　国家禁毒委员会根据国务院授权，负责组织开展禁毒国际合作，履行国际禁毒公约义务。

条文主旨

本条是关于我国政府开展禁毒国际合作，履行国际禁毒公约义务的规定。

立法背景

当前，世界毒品形势依然严峻，非法制造、贩运和滥用新型毒品的问题仍在蔓延。吸毒引发艾滋病感染的情况不断增加。同时，毒品犯罪与各种形式的跨国有组织犯罪联系密切，并且具有严密的组织性和反侦查能力，导致打击跨国毒品犯罪越来越难。这更需要世界各国加强禁毒国际合作，切实履行国际禁毒义务。在禁毒法中指定一个具体机构负责组织开展禁毒国际合作，有利于禁毒公约义务的履行，有利于禁毒国际合作的开展。

条文解读

本条规定共有以下两层含义：一是国家禁毒委员会根据国务院授权，负责组织开展禁毒国际合作。

禁毒国际合作是指国家之间在禁毒的犯罪侦查、缉毒执法、情报交流、信息交换、培训等方面互相给予支持、便利和援助的一种合作，具体包括情报信息的交流与合作、毒品犯罪调查取证、送达刑事诉讼文书、移交物证、书证和视听资料、安排证人作证或者协助调查，查封、扣押、冻结涉案财物，没收、返还、违法所得及其他涉案财物、引渡等合作内容。禁毒国际合作的刑事案件仅限于具有涉外因素的毒品犯罪案件。就协助调查取证来说，一般是由国内侦查机关根据外国当局的委托，在国内进行刑事侦查，并将犯罪情报和毒品犯罪线索提供给请求国，以帮助请求国顺利完成侦查任务。就查封、扣押、冻结涉案财物来说，一般是指国内有关部门根据请求国的查封、扣押、冻结涉及毒品犯罪案件的财物的请求，依照我国法律的规定进行审核，对符合条件的协助进行查封、扣押、冻结。对于毒品犯罪案件的侦查、起诉、审判和执行等活动中的送达文书、调查取证、安排证人作证或者协助调查，查封、扣押、冻结涉案财物，没收、返还违法所得及其他涉案财物的国际刑事司法协助，都需要依照国际刑事司法协助法进行，对外国提出的刑事司法协助请求，由相关部门根据职责分工进行审核，并承担具体的工作职责。

根据本条的规定，在我国，由国家禁毒委员会根据国务院授权，负责组织开展禁毒国际合作。也就是说，国家禁毒委员会代表国家开展禁毒国际合作，必须具有国务院的授权。授权的方式，主要是国家通过制定行政法规或者发布具体的命令予以具体的授权。

根据本法第五条的规定，国务院设立国家禁毒委员会，负责组织、协调、指导全国的禁毒工作。县级以上地方各级人民政府根据禁毒工作的需要，可以设立禁毒委员会，负责组织、协调、指导本行政区域内的禁毒工作。国家禁毒委员会的成员单位包括公安、民政、财政、司法、卫生、宣传、教育、海关、军队等三十多个与禁毒工作有关的部门，在禁毒工作中分别履行相应的职责。比如，公安部负责掌握毒品违法犯罪动态，组织、指导、监督毒品犯罪案件的侦查，履行国际禁毒公约义务；最高人民法院负责对毒品犯罪案件审判中出现的具体法律问题做出司法解释，监督地方各级人民法院和专门人民法院对毒品犯罪案件的审判工作；最高人民检察院负责领导、监督地方各级人民检察院对毒品犯罪案件的审查批准逮捕、审查起诉和抗诉工作；等等。这些部门具体工作的开展由国家禁毒委员会负责组织、协调和指导。因此，在开展禁毒国际合作时，由国家禁毒委员会负责组织开展相关工作，是合适的。

二是国家禁毒委员会根据国务院授权，履行国际禁毒公约义务。面对严峻的毒品犯罪形势，我国政府坚持综合、平衡的禁毒战略，注重从减少需求和减少供应两个方面解决问题，各项工作取得积极进展。并且，我国政府认真履行各项国际禁毒公约，积极参与各项禁毒国际活动，始终把禁毒国际合作视为解决国内毒品问题的重要途径。履行我国加入的禁毒国际公约义务，有助于我国积极稳妥地开展禁毒国际合作，在禁毒工作中取得实效；也有利于我国负责任的大国形象的树立。

这里的国际禁毒公约义务，主要是指《1961 年麻醉品单一公约》《1971年精神药物公约》《联合国禁止非法贩运麻醉药品和精神药物公约》《联合国打击跨国有组织犯罪公约》等国际公约所规定的禁毒义务。我国根据上述公约的要求积极履行公约规定的各项义务。例如，我国2006年6月通过的《刑法修正案（六）》将公约规定的对毒品犯罪所得及其收益进行掩饰、隐瞒的行为纳入《中华人民共和国刑法》第一百九十一条规定的洗钱罪的上游犯罪中，各有关部门也积极参加了此类洗钱行为的查处工作。又如，我国根据国际公约要求，与各国开展毒品犯罪刑事司法协助，并制定了引渡法、国际刑事司法协助法等法律，以确保公约规定的没收犯罪所得、引渡、被判刑人移管等各项刑事司法合作制度能落到实处。再如，根据国际公约的要求，对毒品有组织犯罪的相关资料进行收集、交流和分析，并对泰国、缅甸、老挝等国开展了禁毒培训和技术援助等具体禁毒国际合作工作。

相关规定

《中华人民共和国国际刑事司法协助法》第2条、第6条；《中华人民共和国刑法》第191条

第五十五条　涉及追究毒品犯罪的司法协助，由司法机关依照有关法律的规定办理。

条文主旨

本条是关于涉及追究毒品犯罪的司法协助的规定。

立法背景

当今困扰世界各国的毒品犯罪问题，主要是毒品犯罪的国

际化问题，一个国家的毒品犯罪往往并不限于本国境内，而是具有国际背景。一个毒品生产者总是千方百计地通过各种方式，将其生产的毒品输送到其他国家和地区，以获取巨额利润。毒品犯罪具有鲜明的国际色彩，尤以毒品的走私、贩卖和运输最为突出。国际上，毒品的走私、贩卖和运输往往是连在一起的跨国性犯罪。这类犯罪是毒品犯罪最为严重的一种，也是毒品犯罪能在世界上一些国家和地区不断扩大和蔓延的主要原因之一。实践也证明，制毒、贩毒等毒品犯罪是国际性犯罪，仅靠一个国家的力量打击毒品犯罪是远远不够的，需要世界各国共同努力。现实中，我国积极参与国际禁毒事务，不断加强与联合国等国际组织的协作配合，尤其加强与“金三角”“金新月”地区周边国家的禁毒合作。通过加强国际合作，进一步扩大我国在国际禁毒事务中的影响，促进国内禁毒工作的开展。同时，也通过共同缔结或者签署的国际条约与有关国家进行司法协助，应当说，这对于惩治毒品犯罪，特别是跨国毒品犯罪发挥了重大的作用。

关于追究毒品犯罪的司法协助的法律依据问题，我国禁毒法对此予以规定，2018 年 10 月通过的国际刑事司法协助法对刑事司法协助的具体内容作了详细的规定。这些规定对毒品犯罪的国际合作是同样适用的。

条文解读

根据本条的规定，涉及追究毒品犯罪的司法协助，由司法机关依照有关法律的规定办理。需要注意以下两个方面的问题：一是本条所规定的司法协助，仅涉及追究毒品犯罪的司法协助。毒品犯罪既是国际公约规定的一种国际犯罪，也是各国国内法规定的犯罪，是一个外延较广的概念。本条所指的毒品犯罪，也是一个广义的概念。我国刑法对于什么是毒品犯罪没有具体的规定，虽然有的学者曾对毒品犯罪作出过详细的定义，但由于存在种种分歧，目前很难有一个准确的定义表述。在我国刑法中，毒品犯罪，泛指《中华人民共和国刑法》分则第六章第七节所规定的有关毒品的犯罪。具体来讲，我国的毒品犯罪包括《中华人民共和国刑法》第三百四十七条规定的“走私、贩卖、运输、制造毒品罪”；第三百四十八条规定的“非法持有毒品罪”；第三百四十九条规定的“包庇毒品犯罪分子罪，窝藏、转移、隐瞒毒品、毒赃罪”；第三百五十条规定的“非法生产、买卖、运输制毒物品、走私制毒物品罪”；第三百五十一条规定的“非法种植毒品原植物罪”；第三百五十二条规定的“非法买卖、运输、携带、持有毒品原植物种子、幼苗罪”；第三百五十三条规定的“引诱、教唆、欺骗他人吸毒罪、强迫他人吸毒罪”；第三百五十四条规定的“容留他人吸毒罪”；第三百五十五条规定的“非法提供麻醉药品、精神药品罪”。

各国关于毒品犯罪的规定也可能会有所不同，但只要是涉及追究毒品犯罪的司法协助，都应由司法机关依照有关法律的规定办理。

二是由司法机关依照有关法律的规定办理司法协助。司法协助有广义和狭义之分。狭义的司法协助，其内容仅包括代为送达司法文书，安排证人作证或者协助调查，调查取证，查封、扣押、冻结涉案财物等；而广义的司法协助，除包括狭义的司法协助内容之外，还包括对外国法院判决和外国仲裁裁决的承认与执行等内容。我国立法与司法实践对司法协助的内容采取的是广义的概念，司法协助既包括民事司法协助，也包括刑事司法协助。《中华人民共和国民事诉讼法》第二十七章规定了调查取证、送达文书等司法协助的内容，其中，第二百八十一条规定了承认与执行外国民事判决、裁定的内容。但有些具体的司法协助制度在我国国内法中还没有规定，比如我国没有规定承认和执行外国法院的刑事判决、裁定的制度。

司法协助是平等的国家之间在相互承认国家主权的基础上，在司法制度上的一种互助协作活动，这对于各国司法机关完成各自对案件的侦查、审理和裁决的执行，是十分必要的，也是十分有益的。一国法律规定的诉讼程序，只能在本国领域内发生效力。未经一国明确同意，其他国家不得擅自在该国领域内进行诉讼活动，不能在该国直接送达诉讼文书，不得擅自询问居住在该国的证人，更不能执行有关判决。由于涉外毒品犯罪案件具有涉外因素，司法机关在办理这种案件时，有些程序方面的事项往往需要得到其他国家司法机关如法院、检察机关、警察机关的司法协助。而一国司法机关所从事的司法行为是该国的主权行为，为另一国提供司法协助，实际上是协助他国在本国进行主权行为。因此，提供司法协助须以有关国家立法、双边司法协助协定或有关国际公约的规定，或实际存在的互惠关系为前提。否则，一国不会向另一国提供司法协助。

本条所规定的司法协助，主要是指刑事司法协助。刑事司法协助也有广义与狭义之分，广义的刑事司法协助包括引渡、诉讼移管、被判刑人移管、外国判决的承认和执行以及其他相关诉讼行为。狭义的刑事司法协助，是指一国应另一国的请求，为使请求国的刑事诉讼顺利进行，通过本国司法机关的活动而提供有关案件的调查取证、文书送达、安排证人作证或者协助调查等帮助。本条所规定的司法协助主要是指广义的刑事司法协助。《中华人民共和国刑事诉讼法》第十八条明确规定，根据中华人民共和国缔结或者参加的国际条约，或者按照互惠原则，我国司法机关和外国司法机关可以相互请求刑事司法协助。我国国际刑事司法协助法和引渡法对具体的刑事司法协助请求的提出、接收和处理，文书送达，调查取证，安排证人作证或者协助调查，查封、扣押、冻结涉案财物，没收、返还违法所得及其他涉案财物，移管被判刑人，引渡等都作了详细的规定。有些具体的司法协助制度如承认和执行外国法院的刑事判决、裁定，诉讼移管在我国法律中还没有进行规定。但总的来说，涉及追究毒品犯罪的司法协助，司法机关依照刑事诉讼法、国际刑事司法协助法、引渡法等有关法律的规定办理。

司法实践中，刑事司法协助的具体内容主要包括以下四个方面：1. 关于司法协助请求。申请司法协助要制作请求书。根据《中华人民共和国国际刑事司法协助法》第十三条的规定，外国向中华人民共和国提出刑事司法协助请求的，应当依照刑事司法协助条约的规定提出请求书，没有条约或者条约没有规定的，应当在请求书中载明下列事项并附相关材料：(1) 请求机关的名称；(2) 案件性质、涉案人员基本信息及犯罪事实；(3) 本案适用的法律规定；(4) 请求的事项和目的；(5) 请求的事项与案件之间的关联性；(6) 希望请求得以执行的期限；(7) 其他必要的信息或者附加的要求。请求书及所附材料应当附有中文译文。此外，根据《中华人民共和国国际刑事司法协助法》第三条第三款的规定，对于请求书的签署机关、请求书及所附材料的语言文字、有关办理期限和具体程序等事项，在不违反中华人民共和国法律的基本原则的情况下，可以按照刑事司法协助条约规定或者双方协商办理。

具体到某一项刑事司法协助请求，还会要求在请求书及所附材料中载明其他一些事项，《中华人民共和国国际刑事司法协助法》第二十六条、第三十二条、第四十条、第四十八条、第五十七条对此予以规定。例如，根据第二十六条的规定，请求调查取证的，还要求载明：(1) 被调查人的姓名、性别、住址、身份信息、联系方式和有助于确认被调查人的其他资料；(2) 需要向被调查人提问的问题；(3) 需要查找、辨认人员的姓名、性别、住址、身份信息、联系方式、外表和行为特征以及有助于查找、辨认的其他资料；(4) 需要查询、核实的涉案财物的权属、地点、特性、外形和数量等具体信息，需要查询、核实的金融账户相关信息；(5) 需要获取的有关文件、记录、电子数据和物品的持有人、地点、特性、外形和数量等具体信息；(6) 需要鉴定的对象的具体信息；(7) 需要勘验或者检查的场所、物品等的具体信息；(8) 需要搜查的对象的具体信息；(9) 有助于执行请求的其他材料。

2. 关于司法协助的提出。根据《中华人民共和国国际刑事司法协助法》第五条的规定，我国与外国之间开展刑事司法协助，通过对外联系机关联系。司法部等对外联系机关负责提出、接收和转递刑事司法协助请求，处理其他与国际刑事司法协助相关的事务。我国与外国之间没有刑事司法协助条约的，通过外交途径联系。具体到追究毒品犯罪的刑事司法协助，也是由司法部等对外联系机关或外交部提出司法协助请求，再交由主管机关根据职责分工，对外国提出的刑事司法协助请求进行审核，审查处理，并承担具体的刑事司法协助相关的工作。我国与他国签订的司法协助条约对提出司法协助请求的主体也有明确规定。例如，我国与乌克兰《关于民事和刑事司法协助的条约》第二条规定："一、除本条另有规定外，缔约双方的法院和其他主管机关相互请求的提供民事和刑事司法协助，应通过各自的中央机关进行联系。二、第一款中的中央机关，在中华人民共和国方面系指中华人民共和国司法部、中华人民共和国最高人民法院和中华人民共和国最高人民检察院；在乌克兰方面系指乌克兰司法部、乌克兰最高法院和乌克兰总检察院。"

3. 刑事司法协助请求的执行和通知执行情况。对外联系机关收到外国提出的刑事司法协助请求，应当对请求书及所附材料进行审查。根据《中华人民共和国国际刑事司法协助法》第十五条的规定，对于请求书形式和内容符合要求的，应当按照职责分工，将请求书及所附材料转交有关主管机关处理；对于请求书形式和内容不符合要求的，可以要求请求国补充材料或者重新提出请求。

对于执行结果和执行情况，根据规定，应当及时通知。《中华人民共和国国际刑事司法协助法》第十二条规定，对外联系机关收到外国的有关通知或者执行结果后，应当及时转交或者转告有关主管机关。外国就其提供刑事司法协助的案件要求通报诉讼结果的，对外联系机关转交有关主管机关办理。第十九条规定，对外联系机关收到主管机关的有关通知或者执行结果后，应当及时转交或者转告请求国。对于中华人民共和国提供刑事司法协助的案件，主管机关可以通过对外联系机关要求外国通报诉讼结果。外国通报诉讼结果的，对外联系机关收到相关材料后，应当及时转交或者转告主管机关，涉及对中华人民共和国公民提起刑事诉讼的，还应当通知外交部。第二十四条规定，负责执行协助送达文书的人民法院或者其他办案机关，应当及时将执行结果通过所属主管机关告知对外联系机关，由对外联系机关告知请求国。除无法送达的情形外，应当附有受送达人签收的送达回执或者其他证明文件。

4. 刑事司法协助的拒绝。拒绝刑事司法协助请求的情形在我国相关法律中有明确规定。根据《中华人民共和国国际刑事司法协助法》第十五条第三款的规定，对于刑事司法协助请求明显损害中华人民共和国的主权、安全和社会公共利益的，对外联系机关可以直接拒绝协助。根据该法第十四条的规定，外国向中华人民共和国提出的刑事司法协助请求，有下列情形之一的，可以拒绝提供协助：(1) 根据中华人民共和国法律，请求针对的行为不构成犯罪；(2) 在收到请求时，在中华人民共和国境内对于请求针对的犯罪正在进行调查、侦查、起诉、审判，已经作出生效判决，终止刑事诉讼程序，或者犯罪已过追诉时效期限；(3) 请求针对的犯罪属于政治犯罪；(4) 请求针对的犯罪纯属军事犯罪；(5) 请求的目的是基于种族、民族、宗教、国籍、性别、政治见解或者身份等方面的原因而进行调查、侦查、起诉、审判、执行刑罚，或者当事人可能由于上述原因受到不公正待遇；(6) 请求的事项与请求协助的案件之间缺乏实质性联系；(7) 其他可以拒绝的情形。根据《中华人民共和国引渡法》第二十四条第一款的规定，高级人民法院认为请求国的引渡请求不符合本法和引渡条约规定的，应当作出不引渡的裁定。

相关规定

《中华人民共和国刑事诉讼法》第 18 条；《中华人民共和国民事诉讼法》第二十七章；《中华人民共和国国际刑事司法

协助法》第5条、第6条、第12条、第14条、第15条、第19条、第24条、第26条、第32条、第40条、第48条、第57条；《中华人民共和国引渡法》第24条

第五十六条　国务院有关部门应当按照各自职责，加强与有关国家或者地区执法机关以及国际组织的禁毒情报信息交流，依法开展禁毒执法合作。

经国务院公安部门批准，边境地区县级以上人民政府公安机关可以与有关国家或者地区的执法机关开展执法合作。

条文主旨

本条是关于加强与有关国家或者地区执法机关以及国际组织的禁毒情报信息交流，依法开展禁毒执法合作的规定。

立法背景

当前，我国的禁毒斗争面临的社会环境正在发生新的变化：一是经济全球化、社会信息化在促进经济发展、社会进步的同时，也给毒品问题的渗透、蔓延提供了便利，特别是毒品犯罪的国际化、组织化、职业化、武装化等特点越来越明显，毒品犯罪对我国的渗透不断加剧。二是随着现代科学技术的发展，不法分子越来越多地利用现代科技手段进行制贩毒活动，制毒技术从植物提炼、土制加工型向化学合成等技术型发展，工厂化、规模化趋势明显，致使制贩毒手段更加先进，毒品产量不断增多，纯度不断提高，毒品种类更加多元，性能更加多样，发现、打击难度越来越大。三是随着我国社会主义市场经

济的不断发展，人员流动性大大增强，流动人口增多，而社会治理能力现代化水平还有待提升，社会管理和社会保障还相对滞后，这在一定程度上增加了禁毒工作的难度。四是受拜金主义、享乐主义和极端个人主义等消极思想的影响，一些人产生了信仰危机，精神空虚，通过吸毒寻求解脱、寻求刺激，而一旦沾染毒品就摆脱不了控制，越陷越深，越吸毒生活越陷入困境，甚至走上违法犯罪道路。这些情况迫切需要我国司法机关在加大惩治毒品犯罪力度的同时，国务院各有关部门及社会各方面的力量都需要加入禁毒斗争。

条文解读

本条共分为两款。本条第一款是关于与有关国家或者地区执法机关以及国际组织的禁毒情报信息交流的规定。毒品问题是一个复杂的社会问题，禁毒是一项社会系统工程，是全社会的共同责任。本法第三条已经明确了国家机关、社会团体、企事业单位以及其他组织和公民的禁毒责任，这有利于各级政府、有关部门和全社会更加积极主动地履行禁毒职责和义务，充分发挥各自职能作用，共同开展禁毒斗争；有利于充分发挥我国社会主义制度的优越性，运用政治、经济、法律、行政、教育、文化、医疗及国际合作等多种手段，综合治理毒品问题，切实形成政府统一领导，禁毒委员会主管并组织、协调、指导，有关部门各负其责，社会广泛参与的禁毒工作格局。因此，本法第四条规定，禁毒工作实行政府统一领导，有关部门各负其责，社会广泛参与的工作机制。同时，我们也清醒地认识到，毒品是全人类的共同敌人，禁毒工作也是全人类共同的责任与义务，需要我们与世界各国密切合作，加强沟通与交流，依法开展禁毒执法合作。因此，本条规定，国务院有关部门应当按照各自职责加强与有关国家或者地区执法机关以及国际组织的禁毒情报信息交流，依法开展禁毒执法合作。这里的国务院有关部门，主要是指与禁毒工作密切相关的公安、卫生健康、海关、司法行政、交通运输、边检等部门。这些部门由于与毒品流通，对贩卖运输毒品的监控、查验有密切关系，在禁毒执法中担任非常重要的角色，加强与有关国家和国际组织的禁毒情报信息交流，无疑会大大加强禁毒执法工作。

此外，毒品犯罪活动具有一定的隐蔽性，不会公开进行，毒品犯罪分子为了逃避侦查，通常会采用极为隐蔽的作案方法，因此事先获得可靠的情报信息对破获毒品犯罪案件极为重要。获得准确可靠的情报信息，有助于有效地抓获毒品犯罪分子，获得侦查的主动权。为了有效地打击毒品犯罪和制裁毒品犯罪分子，各国之间需要及时交换本国收集的有关毒品犯罪的情报信息，交流稽查毒品犯罪的进展情况，以便得到他国的有力帮助。毒品犯罪情报信息的交流与合作也是国际禁毒公约的主要内容之一，在各国的禁毒斗争中都起着不可替代的作用。我国也在重视现有双边合作会议机制的基础上，努力建立一套行之有效的情报信息收集与交流机制。如中美之间会定期召开会议，对有关禁毒情报信息进行交流，中美禁毒情报交流会和中美执法合作联合联络小组会议会定期召开。

本条第二款是关于基层人民政府公安机关可以与有关国家或者地区的执法机关开展执法合作的规定。

大量的司法实践表明，禁毒工作的重点在基层。无论是惩治毒品犯罪分子，还是毒品管制，或者采取禁毒措施，特别是我们所开展的戒毒斗争，都离不开基层公安机关的工作。近年来，国际禁毒执法实践也表明，禁毒执法合作主要也在基层，特别是在一些临近国际上大毒品生产区的边境地区，如云南、广西、新疆等地。这些地方的公安机关通过国际禁毒情报交流和司法协助，多次联合破获贩毒案件，有效地打击了跨国毒品犯罪活动。因此，本条规定，经国务院公安部门批准，边境地区县级以上人民政府公安机关可以与有关国家或者地区的执法机关开展执法合作。这里的执法合作，主要是指各国警方之间就毒品犯罪情报信息等进行交换予以合作的一种形式，如协助提供有关跨国犯罪的策划、准备、实施过程，犯罪嫌疑人的身份、简历、社会关系以及有关犯罪组织的情况，犯罪手段、工具和技能运用等；有关犯罪对象的情况；保护性措施的情况，如在跨国犯罪案件中，犯罪地国根据有关国际公约的规定，将采取的有关保护性措施通知有关当事国；采取强制措施的情况，对跨国犯罪的人员采取强制措施的国家，将有关情况通知其他对该犯罪嫌疑人有管辖权的国家；协助提供对请求国刑事案件的侦查必须提供的证据。

需要指出的是，边境地区县级以上人民政府公安机关与有关国家或者地区的执法机关开展执法合作的前提是得到国务院公安部门批准，绝不能擅自做主，自行其是。与有关国家或者地区的执法机关开展执法合作涉及我国的主权和尊严，而且许多跨国毒品犯罪隐藏较深、组织严密、活动范围广，需要国务院公安部门统揽全局，作出战略部署，协调各方面的力量，特别是与有关国家或者地区进行沟通，才能保证工作的顺利进行。而基层公安机关虽然具有丰富的执法经验和强大的执法队伍，但受视野和能力的限制，很难站在全局的高度去观察思考问题。因此，基层公安机关即使希望与有关国家或者地区的执法机关开展执法合作，也必须逐级上报，得到国务院公安部门的批准才能从事具体工作。基层公安机关与有关国家或者地区的执法机关开展执法合作主要集中在调查取证、送达刑事诉讼文书、移交物证、书证和视听资料等方面。所谓调查取证，是指相互代为询问证人、被害人、鉴定人，相互委托勘验、检查、鉴定、搜查和扣押；相互代为通知证人、鉴定人出庭等。所谓送达刑事诉讼文书，是指相互代为送达在毒品犯罪刑事诉讼过程中制作的各种法律文件和文书，以及与刑事诉讼程序相关的文书或者文字资料，如身份证明、来往信函等。警务合作中送达的刑事文书主要涉及毒品犯罪侦查取证方面的诉讼文书。所谓移交物证、书证和视听资料，是指将与毒品犯罪相联系，能够以其内容证实毒品案件情况和犯罪嫌疑人情况的实物和痕迹；能够以其内容证明案件真实情况的文字、图案等资料；载有与案件相关内容的录像带、录音带等移交给对毒品案件行使管辖权的请求国的活动。

从目前的实践情况来看，我国已经与 20 多个国家（或国家联盟）签订了政府间的禁毒合作文件，与 10 多个国家的禁毒部门签订了部门间的禁毒合作文件，并在此基础上，完善双边合作机制，与美国、俄罗斯、老挝、缅甸、泰国、越南、柬埔寨等国建立了专题禁毒会晤机制。在跨国合作层面上，中国禁毒执法部门与缅甸、老挝、云南等联合设立 10 个边境禁毒联络官办公室，每年开展数十次边境联合扫毒行动，并积极发起、参与“中老缅泰打击湄公河流域毒品犯罪‘平安航道’联合行动”，并与巴基斯坦、阿富汗、哈萨克斯坦、美国等国家执法部门成功开展跨国控制下交付行动数十次，有力遏制了境外毒品向我国的渗透。可以说，我国注重并加强与相关国家的禁毒情报交流和执法合作，有力地助推了国内的禁毒斗争。

第五十七条　通过禁毒国际合作破获毒品犯罪案件的，中华人民共和国政府可以与有关国家分享查获的非法所得、由非法所得获得的收益以及供毒品犯罪使用的财物或者财物变卖所得的款项。

条文主旨

本条是关于通过禁毒国际合作破获毒品犯罪案件的涉案财物如何处理的规定。

立法背景

为了加强国际禁毒合作，有效地打击毒品犯罪，我国于1989年9月批准加入了《联合国禁止非法贩运麻醉药品和精神药物公约》。2003年8月，我国批准加入了《联合国打击跨国有组织犯罪公约》。根据国际公约及本法的有关规定，为了惩治毒品犯罪，遏制毒品泛滥的趋势，我国政府将加大与世界上其他国家的禁毒合作，既包括情报信息的交流，也包括执法合作。实践中，在密切国际合作惩治毒品犯罪的过程中，在抓捕或者依法惩治毒品犯罪分子的同时，有时会产生另一个问题，即破获毒品犯罪案件查获的非法所得、由非法所得获得的收益以及供毒品犯罪使用的财物或者财物变卖所得的款项如何处理的问题。

在跨国犯罪日趋严重，涉案财物日益巨大，合作调查越来越频繁的背景下，为鼓励各国积极参与国际司法合作，出现了分享涉案资产的协议，分享涉案资产的制度也逐渐为各国认可。当今社会，以分享的方式处理违法所得及其他涉案财物等资产已经成为一项通行的国际惯例。分享涉案资产制度在国际公约中有体现，“分享”的概念最先出现在1988年《联合国禁止非法贩运麻醉药品和精神药物公约》中，该公约建议各国在处理被罚没的犯罪收益时特别考虑：“按照本国法律、行政程序或专门缔结的双边协定，定期地或逐案地与其他缔约国分享这类收益或财产或由变卖这类收益或财产所得的款项。”1999年《联合国制止向恐怖主义提供资助的国际公约》和2000年《联合国打击跨国有组织犯罪公约》都有关于分享涉案资产的类似规定。其中，《联合国打击跨国有组织犯罪公约》第十四条对没收的犯罪所得或财产的处置进行了规定，缔约国在应另一缔约国进行没收或扣押等国际合作时，可以根据本国法律或行政程序，经常地或逐案地与其他缔约国分享这类犯罪所得或财产或变卖这类犯罪所得或财产所获款项。本条就对该问题作出了相应的规定。

条文解读

根据本条的规定，通过禁毒国际合作破获毒品犯罪案件的，中华人民共和国政府可以与有关国家分享查获的非法所得、由非法所得获得的收益以及供毒品犯罪使用的财物或者财物变卖所得的款项。作出该规定的考虑主要有以下几点：一是我国加入的《联合国打击跨国有组织犯罪公约》对毒品犯罪的非法所得及其收益如何处理有相应的规定，而我国政府对此规定未作出保留，故应按照该规定履行义务。根据该公约的规定，1. 缔约国依照公约的规定没收的犯罪所得或财产应由该缔约国根据其本国法律和行政程序予以处置；2. 根据公约的规定应另一缔约国请求采取行动的缔约国，应在本国法律许可的范围内，根据请求优先考虑将没收的犯罪所得或财产交还请求缔约国，以便其对犯罪被害人进行赔偿，或者将这类犯罪所得或财产归还合法所有人；3. 一缔约国应另一缔约国请求按照公约规定采取行动时，可特别考虑就下述事项缔结协定或安排：(1) 将与这类犯罪所得或财产价值相当的款项，或变卖这类犯罪所得或财产所获款项，或这类款项的一部分捐给根据公约规定所指定的账户和专门从事打击有组织犯罪工作的政府间机构；(2) 根据本国法律或行政程序，经常地或逐案地与其他缔约国分享这类犯罪所得或财产或变卖这类犯罪所得或财产所获款项。本条规定是将这些国际公约的要求国内化，这有利于进一步推动毒品犯罪跨境涉案资产的追回。

二是出于禁毒国际合作的实际。大量的实践证明，毒品犯罪具有组织严密、科技含量高、涉及范围广、跨国、跨区域等特点，需要各国密切配合，通力合作，包括毒品生产国、过境国以及消费国。在禁毒国际合作过程中，无论是抓捕罪犯，调查取证，还是对涉毒犯罪的所得及其收益的处理，都需要各国坦诚相待、群策群力、协力合作。实践中，毒品犯罪一般是为了谋取利益，对其非法所得及其收益予以没收，让犯罪分子得不到好处，有利于实现对涉毒犯罪分子的惩处，也可以斩断其资金链，使犯罪团伙再犯罪缺乏资金支持。而资产分享制度的设立，有助于增进资产流入国与我国开展司法合作的积极性和主动性，最大限度地追回已经流失到境外的违法所得。

本条所规定的“非法所得”，是指直接或间接地通过毒品犯罪而产生或获得的任何财产，如贩毒所得的财物。“由非法所得获得的收益”，是指犯罪分子通过毒品犯罪获得财物后，以此为基础开办企业或者进行证券、期货、购房及其他投资方式所间接获得的财物。

此外，《中华人民共和国国际刑事司法协助法》第四十九条和第五十四条，对违法所得及其他涉案财物的分享制度也进行了明确规定。对毒品犯罪案件的违法所得及其他涉案财物的分享问题，可以依照该法办理。其中，第四十九条规定，外国协助没收、返还违法所得及其他涉案财物的，由对外联系机关会同主管机关就有关财物的移交问题与外国进行协商。对于请求外国协助没收、返还违法所得及其他涉案财物，外国提出分享请求的，分享的数额或者比例，由对外联系机关会同主管机关与外国协商确定。第五十四条规定，对于外国请求协助没收、返还违法所得及其他涉案财物的，可以由对外联系机关会同主管机关提出分享的请求。分享的数额或者比例，由对外联系机关会同主管机关与外国协商确定。

实践中，为了切实履行本条的规定，还需要做到以下几点：一是应在法律制度的范围内对下列财物尽最大可能采取必要措施，以便能够没收。可分享的财产的范围包括犯罪的非法所得、由非法所得获得的收益以及供毒品犯罪使用的财物或者财物变卖所得的财产。一般来说，可分享的违法资产应为无明确所有人的财产，对于有被害人或者合法所有人的财产，通常不宜分享。在毒品犯罪案件办理中，应采取必要措施，辨认、追查、冻结或扣押上述任何物品，以便最终予以没收。如果犯罪所得已经部分或全部转变或转化为其他财产，则应对此类财产适用上述措施。如果犯罪所得已与从合法来源获得的财产相混合，则应在不影响其他权利人权益的情况下没收这类财产，没收价值可达混合于其中的犯罪所得的估计价值。

二是分享的依据是相关的公约、条约、协定确立的分享义务，以及当事国提出的分享请求。也即违法所得分享要以外国提出分享请求为前提条件。我国在协助请求国破获毒品犯罪案件中起到作用的，可以主动提出资产分享的请求。

三是分享的数额或者比例应当遵循对等原则，根据各国在执法过程中提供的帮助大小等，经双方协商确定。可以一案一确定，也可以通过双边协定对某类案件作出约定。

四是关于分享的协商主体，我国是由对外联系机关会同主管机关一同办理。具体而言，主要是就分享主体、分享依据，分享的违法所得范围、分享的数额或者比例等事项，由司法部等对外联系机关会同最高人民法院、最高人民检察院、公安部等一家或几家主管机关一起，与外国相关机构进行谈判协商。

五是这里规定的非法所得等的分享，与协助办理案件的费用补偿或者费用扣除不同。费用的补偿主要是指执行请求方在协助办理案件的过程中，因侦查、起诉或者审判等诉讼程序的进行而发生了合理费用，因协助执行请求事宜而产生了差旅费、鉴定费等，合作双方可以约定对此类费用进行补偿。本条中的分享是对违法所得及其他涉案财物本身的分享。

实践中，我国与外国可以依条约或通过个案协商的方式进行涉案资产的分享。涉案资产的分享分为两步：第一步是提出分享的请求，可以由我国的对外联系机关会同主管机关向外方提出，实践中也有外方主动向我方提出的案例；第二步是双方之间进行协商，关于是否同意分享，具体的分享数额或比例等问题，都需要双方进行充分的沟通和协商。涉案资产的分享带有行政磋商的性质，确定具体案件的分享份额时，一般要经由反复多次的磋商谈判才能完成。实践中，我国可以根据我国在调查取证、查封、扣押、冻结涉案财物、没收、返还违法所得及其他涉案财物等具体的刑事司法协作过程中发挥的重要作用，提出具体的分享比例和数额。

相关规定

《联合国打击跨国有组织犯罪公约》第 14 条；《中华人民共和国国际刑事司法协助法》第 49 条、第 54 条

第五十八条　国务院有关部门根据国务院授权，可以通过对外援助等渠道，支持有关国家实施毒品原植物替代种植、发展替代产业。

条文主旨

本条是关于开展以毒品原植物替代种植、发展替代产业为内容的国际合作的规定。

立法背景

毒品原植物种植处于整个毒品交易链条的最底端，毒品原植物种植为加工、制造毒品提供原材料，但是毒品种植人员从中获利并不多。发展毒品替代种植和替代产业，从种植根源上消灭毒品，是从根本上解决毒品问题的重要途径，也是我国开展禁毒国际合作的重要内容。1998 年，我国政府代表在联合国大会禁毒特别会议上郑重宣布将毒品替代发展作为中国开展禁毒国际合作的三大主张之一，提出要“重视替代发展”，“保障毒品种植地区人民生活，促进种植国经济发展，是从根本上解决毒品问题的关键。国际社会应为替代发展提供必要的资金和

技术援助。”

我国长期遭受“金三角”地区毒品的危害，减少金三角地区毒品原植物的种植，可以有效减少毒品从西南边境走私到我国的数量，这对我国打击毒品犯罪具有重要的作用。因此，一方面，我国认真履行与缅甸和老挝等国签订的禁毒双边协定，不断加强禁毒合作，深入开展罂粟替代种植产业，运用卫星遥感技术，监测毒品原植物的种植情况，大力推进罂粟铲除工作。另一方面，我国帮助缅甸、老挝等毒源地农民改善种植技术，使当地农民摆脱将种植罂粟作为其主要收入来源的状况。从20世纪90年代开始，中国政府就开始通过技术援助、农业支援、开发旅游资源等各种形式帮助缅甸、老挝、泰国、越南等国家发展替代种植，取得了一定成效。国务院还通过设立替代发展专项资金，商务部、公安部等部门组成的专门工作小组向缅北禁种烟民提供粮食和医疗援助，推动了该地区罂粟种植面积持续大幅减少。根据中国国家禁毒委员会办公室与缅甸中央肃毒委员会、老挝禁毒委员会合作开展卫星遥感监测数据显示，2018年至2019年生长季，缅北、老北地区罂粟种植面积共56.3万亩，同比下降2.5%，鸦片潜在产量500多吨。

发展替代种植产业，不仅堵截了流入我国的境外毒品来源，也帮助当地居民提高了经济收入，获得了良好的社会效益。因此，在禁毒法的制定过程中，将发展毒品替代种植作为禁毒国际合作的一项重要内容予以规定。

条文解读

本条规定中的“替代种植”，是指在毒品原植物种植较集中的区域，用种植粮食、经济作物的方法代替毒品原植物种植，以达到降低毒品产量，最终减少毒品交易实际效果的一种禁毒措施。“替代产业”，是指与替代种植相关的产品生产、加工、出口等经济部门。根据本条的规定，实施替代种植国际合作的主体为国务院有关部门。从目前的实际做法看，我国参与支持有关国家实施毒品原植物替代种植、发展替代产业的国务院有关部门有公安、农业、税务、财政、商务、海关等部门。上述各部门在国务院的授权范围内，通过对外援助等形式，从资金、技术、市场、关税等方面支持相关国家实施毒品原植物的替代种植、发展替代产业。从具体实施方式上而言，除建立对外援助的专项资金外，我国政府还为这些国家提供农作物种子和幼苗，培训农业技术人员，并为替代种植农产品的返销创造国内市场和税收优惠条件。

从目前的实践情况看，与我国建立了替代种植合作关系的国家主要有老挝、缅甸、越南、泰国、柬埔寨等国。替代种植作物主要有水稻、玉米、荞麦等粮食作物，热带水果，甘蔗、橡胶等经济作物以及香料、茶叶、豆类、咖啡、柠檬、剑麻作物。相关替代产业包括橡胶加工、热带水果加工、制糖业等等。中国在对外开展替代种植合作的同时，还通过了对批准数量内的替代种植产品返销中国实行税收优惠政策，取得了较好的效果。

第六章　法律责任

第五十九条　有下列行为之一，构成犯罪的，依法追究刑事责任；尚不构成犯罪的，依法给予治安管理处罚：

（一）走私、贩卖、运输、制造毒品的；

（二）非法持有毒品的；

（三）非法种植毒品原植物的；

（四）非法买卖、运输、携带、持有未经灭活的毒品原植物种子或者幼苗的；

（五）非法传授麻醉药品、精神药品或者易制毒化学品制造方法的；

（六）强迫、引诱、教唆、欺骗他人吸食、注射毒品的；

（七）向他人提供毒品的。

条文主旨

本条是关于涉毒违法犯罪行为法律责任的规定。

立法背景

毒品违法犯罪行为历来为我国法律所严厉禁止。近年来，我国禁毒工作取得了明显成效，但是毒品违法犯罪形势依然十分严峻。本章对违反禁毒法的法律责任作了规定。根据我国的法律责任体系，涉及犯罪和刑罚的规定是由刑法规定的，因此本法规定的涉毒犯罪的刑事责任应以刑法的具体规定为依据。对涉毒尚不构成犯罪的应当依据治安管理处罚法给予治安管理处罚，或者根据本法以及其他法律的规定予以相应的行政处罚、行政处分等，承担相应的法律责任。本条再次重申，对有本条规定七种行为之一，构成犯罪的，追究行为人刑事责任；尚不构成犯罪的，依法给予治安管理处罚。

条文解读

本条共规定了七种涉毒违法犯罪行为。

一、走私、贩卖、运输、制造毒品的

这里涉及的法律责任主要是根据走私、贩卖、运输、制造毒品罪的规定承担相应的刑事责任。根据《中华人民共和国刑法》第三百四十七条第一款的规定，走私、贩卖、运输、制造毒品，无论数量多少，都应当追究刑事责任，予以刑事处罚。对这一项规定的行为，没有适用治安处罚的余地。这一规定，体现了我国从严打击毒品犯罪的决心和力度。这里的“走私”毒品，是指违反海关法及有关法律、行政法规，逃避海关监管，携带、运输、邮寄毒品非法进出国（边）境的行为。“贩卖”毒品，是指非法出售、销售毒品，包括批发和零售；以贩卖为目的收买毒品的，也属于贩卖毒品。“运输”毒品，是指利用飞机、火车、汽车、轮船等交通工具或者采用随身携带的方法，将毒品从这一地点运往另一地点的行为。贩毒者运输毒品的，应按照贩卖毒品定罪；贩毒集团或者共同犯罪中分工负责运输毒品的，应按照集团犯罪、共同犯罪的罪名定罪。“制造”毒品，是指非法从毒品原植物中提炼毒品或者利用化学分解、合成等方法制成毒品的行为。这里的“毒品”根据《中华人民共和国禁毒法》第二条以及《中华人民共和国刑法》第三百五十七条的规定，是指鸦片、海洛因、甲基苯丙胺（冰毒）、吗啡、大麻、可卡因以及国家规定管制的其他能够使人形成瘾癖的麻醉药品和精神药品。同时，根据《中华人民共和国禁毒法》第二条第二款的规定，根据医疗、教学、科研的需要，可以依法生产、经营、使用、储存、运输麻醉药品和精神药品，出于上述目的而生产、制造、运输、销售麻醉药品、精神药品的不构成犯罪。

《中华人民共和国刑法》第三百四十七条第二款、第三款和第四款分别对该罪的量刑标准和刑罚种类作了具体规定：

根据《中华人民共和国刑法》第三百四十七条第二款的规定，有下列情形之一的，处十五年有期徒刑、无期徒刑或者死刑，并处没收财产：1. 走私、贩卖、运输、制造鸦片一千克以上、海洛因或者甲基苯丙胺五十克以上或者其他毒品数量大的。毒品数量的多少，是毒品犯罪中的主要情节之一。刑法关于鸦片和海洛因的不同数量标准，是根据鸦片可制成海洛因的实际比例规定的。鸦片与海洛因的比例，从理论上讲，十克鸦片可以制成一克海洛因，但由于制造毒品者技术、设备等条件的限制，实际上是约二十克鸦片才能提取一克海洛因。刑法根据这种实际情况，按照二十比一的原则确定了鸦片和海洛因的不同数量。甲基苯丙胺是一种精神药品，属兴奋剂类，因其固体形状为结晶体，酷似冰糖，被俗称为“冰毒”。为防止这种犯罪蔓延，根据“冰毒”的危害，刑法按照海洛因规定了其处刑的数量标准。这样规定，并不是说两者的毒性相等，海洛因是麻醉药品，甲基苯丙胺是精神药品，两者很难简单类比，这主要是从其对社会综合危害程度考虑作出的规定，表示了我国对“冰毒”犯罪严厉打击的态度。“其他毒品”，是指鸦片、海洛因、甲基苯丙胺以外的毒品，如吗啡、黄皮等。因情况很复杂，刑法只作了“数量大的”原则规定。根据2016年《最高人民法院关于审理毒品犯罪案件适用法律若干问题的解释》第一条的规定，这里的“其他毒品数量大”包括：(1) 可卡因五十克以上；(2) 3, 4-亚甲二氧基甲基苯丙胺（MDMA）等苯丙胺类毒品（甲基苯丙胺除外）、吗啡一百克以上；(3) 芬太尼一百二十五克以上；(4) 甲卡西酮二百克以上；(5) 二氢埃托啡十毫克以上；(6) 哌替啶（度冷丁）二百五十克以上；(7) 氯胺酮五百克以上；(8) 美沙酮一千克以上；(9) 曲马多、γ-羟丁酸二千克以上；(10) 大麻油五千克、大麻脂十千克、大麻叶及大麻烟一百五十千克以上；(11) 可待因、丁丙诺啡五千克以上；(12) 三唑仑、安眠酮五十千克以上；(13) 阿普唑仑、恰特草一百千克以上；(14) 咖啡因、罂粟壳二百千克以上；(15) 巴比妥、苯巴比妥、安钠咖、尼美西泮二百五十千克以上；(16) 氯氮卓、艾司唑仑、地西泮、溴西泮五百千克以上；(17) 上述毒品以外的其他毒品数量大的。国家定点生产企业按照标准规格生产的麻醉药品或者精神药品被用于毒品犯罪的，根据药品中毒品成分的含量认定涉案毒品数量。2. 走私、贩卖、运输、制造毒品集团的首要分子。3. 武装掩护走私、贩卖、运输、制造毒品的。4. 以暴力抗拒检查、拘留、逮捕，情节严重的。5. 参与有组织的国际贩毒活动的行为之一。以上第2项至第5项规定了四种即使毒品数量虽未达到第一项所规定的标准，也应处十五年有期徒刑、无期徒刑或者死刑的情形。其中，“走私、贩卖、运输、制造毒品集团的首要分子”，是指在集团性毒品犯罪中起组织、策划、指挥作用的犯罪分子。“武装掩护走私、贩卖、运输”，是指罪犯在走私、贩卖、运输、制造毒品过程中，自己携带枪支弹药或者雇用武装人员进行押送、掩护、警戒等，随时准备与国家执法机关和执法人员进行武力对抗的行为。“以暴力抗拒检查、拘留、逮捕，情节严重的”，是指在执法部门查缉毒品犯罪时，毒品犯罪分子实施暴力抗拒对其身体、物品、住所等进行检查，或者抗拒对其依法予以拘留、逮捕，情节严重的。其中“情节严重”，是指对执法人员造成伤害，或者有预谋、有组织地进行暴力抗拒等。2016 年《最高人民法院关于审理毒品犯罪案件适用法律若干问题的解释》第三条第二款规定：“在实施走私、贩卖、运输、制造毒品犯罪的过程中，以暴力抗拒检查、拘留、逮捕，造成执法人员死亡、重伤、多人轻伤或者具有其他严重情节的，应当认定为刑法第三百四十七条第二款第四项规定的‘以暴力抗拒检查、拘留、逮捕，情节严重’。”“参与有组织的国际贩毒活动的”，主要是指参与国际贩毒集团的犯罪活动。“有组织的国际贩毒活动”，是指有计划、有分工、有指挥地进行跨国贩毒的活动，其走私、贩毒活动涉及多个国家或者境外地区。

《中华人民共和国刑法》第三百四十七条第三款规定，走私、贩卖、运输、制造鸦片二百克以上不满一千克、海洛因或者甲基苯丙胺十克以上不满五十克或者其他毒品数量较大的，处七年以上有期徒刑，并处罚金。“鸦片二百克以上”“海洛因或者甲基苯丙胺十克以上”都包括本数在内；鸦片“不满一千克”、海洛因或者甲基苯丙胺“不满五十克”都不包括本数在内。对于达到鸦片一千克、海洛因或者甲基苯丙胺五十克的，应依照《中华人民共和国刑法》第三百四十七条第二款的规定处罚。根据刑法的规定，凡是走私、贩卖、运输、制造鸦片二百克以上不满一千克、海洛因或者甲基苯丙胺十克以上不满五十克或者其他毒品数量较大的，如果没有法定减轻处罚情节，就应判处七年以上有期徒刑，并处罚金。根据《最高人民法院关于审理毒品犯罪案件适用法律若干问题的解释》第二条的规定：这里的“其他毒品数量较大”包括：（1）可卡因十克以上不满五十克；（2）3，4-亚甲二氧基甲基苯丙胺（MDMA）等苯丙胺类毒品（甲基苯丙胺除外）、吗啡二十克以上不满一百克；（3）芬太尼二十五克以上不满一百二十五克；（4）甲卡西酮四十克以上不满二百克；（5）二氢埃托啡二毫克以上不满十毫克；（6）哌替啶（度冷丁）五十克以上不满二百五十克；（7）氯胺酮一百克以上不满五百克；（8）美沙酮二百克以上不满一千克；（9）曲马多、γ-羟丁酸四百克以上不满二千克；（10）大麻油一千克以上不满五千克、大麻脂二千克以上不满十千克、大麻叶及大麻烟三十千克以上不满一百五十千克；（11）可待因、丁丙诺啡一千克以上不满五千克；（12）三唑仑、安眠酮十千克以上不满五十千克；（13）阿普唑仑、恰特草二十千克以上不满一百千克；（14）咖啡因、罂粟壳四十千克以上不满二百千克；（15）巴比妥、苯巴比妥、安钠咖、尼美西泮五十千克以上不满二百五十千克；（16）氯氮卓、艾司唑仑、地西泮、溴西泮一百千克以上不满五百千克；（17）上述毒品以外的其他毒品数量较大的。

《中华人民共和国刑法》第三百四十七条第四款规定，走私、贩卖、运输、制造鸦片不满二百克、海洛因或者甲基苯丙胺不满十克或者其他少量毒品的，处三年以下有期徒刑、拘役或者管制，并处罚金；情节严重的，处三年以上七年以下有期徒刑，并处罚金。根据上述司法解释第四条的规定，“情节严重”是指：(1) 向多人贩卖毒品或者多次走私、贩卖、运输、制造毒品的；(2) 在戒毒场所、监管场所贩卖毒品的；(3) 向在校学生贩卖毒品的；(4) 组织、利用残疾人、严重疾病患者、怀孕或者正在哺乳自己婴儿的妇女走私、贩卖、运输、制造毒品的；(5) 国家工作人员走私、贩卖、运输、制造毒品的；(6) 其他情节严重的情形。

《中华人民共和国刑法》第三百四十七条第五款是关于单位犯第二款、第三款、第四款罪如何处罚的规定。单位犯该条第二款、第三款、第四款规定之罪的，对单位判处罚金，对单位直接负责的主管人员和其他直接责任人员，依照该条第二款、第三款、第四款的规定处罚。第六款是关于利用、教唆未成年人走私、贩卖、运输、制造毒品或者向未成年人出售毒品的，从重处罚的规定。第七款是关于多次走私、贩卖、运输、制造毒品，未经处理的，毒品数量累计计算的规定。“多次走私、贩卖、运输、制造毒品，未经处理的”，其中“多次”，是指两次以上，包括本数在内。“累计计算”，是指将犯罪分子每次未经处理的走私、贩卖、运输、制造毒品的数量相加。需要特别注意的是，对于已过追诉时效的犯罪，毒品数量不应再累计计算。另外，对已经处理过的毒品犯罪，应视为已经结案，不应再将已经处理案件中的毒品数量与未经处理案件中的毒品数量累计相加。

二、非法持有毒品的

(一) 非法持有毒品行为的刑事责任

根据《中华人民共和国刑法》第三百四十八条的规定，非法持有鸦片一千克以上、海洛因或者甲基苯丙胺五十克以上或者其他毒品数量大的，处七年以上有期徒刑或者无期徒刑，并处罚金；非法持有鸦片二百克以上不满一千克、海洛因或者甲基苯丙胺十克以上不满五十克或者其他毒品数量较大的，处三年以下有期徒刑、拘役或者管制，并处罚金；情节严重的，处三年以上七年以下有期徒刑，并处罚金。根据上述司法解释的规定，这条规定中的“其他毒品数量大的”和“其他毒品数量较大的”含义与第三百四十七条规定相同。

考虑到一些非法持有毒品者，虽然具有走私、贩卖、运输、制造毒品的可能性，但并未掌握这种证据，同时还存在为他人窝藏毒品等其他的可能性。因此，为了不使涉毒犯罪分子逃避法律的惩处，也考虑到罪刑相适应的要求，刑法对非法持有毒品的犯罪作了单独的规定，刑罚设置上没有规定死刑，处刑的毒品数量标准也相对高一些。需要注意的是，对于被查获的非法持有毒品者，首先应当尽力调查犯罪事实，如果经查证是以走私、贩卖毒品为目的而非法持有毒品的，应当以走私、贩卖毒品罪定罪量刑。

（二）治安管理处罚

对非法持有鸦片不满二百克、海洛因或者甲基苯丙胺不满十克或者其他少量毒品，根据刑法和司法解释的规定不构成刑事犯罪的行为，根据《中华人民共和国治安管理处罚法》第七十二条的规定，处十日以上十五日以下拘留，可以并处二千元以下罚款；情节较轻的，处五日以下拘留或者五百元以下罚款。

三、非法种植毒品原植物的

（一）非法种植毒品原植物行为的刑事责任

《中华人民共和国禁毒法》第十九条、第二十条确立了对麻醉药品药用原植物的种植实行管制的原则。第十九条规定了禁止非法种植罂粟、古柯植物、大麻植物以及国家规定管制的可以用于提炼加工毒品的其他原植物。第二十条则规定了由国家确定的企业按照国家有关规定种植麻醉药品药用原植物。

违反上述规定构成犯罪的，可以依据《中华人民共和国刑法》第三百五十一条追究行为人的刑事责任。第三百五十一条规定，非法种植罂粟、大麻等毒品原植物的，一律强制铲除。有下列情形之一的，处五年以下有期徒刑、拘役或者管制，并处罚金：(1) 种植罂粟五百株以上不满三千株或者其他毒品原植物数量较大的。(2) 经公安机关处理后又种植的。这是指过去曾因为种植罂粟等毒品原植物被公安机关给予治安管理处罚或者强制铲除过，也包括被依法追究过刑事责任，又再次种植毒品原植物的。在这种情况下，只要再次种植的，无论种植毒品原植物多少，都构成犯罪。(3) 抗拒铲除的。这是指非法种植毒品原植物的行为人，在公安机关或者政府有关部门依法强制铲除这些毒品原植物时，使用暴力、威胁、设置障碍等方法拒不铲除的。根据上述司法解释第九条第一款的规定，非法种植毒品原植物，具有下列情形之一的，应当认定为《中华人民共和国刑法》第三百五十一条第一款第一项规定的“其他毒品原植物数量较大”：(1) 非法种植大麻五千株以上不满三万株的；(2) 非法种植罂粟二百平方米以上不满一千二百平方米、大麻二千平方米以上不满一万二千平方米，尚未出苗的；(3) 非法种植其他毒品原植物数量较大的。

《中华人民共和国刑法》第三百五十一条第二款、第三款规定，非法种植罂粟三千株以上或者其他毒品原植物数量大的，处五年以上有期徒刑，并处罚金或者没收财产。非法种植罂粟或者其他毒品原植物，在收获前自动铲除的，可以免除处罚。关于这里的“其他毒品原植物数量大”，根据上述司法解释的规定，非法种植毒品原植物，达到“数量较大”的最高数量标准的，应当认定为《中华人民共和国刑法》第三百五十一条第二款规定的“数量大”。

（二）治安管理处罚

对非法种植罂粟不满五百株或者其他少量毒品原植物的，根据《中华人民共和国治安管理处罚法》第七十一条第一款第一项的规定，处十日以上十五日以下拘留，可以并处三千元以下罚款；情节较轻的，处五日以下拘留或者五百元以下罚款。该条第二款同时作出规定，种植罂粟不满五百株或者其他少量毒品原植物，在成熟前自行铲除的，不予处罚。

四、非法买卖、运输、携带、持有未经灭活的毒品原植物种子或者幼苗的

（一）非法买卖、运输、携带、持有毒品原植物种子、幼苗行为的刑事责任

《中华人民共和国禁毒法》第十九条规定，国家对毒品原植物实行管制。违反这项规定构成犯罪的，应当根据《中华人民共和国刑法》第三百五十二条追究行为人刑事责任：非法买卖、运输、携带、持有未经灭活的罂粟等毒品原植物种子或者幼苗，数量较大的，处三年以下有期徒刑、拘役或者管制，并处或者单处罚金。这里的“非法买卖”，是指非法购买或者出售未经灭活的毒品原植物种子或者幼苗的行为。非法“运输”，是指非法运输未经灭活的罂粟等毒品原植物种子或者幼苗的行为，包括国内运输和在国境、边境非法输入输出。非法“携带、持有”，是指违反国家规定，随身携带、私藏未经灭活的

罂粟等毒品原植物种子或者幼苗的行为。“未经灭活的罂粟等毒品原植物种子”，是指没有经过烘烤、放射线照射等处理手段，还能继续繁殖、发芽的罂粟等毒品原植物种子。根据规定，只要具有非法买卖、运输、携带、持有未经灭活的罂粟等毒品原植物种子或者幼苗，数量较大行为的，无论其目的为何，即构成犯罪，这一规定与联合国公约中对毒品原植物种子进行严格管制的精神是完全一致的。《最高人民法院关于审理毒品犯罪案件适用法律若干问题的解释》第十条规定：“非法买卖、运输、携带、持有未经灭活的毒品原植物种子或者幼苗，具有下列情形之一的，应当认定为刑法第三百五十二条规定的‘数量较大’：（一）罂粟种子五十克以上、罂粟幼苗五千株以上的；（二）大麻种子五十千克以上、大麻幼苗五万株以上的；（三）其他毒品原植物种子或者幼苗数量较大的。”

（二）治安管理处罚

关于非法买卖、运输、携带、持有未经灭活的毒品原植物种子或者幼苗行为的行政处罚，《中华人民共和国治安管理处罚法》第七十一条第一款第二项规定，非法买卖、运输、携带、持有少量未经灭活的罂粟等毒品原植物种子或者幼苗的，处十日以上十五日以下拘留，可以并处三千元以下罚款；情节较轻的，处五日以下拘留或者五百元以下罚款。

五、非法传授麻醉药品、精神药品或者易制毒化学品制造方法的

国务院颁布的《麻醉药品和精神药品管理条例》《易制毒化学品管理条例》对麻醉药品、精神药品和易制毒化学品的生产、制造进行了严格的规范和限制。上述药品和化学品实行定点生产，相关生产企业必须具备法律规定的生产能力和生产条件，同时必须通过国家药品监督管理部门的审查和批准，才能从事相关生产。《中华人民共和国禁毒法》第二十四条中规定，禁止非法传授麻醉药品、精神药品和易制毒化学品的制造方法。根据《中华人民共和国刑法》第三百四十七条的规定，制造毒品为行为犯，行为一旦实施即可构成制造毒品罪。因此，违反《中华人民共和国禁毒法》第五十九条第五项的规定，构成犯罪的，可以依据《中华人民共和国刑法》第二百九十五条的规定，以传授犯罪方法罪追究行为人刑事责任，处五年以下有期徒刑、拘役或者管制；情节严重的，处五年以上十年以下有期徒刑；情节特别严重的，处十年以上有期徒刑或者无期徒刑。

六、强迫、引诱、教唆、欺骗他人吸食、注射毒品的

（一）强迫、引诱、教唆、欺骗他人吸食、注射毒品的刑事责任

强迫、引诱、教唆、欺骗他人吸食、注射毒品，是贩毒人员制造毒品市场的主要手段，将直接导致吸毒人员身心健康受到严重损害和毒品的迅速蔓延，具有极强的社会危害性。刑法和治安管理处罚法对这些行为规定了严格的法律责任。强迫他人吸毒行为相对于后几种行为而言，主观恶性更大，社会危害性也更严重，因此《中华人民共和国刑法》第三百五十三条第二款对其规定了相对较重的刑罚。该款规定，强迫他人吸食、注射毒品的，处三年以上十年以下有期徒刑，并处罚金。“强迫”，是指违背他人意愿，使用暴力、胁迫或者其他手段，迫使他人吸食、注射毒品的行为。该法第三百五十三条第一款规定，引诱、教唆、欺骗他人吸食、注射毒品的，处三年以下有期徒刑、拘役或者管制，并处罚金；情节严重的，处三年以上

七年以下有期徒刑，并处罚金。其中，“引诱、教唆”，是指向他人传授吸毒体验，示范吸毒方法或者使用其他方法诱惑他人吸毒的行为；“欺骗”，是指在他人不知情的情况下，给其吸食或者注射毒品的行为。《最高人民法院关于审理毒品犯罪案件适用法律若干问题的解释》第十一条规定：“引诱、教唆、欺骗他人吸食、注射毒品，具有下列情形之一的，应当认定为刑法第三百五十三条第一款规定的‘情节严重’：（一）引诱、教唆、欺骗多人或者多次引诱、教唆、欺骗他人吸食、注射毒品的；（二）对他人身体健康造成严重危害的；（三）导致他人实施故意杀人、故意伤害、交通肇事等犯罪行为的；（四）国家工作人员引诱、教唆、欺骗他人吸食、注射毒品的；（五）其他情节严重的情形。”第三百五十三条第三款规定，对引诱、教唆、欺骗或者强迫未成年人吸食、注射毒品的，从重处罚。这里的“未成年人”，是指不满十八周岁的人。未成年人正处在长身体时期，吸食、注射毒品对他们的身心健康将带来极大的危害。因此，刑法规定，引诱、教唆、欺骗或者强迫未成年人吸食、注射毒品的，从重处罚。

（二）治安管理处罚

关于本项规定行为的行政处罚，《中华人民共和国治安管理处罚法》第七十三条规定，对教唆、引诱、欺骗他人吸食、注射毒品的，处十日以上十五日以下拘留，并处五百元以上二千元以下罚款。

七、向他人提供毒品的

向他人提供毒品的行为与本条第一项规定的贩卖毒品不同，通常不以营利为目的，也不需要对方支付对价，因此相对于贩卖毒品而言，责任相对较轻。

《中华人民共和国刑法》第三百五十五条规定了非法提供麻醉药品、精神药品罪。根据该规定，依法从事生产、运输、管理、使用国家管制的麻醉药品、精神药品的人员，违反国家规定，向吸食、注射毒品的人提供国家规定管制的能够使人形成瘾癖的麻醉药品、精神药品的，处三年以下有期徒刑或者拘役，并处罚金；情节严重的，处三年以上七年以下有期徒刑，并处罚金。向走私、贩卖毒品的犯罪分子或者以牟利为目的，向吸食、注射毒品的人提供国家规定管制的能够使人形成瘾癖的麻醉药品、精神药品的，依照《中华人民共和国刑法》第三百四十七条的规定定罪处罚。第三百五十五条规定的特殊之处在于该条规定的主体为特殊主体，即依法从事生产、运输、管理、使用国家管制的麻醉药品、精神药品的人员。《最高人民法院关于审理毒品犯罪案件适用法律若干问题的解释》第十三条规定："依法从事生产、运输、管理、使用国家管制的麻醉药品、精神药品的人员，违反国家规定，向吸食、注射毒品的人提供国家规定管制的能够使人形成瘾癖的麻醉药品、精神药品，具有下列情形之一的，应当依照刑法第三百五十五条第一款的规定，以非法提供麻醉药品、精神药品罪定罪处罚：（一）非法提供麻醉药品、精神药品达到刑法第三百四十七条第三款或者本解释第二条规定的'数量较大'标准最低值的百分之五十，不满'数量较大'标准的；（二）二年内曾因非法提供麻醉药品、精神药品受过行政处罚的；（三）向多人或者多次非法提供麻醉药品、精神药品的；（四）向吸食、注射毒品的未成年人非法提供麻醉药品、精神药品的；（五）非法提供麻醉药品、精神药品造成严重后果的；（六）其他应当追究刑事责任的情形。具有下列情形之一的，应当认定为刑法第三百五十五条第一款规定的‘情节严重’：（一）非法提供麻醉药品、精神药品达到刑法第三百四十七条第三款或者本解释第二条规定的‘数量较大’标准的；（二）非法提供麻醉药品、精神药品达到前款第一项规定的数量标准，且具有前款第三项至第五项规定的情形之一的；（三）其他情节严重的情形。”

对吸毒人员互相之间，不以支付对价为交换形式的提供毒品行为，可以根据《中华人民共和国治安管理处罚法》第七十二条第二项的规定，对向他人提供毒品的行为人，处十日以上十五日以下拘留，可以并处二千元以下罚款；情节较轻的，处五日以下拘留或者五百元以下罚款。

相关规定

《中华人民共和国刑法》第 295 条、第 347 条、第 348 条、第 351—353 条、第 355 条、第 357 条；《中华人民共和国治安管理处罚法》第 71—73 条；《中华人民共和国禁毒法》第 19 条、第 20 条、第 24 条

第六十条 有下列行为之一，构成犯罪的，依法追究刑事责任；尚不构成犯罪的，依法给予治安管理处罚：

（一）包庇走私、贩卖、运输、制造毒品的犯罪分子，以及为犯罪分子窝藏、转移、隐瞒毒品或者犯罪所得财物的；

（二）在公安机关查处毒品违法犯罪活动时为违法犯罪行为人通风报信的；

（三）阻碍依法进行毒品检查的；

（四）隐藏、转移、变卖或者损毁司法机关、行政

执法机关依法扣押、查封、冻结的涉及毒品违法犯罪活动的财物的。

条文主旨

本条是关于妨碍司法机关毒品查禁工作的行为法律责任的规定。

立法背景

对妨碍司法机关查禁毒品违法犯罪行为的刑事责任和治安行政处罚，我国刑法和治安管理处罚法作了明确规定。本条重申，对所列的四种行为构成犯罪或者违反治安管理处罚的，分别追究刑事责任或者给予治安管理处罚。

条文解读

本条规定了四种妨碍司法机关毒品查禁工作的行为及其法律责任。

一、包庇走私、贩卖、运输、制造毒品的犯罪分子，以及为犯罪分子窝藏、转移、隐瞒毒品或者毒品犯罪所得财物的

（一）包庇走私、贩卖、运输、制造毒品的犯罪分子，为犯罪分子窝藏、转移、隐瞒毒品、毒赃行为的刑事责任

《中华人民共和国刑法》第三百四十九条第一款规定包庇走私、贩卖、运输、制造毒品的犯罪分子的，为犯罪分子窝藏、转移、隐瞒毒品或者犯罪所得的财物的，处三年以下有期徒刑、拘役或者管制；情节严重的，处三年以上十年以下有期徒刑。这一款规定了两个罪名，包庇毒品犯罪分子罪，窝藏、转移、隐瞒毒品、毒赃罪，其中第二个罪名也属于广义上的洗钱犯罪。

这里的“包庇”，是指采取窝藏犯罪分子或者作假证明等方法，帮助走私、贩卖、运输、制造毒品的犯罪分子逃避法律追究的行为。为犯罪分子“窝藏”毒品或者犯罪所得的财物，是指将犯罪分子的毒品或者进行毒品犯罪得到的财物隐藏在自己的住所或者其他隐蔽的场所，以逃避司法机关追查的行为。为犯罪分子“转移”毒品或者犯罪所得的财物，是指将犯罪分子的毒品或者进行毒品犯罪所得的财物从一地转移到另一地，以抗拒司法机关对毒品或者进行毒品犯罪所得财物追缴的行为。“隐瞒毒品或者犯罪所得的财物”，是指当司法机关追查毒品和赃物，向其询问时，故意不讲毒品、犯罪所得财物隐藏处的行为。《最高人民法院关于审理毒品犯罪案件适用法律若干问题的解释》第六条规定：“包庇走私、贩卖、运输、制造毒品的犯罪分子，具有下列情形之一的，应当认定为刑法第三百四十九条第一款规定的‘情节严重’：（一）被包庇的犯罪分子依法应当判处十五年有期徒刑以上刑罚的；（二）包庇多名或者多次包庇走私、贩卖、运输、制造毒品的犯罪分子的；（三）严重妨害司法机关对被包庇的犯罪分子实施的毒品犯罪进行追究的；（四）其他情节严重的情形。为走私、贩卖、运输、制造毒品的犯罪分子窝藏、转移、隐瞒毒品或者毒品犯罪所得的财物，具有下列情形之一的，应当认定为刑法第三百四十九条第一款规定的‘情节严重’：（一）为犯罪分子窝藏、转移、隐瞒毒品达到刑法第三百四十七条第二款第一项或者本解释第一条第一款规定的‘数量大’标准的；（二）为犯罪分子窝藏、转移、隐瞒毒品犯罪所得的财物价值达到五万元以上的；（三）为多人或者多次为他人窝藏、转移、隐瞒毒品或者毒品犯罪所得的财物的；（四）严重妨害司法机关对该犯罪分子实施的毒品犯罪进行追究的；（五）其他情节严重的情形。包庇走私、贩卖、运输、制造毒品的近亲属，或者为其窝藏、转移、隐瞒毒品或者毒品犯罪所得的财物，不具有本条前两款规定的‘情节严重’情形，归案后认罪、悔罪、积极退赃，且系初犯、偶犯，犯罪情节轻微不需要判处刑罚的，可以免予刑事处罚。”

《中华人民共和国刑法》第三百四十九条第二款规定，缉毒人员或者其他国家机关工作人员掩护、包庇走私、贩卖、运输、制造毒品的犯罪分子的，依照前款的规定从重处罚。第三款规定，犯前两款罪，事先通谋的，以走私、贩卖、运输、制造毒品罪的共犯论处。

（二）治安管理处罚

对有上述行为，尚不构成犯罪的，可依据治安管理处罚法的规定予以治安处罚。根据《中华人民共和国治安管理处罚法》第六十条第二项、第三项的规定，伪造、隐匿、毁灭证据或者提供虚假证言、谎报案情，影响行政执法机关依法办案的；明知是赃物而窝藏、转移或者代为销售的，对行为人处五日以上十日以下拘留，并处二百元以上五百元以下罚款。

二、在公安机关查处毒品违法犯罪活动时，为违反犯罪行为人通风报信的

（一）在公安机关查处毒品违法犯罪活动时，为违反犯罪行为人通风报信的刑事责任

《中华人民共和国刑法》第四百一十七条规定：“有查禁犯罪活动职责的国家机关工作人员，向犯罪分子通风报信、提供便利，帮助犯罪分子逃避处罚的，处三年以下有期徒刑或者拘役；情节严重的，处三年以上十年以下有期徒刑。”该条规定

的主体为特殊主体，即有查禁犯罪活动职责的国家机关工作人员，包括有查禁毒品犯罪职责的公安机关、国家安全机关、检察机关、审判机关等司法工作人员。“通风报信”，是指上述人员故意泄露或者直接告知犯罪分子有关部门查禁活动的部署、措施、时间、地点等活动信息，以帮助其逃避打击。

（二）治安管理处罚

根据《中华人民共和国治安管理处罚法》第七十四条的规定，旅馆业、饮食服务业、文化娱乐业、出租汽车业等单位的人员，在公安机关查处吸毒活动时，为违法犯罪行为人通风报信的，处十日以上十五日以下拘留。

三、阻碍依法进行毒品检查的

毒品检查是缉毒工作的重要手段，通过毒品检查能够及时发现和制止毒品违法犯罪行为，采取相关控制措施，有效防止毒品的扩散和传播。根据《中华人民共和国禁毒法》第二十六条的规定，公安机关根据查缉毒品的需要，可以在边境地区、交通要道、口岸以及飞机场、火车站等地点进行毒品检查。关于阻碍毒品检查行为的法律责任，根据《中华人民共和国治安管理处罚法》第五十条的规定，对阻碍国家机关工作人员依法执行职务的行为，处警告或者二百元以下罚款；情节严重的，处五日以上十日以下拘留，可以并处五百元以下罚款。阻碍人民警察依法执行职务的，从重处罚。

《中华人民共和国刑法》第二百七十七条第一款规定，以暴力、威胁方法阻碍国家机关工作人员依法执行职务的，处三年以下有期徒刑、拘役、管制或者罚金。同时，该条第五款规定，暴力袭击正在依法执行职务的人民警察的，依照第一款的规定从重处罚。

四、隐藏、转移、变卖或者损毁司法机关、行政机关依法扣押、查封、冻结的涉及毒品违法犯罪活动的财物的

（一）非法处置查封、扣押、冻结的财产行为的刑事责任

本条规定中的“涉及毒品违法犯罪的非法所得及其收益”，根据第二十八条的规定，包括依法查获的毒品，吸食、注射毒品的用具，毒品违法犯罪的非法所得及其收益，以及直接用于实施毒品违法犯罪行为的本人所有的工具、设备、资金等物品。如果实施本条第四项规定的行为构成犯罪的，可以依据《中华人民共和国刑法》第三百一十四条有关非法处置查封、扣押、冻结的财产罪的规定，追究行为人的刑事责任。该条规定，隐藏、转移、变卖、故意毁损已被司法机关查封、扣押、冻结的财产，情节严重的，处三年以下有期徒刑、拘役或者罚金。

（二）治安管理处罚

对有本条第四项规定的“隐藏、转移、变卖或者损毁行政执法机关依法扣押、查封、冻结的财物的”的行为，尚不构成犯罪的，可予以治安处罚。根据《中华人民共和国治安管理处罚法》第六十条第一项的规定，“隐藏、转移、变卖或者损毁行政执法机关依法扣押、查封、冻结的财物”的，处五日以上十日以下拘留，并处二百元以上五百元以下罚款。

相关规定

《中华人民共和国刑法》第277条、第310条、第312条、第314条、第349条、第417条；《中华人民共和国治安管理处罚法》第50条、第60条、第74条；《中华人民共和国禁毒法》第26条、第28条

第六十一条 容留他人吸食、注射毒品或者介绍买卖毒品，构成犯罪的，依法追究刑事责任；尚不构成犯罪的，由公安机关处十日以上十五日以下拘留，可以并处三千元以下罚款；情节较轻的，处五日以下拘留或者五百元以下罚款。

条文主旨

本条是关于容留他人吸食、注射毒品和介绍买卖毒品的行为法律责任的规定。

立法背景

容留他人吸食、注射毒品和介绍毒品买卖的行为具有严重的社会危害性：一方面，为他人员购买、吸食毒品提供便利，导致毒品蔓延；另一方面，行为人通常会采取各种手段帮助吸毒、贩毒人员逃避毒品查处，包庇毒品违法犯罪行为，给缉毒工作制造障碍。对上述行为应当依据有关法律规定追究行为人的法律责任。

条文解读

一、容留他人吸食、注射毒品行为的法律责任

（一）容留他人吸食、注射毒品行为的刑事责任

《中华人民共和国刑法》第三百五十四条规定了容留他人吸毒罪：容留他人吸食、注射毒品的，处三年以下有期徒刑、拘役或者管制，并处罚金。“容留他人吸食、注射毒品”，是指提供场所，供他人吸食、注射毒品的行为。“容留”，是指为吸食、注射毒品的人员提供场所和方便。“场所”，既可以是自己

的住所，也可以是其经管的场所，如私人住房以及酒吧、舞厅等经营场所。《最高人民法院关于审理毒品犯罪案件适用法律若干问题的解释》规定：“容留他人吸食、注射毒品，具有下列情形之一的，应当依照刑法第三百五十四条的规定，以容留他人吸毒罪定罪处罚：（一）一次容留多人吸食、注射毒品的；（二）二年内多次容留他人吸食、注射毒品的；（三）二年内曾因容留他人吸食、注射毒品受过行政处罚的；（四）容留未成年人吸食、注射毒品的；（五）以牟利为目的容留他人吸食、注射毒品的；（六）容留他人吸食、注射毒品造成严重后果的；（七）其他应当追究刑事责任的情形。向他人贩卖毒品后又容留其吸食、注射毒品，或者容留他人吸食、注射毒品并向其贩卖毒品，符合前款规定的容留他人吸毒罪的定罪条件的，以贩卖毒品罪和容留他人吸毒罪数罪并罚。容留近亲属吸食、注射毒品，情节显著轻微危害不大的，不作为犯罪处理；需要追究刑事责任的，可以酌情从宽处罚。”

（二）行政处罚

根据本条的规定，容留他人吸食、注射毒品，尚不构成犯罪的，由公安机关处十日以上十五日以下拘留，可以并处三千元以下罚款；情节较轻的，处五日以下拘留或者五百元以下罚款。

二、介绍买卖毒品行为的法律责任

“介绍买卖毒品”行为应区别不同情况，如果行为人明知某人贩卖毒品，仍协助其寻找客源，兜售毒品，并从中获利的，以贩卖毒品罪的共犯论处，依据《中华人民共和国刑法》第三百四十七条有关贩卖毒品罪的规定追究行为人的刑事责任。除此以外的其他情形，如吸毒人员之间互相介绍，或者其他人员在与毒贩无犯意沟通的情况下，向吸毒人员介绍在何处或者向何人购买毒品的行为，应依法给予行政处罚。根据本条的规定，对该行为由公安机关处十日以上十五日以下拘留，可以并处三千元以下罚款；情节较轻的，处五日以下拘留或者五百元以下罚款。

相关规定

《中华人民共和国刑法》第347条、第354条

第六十二条　吸食、注射毒品的，依法给予治安管理处罚。吸毒人员主动到公安机关登记或者到有资质的医疗机构接受戒毒治疗的，不予处罚。

条文主旨

本条是关于吸毒行为的法律责任的规定。

立法背景

吸食、注射毒品不仅严重侵蚀吸毒人员自身的身心健康，由于吸毒引发的犯罪等社会问题也引起了人们越来越广泛的关注。如何综合治理毒品问题，帮助吸毒人员戒除毒瘾成为政府部门的一项重要工作内容。考虑到吸毒人员在实施违法行为的同时，其本人也是毒品受害者，政府有义务帮助其戒除毒瘾，回归正常社会生活。本法第三十一条第一款规定："国家采取各种措施帮助吸毒人员戒除毒瘾，教育和挽救吸毒人员。"《联合国禁止非法贩运麻醉药品和精神药品公约》也规定，"在性质轻微的适当案件中，缔约国可规定作为定罪或惩罚的替代办法，采取诸如教育、康复或回归社会等措施"。因此，本条规定从两个方面对吸毒行为进行规范：一方面禁止吸毒，对吸毒

行为进行治安处罚；另一方面倡导吸毒人员主动登记、接受戒毒治疗，对主动戒毒的吸毒人员不予处罚。

条文解读

防止吸毒重点在于预防，禁毒法不仅规定了关于毒品危害的各种宣传教育措施，同时也对吸毒行为本身规定了严格的法律责任。根据本条第一句的规定，吸食、注射毒品的，依法给予治安管理处罚。根据《中华人民共和国治安管理处罚法》第七十二条第三项的规定，对吸食、注射毒品的行为，处十日以上十五日以下拘留，可以并处二千元以下罚款；情节较轻的，处五日以下拘留或者五百元以下罚款。

本条第二句是关于吸毒人员主动到公安机关登记或者到有资质的医疗机构接受戒毒治疗的，不予处罚的规定。这样规定与本法第三十一条规定的教育和挽救吸毒人员的宗旨相吻合。本法第三十二条第二款规定，公安机关应当对吸毒人员进行登记。将吸毒人员登记在册，是针对其开展戒毒检测、社区戒毒工作以及其他管理工作的基础。《中华人民共和国禁毒法》第三十六条规定，吸毒人员可以自行到具有戒毒治疗资质的医疗机构接受戒毒治疗。吸毒人员自愿戒毒通常比强制戒毒的效果更好，国家鼓励吸毒人员自行戒毒。吸毒人员主动到公安机关登记，或者主动到有资质的治疗机构接受戒毒治疗，表明了其希望摆脱毒品的愿望，应当予以鼓励，故对其免予处罚。

相关规定

《中华人民共和国治安管理处罚法》第 72 条；《中华人民共和国禁毒法》第 31 条、第 32 条、第 36 条

第六十三条 在麻醉药品、精神药品的实验研究、生产、经营、使用、储存、运输、进口、出口以及麻醉药品药用原植物种植活动中，违反国家规定，致使麻醉药品、精神药品或者麻醉药品药用原植物流入非法渠道，构成犯罪的，依法追究刑事责任；尚不构成犯罪的，依照有关法律、行政法规的规定给予处罚。

条文主旨

本条是关于违反国家麻醉药品、精神药品以及麻醉药品药用原植物种植管制规定的行为的法律责任的规定。

立法背景

国家实行对麻醉药品、精神药品以及麻醉药品药用原植物的严格管制是禁毒的基本原则之一。本法在第三章“毒品管制”中，将对上述物品的管制作为主要内容予以规定：第十九条、第二十一条、第二十二条分别对麻醉药品药用原植物种植以及麻醉药品、精神药品的实验研究、生产、经营、使用、储存、运输、进出口管制措施作出了规定；第二十三条规定了丢失上述物品的报告制度。与此对应，《麻醉药品和精神药品管理条例》对麻醉药品和精神药品的种植、实验研究、生产、经营、使用、储存、运输等活动的各环节均规定了明确的管制措施，以防止管制药品的滥用和不当流失。关于违反国家麻醉药品、精神药品以及麻醉药品药用原植物管制规定的行为的法律责任，本条从刑事责任和行政责任两个方面作出了规定。

条文解读

本条包括如下几个方面的内容：第一，在麻醉药品、精神药品的实验研究、生产、经营、使用、储存、运输、进口、出口以及麻醉药品药用原植物种植活动中，违反国家规定，致使麻醉药品、精神药品或者麻醉药品药用原植物流入非法渠道，构成犯罪的，依法追究刑事责任。实施该行为的主体通常是特殊主体，即在麻醉药品、精神药品的实验研究、生产、经营、使用、储存、运输、进口、出口以及麻醉药品药用原植物种植活动中负有特定职责的人员。上述人员违反国家规定，致使麻醉药品、精神药品或者麻醉药品药用原植物流入非法渠道，构成犯罪的，主要有两种情形：一种是提供给吸毒人员吸食，根据《中华人民共和国刑法》第三百五十五条第一款的规定，依法从事生产、运输、管理、使用国家管制的麻醉药品、精神药品的人员，违反国家规定，向吸食、注射毒品的人提供国家规定管制的能够使人形成瘾癖的麻醉药品、精神药品的，处三年以下有期徒刑或者拘役，并处罚金；情节严重的，处三年以上七年以下有期徒刑，并处罚金。实施此种行为，行为人主观上不以营利为目的。如果上述行为人为牟取利益，向吸食、注射毒品的人提供国家规定管制的能够使人形成瘾癖的麻醉药品、精神药品的，应当依照《中华人民共和国刑法》第三百四十七条的规定以贩卖毒品罪定罪处罚。另一种流入非法渠道的方式是供给贩毒分子毒品销售，行为人明知对方贩卖毒品，仍为其提供管制药品，并从中牟利的，应当以贩卖毒品罪的共犯论处。

第二，在麻醉药品、精神药品的实验研究、生产、经营、使用、储存、运输、进口、出口以及麻醉药品药用原植物种植活动中，违反国家规定，致使麻醉药品、精神药品或者麻醉药品药用原植物流入非法渠道，尚不构成犯罪的，依照有关法律、行政法规的规定给予处罚。根据《麻醉药品和精神药品管理条例》第八十二条第一款的规定，对违反该条例的规定，致使麻醉药品和精神药品流入非法渠道造成危害，尚不构成犯罪的，由县级以上公安机关处5万元以上10万元以下的罚款；有违法所得的，没收违法所得；情节严重的，处违法所得2倍以上5倍以下的罚款；由原发证部门吊销其药品生产、经营和使用许可证明文件。

相关规定

《中华人民共和国刑法》第347条、第355条；《中华人民共和国禁毒法》第19条、第21—23条；《麻醉药品和精神药品管理条例》第82条

第六十四条 **在易制毒化学品的生产、经营、购买、运输或者进口、出口活动中，违反国家规定，致使易制毒化学品流入非法渠道，构成犯罪的，依法追究刑事责任；尚不构成犯罪的，依照有关法律、行政法规的规定给予处罚。**

条文主旨

本条是关于违反国家易制毒化学品管制的规定，致使易制毒化学品流入非法渠道的行为的法律责任的规定。

立法背景

易制毒化学品一方面是工农业生产、医疗和科研中使用的原料或者制剂，另一方面如果对其管理不善，流入非法渠道，就有可能成为制造毒品的原料和辅助配剂。本法第二十一条第二款规定，国家对易制毒化学品的生产、经营、购买、运输实行许可制度。该条第三款规定，禁止非法生产、买卖、运输、储存、提供、持有、使用易制毒化学品。第二十二条规定，国家对易制毒化学品的进口、出口实行许可制度。国务院有关部门应当按照规定的职责，对进口、出口的易制毒化学品依法进行管理。禁止走私易制毒化学品。第二十三条规定，发生易制毒化学品被盗、被抢、丢失或者其他流入非法渠道的情形，案发单位应当立即采取必要的控制措施，并立即向公安机关报告，同时依照规定向有关主管部门报告。公安机关接到报告后，或者有证据证明易制毒化学品可能流入非法渠道的，应当及时开展调查，并可以对相关单位采取必要的控制措施。药品监督管理部门、卫生行政部门以及其他有关部门应当配合公安机关开展工作。为进一步细化相关工作，《易制毒化学品管理条例》对易制毒化学品的生产、经营、购买、运输和进口、出口等各个环节规定了详细的管制规范，在附则部分规定了《易制毒化学品的分类和品种目录》，并根据实践中的情况不断更新目录。本条从刑事责任和行政责任两个方面对违反国家关于易制毒化学品管制规定的行为规定了法律责任。

条文解读

本条中的“易制毒化学品”，根据《易制毒化学品管理条例》第二条第二款的规定，易制毒化学品分为三类，第一类是可以用于制毒的主要原料，第二类、第三类是可以用于制毒的化学配剂。本条对违反国家关于易制毒化学品管理规定的行为规定了刑事责任和行政责任。

第一，在易制毒化学品的生产、经营、购买、运输或者进口、出口活动中，违反国家规定，致使易制毒化学品流入非法渠道，构成犯罪的，依法追究刑事责任。如果行为人明知他人制造毒品而为其生产、买卖、运输易制毒化学品的，应当依照《中华人民共和国刑法》第三百四十七条的规定，以制造毒品罪定罪处罚。为防止易制毒化学品的非法传播，《中华人民共和国刑法》第三百五十条第一款规定了非法生产、买卖、运输制毒物品罪和走私制毒物品罪。

需要注意的是，《刑法修正案（九)》根据毒品犯罪的新形势，对《中华人民共和国刑法》第三百五十条作出了修改，一是增加规定了非法生产、运输制毒物品的犯罪。二是修改了本罪的刑罚，将最高刑由十年有期徒刑提高至十五年有期徒刑，并增加了并处没收财产的规定。三是将第二款关于共犯论处的情形作了更为明确具体的规定。修改后的第三百五十条规定，违反国家规定，非法生产、买卖、运输醋酸酐、乙醚、三氯甲烷或者其他用于制造毒品的原料、配剂，或者携带上述物品进出境，情节较重的，处三年以下有期徒刑、拘役或者管制，并处罚金；情节严重的，处三年以上七年以下有期徒刑，并处罚金；情节特别严重的，处七年以上有期徒刑，并处罚金或者没收财产。明知他人制造毒品而为其生产、买卖、运输前款规定的物品的，以制造毒品罪的共犯论处。单位犯前两款罪的，对单位判处罚金，并对其直接负责的主管人员和其他直接责任人员，依照前两款的规定处罚。为进一步细化刑法规定，《最高人民法院关于审理毒品犯罪案件适用法律若干问题的解释》第七条规定："违反国家规定，非法生产、买卖、运输制毒物品、走私制毒物品，达到下列数量标准的，应当认定为刑法第三百五十条第一款规定的'情节较重'：（一）麻黄碱（麻黄素）、伪麻黄碱（伪麻黄素）、消旋麻黄碱（消旋麻黄素）一千克以上不满五千克；（二）1－苯基－2－丙酮、1－苯基－2－溴－1－丙酮、3，4－亚甲基二氧苯基－2－丙酮、羟亚胺二千克以上不满十千克；（三）3－氧－2－苯基丁腈、邻氯苯基环戊酮、去甲麻黄碱（去甲麻黄素）、甲基麻黄碱（甲基麻黄素）四千克以上不满二十千克；（四）醋酸酐十千克以上不满五十千克；（五）麻黄浸膏、麻黄浸膏粉、胡椒醛、黄樟素、黄樟油、异黄樟素、麦角酸、麦角胺、麦角新碱、苯乙酸二十千克以上不满一百千克；（六）N－乙酰邻氨基苯酸、邻氨基苯甲酸、三氯甲烷、乙醚、哌啶五十千克以上不满二百五十千克；（七）甲苯、丙酮、甲基乙基酮、高锰酸钾、硫酸、盐酸一百千克以上不满五百千克；（八）其他制毒物品数量相当的。违反国家规定，非法生产、买卖、运输制毒物品、走私制毒物品，达到前款规定的数量标准最低值的百分之五十，且具有下列情形之一的，应当认定为刑法第三百五十条第一款规定的'情节较重'：（一）曾因非法生产、买卖、运输制毒物品、走私制毒物品受过刑事处罚的；（二）二年内曾因非法生产、买卖、运输制毒物品、走私制毒物品受过行政处罚的；（三）一次组织五人以上或者多次非法生产、买卖、运输制毒物品、走私制毒物品，或者在多个地点非法生产制毒物品的；（四）利用、教唆未成年人非法生产、买卖、运输制毒物品、走私制毒物品的；（五）国家工作人员非法生产、买卖、运输制毒物品、走私制毒物品的；（六）严重影响群众正常生产、生活秩序的；（七）其他情节较重的情形。易制毒化学品生产、经营、购买、运输单位或者个人未办理许可证明或者备案证明，生产、销售、购买、运输易制毒化学品，确实用于合法生产、生活需要的，不以制毒物品犯罪论处。”第八条规定：“违反国家规定，非法生产、买卖、运输制毒物品、走私制毒物品，具有下列情形之一的，应当认定为刑法第三百五十条第一款规定的‘情节严重’：（一）制毒物品数量在本解释第七条第一款规定的最高数量标准以上，不满最高数量标准五倍的；（二）达到本解释第七条第一款规定的数量标准，且具有本解释第七条第二款第三项至第六项规定的情形之一的；（三）其他情节严重的情形。违反国家规定，非法生产、买卖、运输制毒物品、走私制毒物品，具有下列情形之一的，应当认定为刑法第三百五十条第一款规定的‘情节特别严重’：（一）制毒物品数量在本解释第七条第一款规定的最高数量标准五倍以上的；（二）达到前款第一项规定的数量标准，且具有本解释第七条第二款第三项至第六项规定的情形之一的；（三）其他情节特别严重的情形。”

第二，在易制毒化学品生产、经营、购买、运输或者进口、出口活动中，违反国家规定，致使易制毒化学品流入非法渠道，尚不构成犯罪，依照有关法律、行政法规的规定给予处罚。行为尚不构成犯罪，但是根据有关国家规定，也应予以惩处。根据《易制毒化学品管理条例》第三十八条的规定，伪造申请材料骗取易制毒化学品生产、经营、购买或者运输许可证，使用他人的或者伪造、变造、失效的许可证生产、经营、购买、运输易制毒化学品的，由公安机关没收非法生产、经营、购买或者运输的易制毒化学品、用于非法生产易制毒化学品的原料以及非法生产、经营、购买或者运输易制毒化学品的设备、工具，处非法生产、经营、购买或者运输的易制毒化学品货值 10 倍以上 20 倍以下的罚款，货值的 20 倍不足 1 万元的，按 1 万元罚款；有违法所得的，没收违法所得；有营业执照的，由市场监督管理部门吊销营业执照。对有上述规定违法行为的单位或者个人，有关行政主管部门可以自作出行政处罚决定之日起 3 年内，停止受理其易制毒化学品生产、经营、购买、运输或者进口、出口许可申请。第三十九条中规定，对走私易制毒化学品的，由海关没收走私的易制毒化学品；有违法所得的，没收违法所得，并依照海关法律、行政法规给予行政处罚。第四十条规定："违反本条例规定，有下列行为之一的，由负有监督管理职责的行政主管部门给予警告，责令限期改正，处 1 万元以上 5 万元以下的罚款；对违反规定生产、经营、购买的易制毒化学品可以予以没收；逾期不改正的，责令限期停产停业整顿；逾期整顿不合格的，吊销相应的许可证：（一）易制毒化学品生产、经营、购买、运输或者进口、出口单位未按规定建立安全管理制度的；（二）将许可证或者备案证明转借他人使用的；（三）超出许可的品种、数量生产、经营、购买易制毒化学品的；（四）生产、经营、购买单位不记录或者不如实记录交易情况、不按规定保存交易记录或者不如实、不及时向公安机关和有关行政主管部门备案销售情况的；（五）易制毒化学品丢失、被盗、被抢后未及时报告，造成严重后果的；（六）除个人合法购买第一类中的药品类易制毒化学品药品制剂以及第三类易制毒化学品外，使用现金或者实物进行易制毒化学品交易的；（七）易制毒化学品的产品包装和使用说明书不符合本条例规定要求的；（八）生产、经营易制毒化学品的单位不如实或者不按时向有关行政主管部门和公安机关报告年度生产、经销和库存等情况的。企业的易制毒化学品生产经营许可被依法吊销后，未及时到市场监督管理部门办理经营范围变更或者企业注销登记的，依照前款规定，对易制毒化学品予以没收，并处罚款。”第四十一条规定：“运输的易制毒化学品与易制毒化学品运输许可证或者备案证明载明的品种、数量、运入地、货主及收货人、承运人等情况不符，运输许可证种类不当，或者运输人员未全程携带运输许可证或者备案证明的，由公安机关责令停运整改，处5000元以上5万元以下的罚款；有危险物品运输资质的，运输主管部门可以依法吊销其运输资质。个人携带易制毒化学品不符合品种、数量规定的，没收易制毒化学品，处1000元以上5000元以下的罚款。”

除此之外，商务部颁布的《易制毒化学品进出口管理规定》(2006年9月21日公布，2015年10月28日修正)、公安部颁布的《易制毒化学品购销和运输管理办法》(2006年8月22日公布)、原国家安全生产监督管理总局颁布的《非药品类易制毒化学品生产、经营许可办法》(2006年4月5日公布)等部门规章分别对易制毒化学品的进出口、运输以及生产行为作出了具体规范。有违反上述法律法规规定行为的，都应当依法追究行为人的法律责任。

相关规定

《中华人民共和国刑法》第347条、第350条；《易制毒化学品管理条例》第38条、第39条、第41条；《最高人民法院关于审理毒品犯罪案件适用法律若干问题的解释》第7条、第8条

第六十五条 娱乐场所及其从业人员实施毒品违法犯罪行为，或者为进入娱乐场所的人员实施毒品违法犯罪行为提供条件，构成犯罪的，依法追究刑事责任；尚不构成犯罪的，依照有关法律、行政法规的规定给予处罚。

娱乐场所经营管理人员明知场所内发生聚众吸食、注射毒品或者贩毒活动，不向公安机关报告的，依照前款的规定给予处罚。

条文主旨

本条是关于娱乐场所及其从业人员涉毒违法犯罪的处罚规定。

立法背景

本条是专门对娱乐场所及其从业人员、经营管理人员涉及毒品违法犯罪行为的规定，这主要是考虑到娱乐场所属于公共场所，人员复杂、流动性大、不好管理，易于发生各类毒品违法犯罪活动，且一旦发生毒品违法犯罪活动，其较之于在家庭等隐秘场所进行毒品违法犯罪活动社会危害性更大，而且有不良的示范效应，流毒更广、危害极大。娱乐场所的禁毒是社会禁毒活动的一个重要战场，因而有必要进行专门的更加严格的规定。

条文解读

本条第一款是关于娱乐场所及其从业人员实施毒品违法犯罪行为或者为他人实施毒品违法犯罪行为提供条件的，依法追究法律责任的规定。本条规定的“娱乐场所”，按照《娱乐场所管理条例》的规定，是指以营利为目的，并向公众开放、消费者自娱自乐的歌舞、游艺等场所。“从业人员”包括娱乐场所的管理人员、服务人员、保安人员和在娱乐场所工作的其他人员。需要注意的是，《娱乐场所管理条例》还规定了一些人员不得开办娱乐场所或者在娱乐场所内从业，其中包括曾犯有走私、贩卖、运输、制造毒品罪的，以及因吸食、注射毒品曾被强制戒毒的人员。“毒品违法犯罪行为”，泛指与毒品有关的一切违法犯罪行为，如种植、走私、买卖、运输、非法持有、向他人提供毒品的，引诱、胁迫、欺骗、容留他人吸食、注射毒品的，吸食、注射毒品的。

如果娱乐场所及其从业人员实施了毒品违法犯罪行为，或者为进入娱乐场所的人员实施毒品违法犯罪行为提供条件的，本条规定了相应的法律责任。这里包括两种行为：一是娱乐场所及其从业人员实施毒品违法犯罪活动。有的歌舞厅等娱乐场所为了招揽顾客、牟取暴利等目的，不惜铤而走险，进行贩卖、运输、向他人提供毒品等违法犯罪活动，有的甚至引诱、教唆、欺骗他人吸食、注射毒品，还有的从业人员本身就是吸食、注射毒品的瘾君子。二是为进入娱乐场所的人员实施毒品违法犯罪行为提供条件。这里所说的提供条件主要是指虽然本人不直接进行毒品违法犯罪活动，但为进行毒品违法犯罪的人员提供场所、通风报信以及对毒品违法犯罪行为不闻不问、不予制止、不向有关部门报告等行为。

根据本条第一款的规定，娱乐场所及其从业人员违反本款规定，有上述行为，构成犯罪的，依法追究刑事责任。这里的刑事责任是指，有走私、贩卖、运输、制造、非法持有毒品行为的，非法生产、买卖、运输制毒物品、走私制毒物品的，以及引诱、教唆、欺骗、强迫、容留他人吸食、注射毒品等行为构成犯罪的，依照刑法有关毒品犯罪的规定追究刑事责任。此外，根据本条第一款的规定，娱乐场所及其从业人员违反本款规定，尚不构成犯罪的，依照有关法律、行政法规的规定给予处罚。如根据《中华人民共和国治安管理处罚法》第七十一条、第七十二条、第七十四条的规定，娱乐场所的从业人员非法买卖、运输、携带、持有少量未经灭活的罂粟等毒品原植物种子或者幼苗的，非法持有鸦片不满二百克、海洛因或者甲基苯丙胺不满十克或者其他少量毒品的，向他人提供毒品的，吸食、注射毒品的，教唆、引诱、欺骗他人吸食、注射毒品的，在公安机关查处吸毒活动时有为违法犯罪行为通风报信等行为的，依照治安管理处罚法的规定给予治安处罚。国务院有关行政法规也有相应规定。如《娱乐场所管理条例》第十四条明确规定："娱乐场所及其从业人员不得实施下列行为，不得为进入娱乐场所的人员实施下列行为提供条件：（一）贩卖、提供毒品，或者组织、强迫、教唆、引诱、欺骗、容留他人吸食、注射毒品；……娱乐场所的从业人员不得吸食、注射毒品……；娱乐场所及其从业人员不得为进入娱乐场所的人员实施上述行为提供条件。"第四十三条规定："娱乐场所实施本条例第十四条禁止行为的，由县级公安部门没收违法所得和非法财物，责令停业整顿三个月至六个月；情节严重的，由原发证机关吊销娱乐经营许可证，对直接负责的主管人员和其他直接责任人员处一万元以上二万元以下的罚款。"

本条第二款是关于娱乐场所经营管理人员明知场所内有聚众吸毒、贩毒活动而不报告的如何处罚的规定。这里规定的"娱乐场所经营管理人员"，是指娱乐场所的法定代表人、经理或者其他具体负责日常经营和管理的人员。本法第三条规定：

“禁毒是全社会的共同责任。国家机关、社会团体、企业事业单位以及其他组织和公民，应当依照本法和有关法律的规定，履行禁毒职责或者义务。”第十五条中规定，娱乐场所等公共场所的经营者、管理者，负责本场所的禁毒宣传教育，落实禁毒防范措施，预防毒品违法犯罪行为在本场所内发生。第二十七条规定，娱乐场所应当建立巡查制度，发现娱乐场所内有毒品违法犯罪活动的，应当立即向公安机关报告。《娱乐场所管理条例》也有相关的规定。可见，我国法律法规对于娱乐场所的禁毒规定是严格的，对娱乐场所的经营管理人员也有特殊的要求。娱乐场所的经营管理人员不同于普通的其他公民，其他公民在娱乐场所发现有毒品违法犯罪行为不报告的，是觉悟和道德问题，需要对其进行批评教育；娱乐场所的经营管理人员对于发生在本场所内的聚众吸毒、贩毒活动是有职责和义务向公安机关报告的，如果不报告，要依据其行为具体情节的轻重，依照本条第一款的规定给予以下相应的处罚：一是，明知在本场所内有贩毒等犯罪活动，而包庇犯罪分子，为犯罪分子窝藏、转移、隐瞒毒品或者犯罪所得的财物的，要依照《中华人民共和国刑法》第三百四十九条的规定定罪处罚；二是，明知在本场所内有聚众吸毒、贩毒活动，虽然没有包庇行为，但在公安机关查处时，为违法犯罪分子通风报信的，依照《中华人民共和国治安管理处罚法》第七十四条的规定予以治安拘留；三是，明知在本场所内有聚众吸毒、贩毒活动，但采取听之任之、不予制止的态度，也不向公安机关报告的，由公安机关依照有关行政法规予以停业整顿、罚款等行政处罚。

相关规定

《中华人民共和国刑法》第347—350条、第353条、第354条；《中华人民共和国治安管理处罚法》第71—74条；《娱乐场所管理条例》第2条、第5条、第13条、第14条、第31条、第43条、第57条

第六十六条　未经批准，擅自从事戒毒治疗业务的，由卫生行政部门责令停止违法业务活动，没收违法所得和使用的药品、医疗器械等物品；构成犯罪的，依法追究刑事责任。

条文主旨

本条是关于对擅自从事戒毒治疗业务的处罚的规定。

立法背景

规范戒毒治疗业务，既要取得好的戒毒效果，维护好戒毒人员的合法权益，又要取得好的社会效果，防止某些不法组织、单位和个人以戒毒治疗为名，牟取不法利益。

条文解读

根据法律和国务院有关主管部门的规定，任何机构从事戒毒治疗业务都需要经过一定批准程序，取得资质，不得擅自从事戒毒治疗业务。本法第三十六条规定："吸毒人员可以自行到具有戒毒治疗资质的医疗机构接受戒毒治疗。设置戒毒医疗机构或者医疗机构从事戒毒治疗业务的，应当符合国务院卫生

行政部门规定的条件，报所在地的省、自治区、直辖市人民政府卫生行政部门批准，并报同级公安机关备案。戒毒治疗应当遵守国务院卫生行政部门制定的戒毒治疗规范，接受卫生行政部门的监督检查。戒毒治疗不得以营利为目的。戒毒治疗的药品、医疗器械和治疗方法不得做广告。戒毒治疗收取费用的，应当按照省、自治区、直辖市人民政府价格主管部门会同卫生行政部门制定的收费标准执行。”第三十七条第一款规定：“医疗机构根据戒毒治疗的需要，可以对接受戒毒治疗的戒毒人员进行身体和所携带物品的检查，对在治疗期间有人身危险的，可以采取必要的临时保护性约束措施。”上述关于戒毒医疗机构的严格规定，主要是出于以下三个方面的考虑：一是保证戒毒治疗的效果，保障戒毒人员的人身安全。现代医学认为，吸毒成瘾的形成与生物、心理和社会等各方面的因素都有关系，因此戒毒治疗也不同于一般疾病的治疗，是一个系统的工程，一般要经过急性脱毒、心理康复治疗和回归社会三个阶段。急性脱毒阶段主要是由戒毒治疗机构采用替代递减疗法、中医戒毒疗法等药物治疗方法使戒毒者顺利渡过急性戒断反应期，帮助解决身体上的戒断症状，使戒毒者在脱离毒品以后在生理上没有痛苦。这个阶段是戒毒的第一步，也是很关键的阶段，一般需要 1 周至 3 周，甚至更长的时间。脱毒完毕并不是戒毒治疗的终结，由于药物作用只消除了生理戒断症状，而戒毒者的心理、神经功能、身体状况还未恢复，需要一个过程来处理生理脱毒后的心理、神经功能和行为问题，这就是心理康复治疗阶段。该阶段主要采取心理疏导、正面教育、体育锻炼、加强营养等措施消除稽延性症状和心瘾，完成心理上的康复，使戒毒者能够重返社会。这个阶段需要 6 个月至 12 个月，甚至更长的时间。其后要对戒毒者进行社会帮教，使他们融入社会正常生活。可见，戒毒治疗工作不但系统复杂，而且专业性很强，要针对戒毒者的生理和心理特点进行戒除治疗，否则不但效果不大，而且可能危及戒毒者的身体健康。

二是制止某些人或者单位以非法牟利目的，借用戒毒治疗的名义，损害戒毒者的合法财产权利。本法明确规定了戒毒治疗不以营利为目的，戒毒治疗收取费用要按照国家有关部门制定的收费标准执行，注重戒毒治疗的社会效果和社会效益。

三是保障戒毒人员的人身权利。吸毒成瘾的人其本身自控能力差，易于自我伤害或者伤害他人，所以本法规定了戒毒医疗机构有权对戒毒人员进行身体和所携带物品的检查，有权采取必要的临时保护性措施。擅自从事戒毒业务的人员或单位如果对戒毒人员任意采取这些措施，就可能损害他们的人身权利。此外，戒毒医疗手段需要采取科学、规范的诊疗技术，不能为了所谓的戒毒目的，违反医学伦理和科学知识实施伤害戒毒人员的行为。如《戒毒条例》第十一条规定："戒毒医疗机构应当履行下列义务：（一）对自愿戒毒人员开展艾滋病等传染病的预防、咨询教育；（二）对自愿戒毒人员采取脱毒治疗、心理康复、行为矫治等多种治疗措施，并应当符合国务院卫生行政部门制定的戒毒治疗规范；（三）采用科学、规范的诊疗技术和方法，使用的药物、医院制剂、医疗器械应当符合国家有关规定；（四）依法加强药品管理，防止麻醉药品、精神药品流失滥用。"非法从事戒毒业务的人员可能使用尚不成熟或者并不科学的诊疗技术和方法戒毒，从而可能有损戒毒人员的人身权利。另外，吸毒成瘾人员一般还有违法倾向，需要戒毒医疗机构与公安机关密切配合，及时向公安机关报告有关情况。擅自从事戒毒治疗业务的，本身就具有违法性，不可能与公安机关进行配合，实质有损戒毒人员的合法权益。本条规定的“擅自从事戒毒治疗业务”，就是指违反法律和有关部门的规定，没有经过批准程序取得资质而对吸毒人员进行戒毒治疗。

根据本条的规定，擅自从事戒毒治疗业务的，由卫生行政部门责令停止违法业务活动，没收违法所得和使用的药品、医疗器械等物品。因此，对于未经批准，擅自从事戒毒治疗业务的，卫生行政部门应通过执法，责令其停业，并没收违法所得和使用的药品、医疗器械等物品。根据本条的规定，如果擅自从事戒毒治疗业务，构成犯罪的，依法追究刑事责任。这主要是指有些单位和个人没有医生资格而非法行医为他人戒毒的，要依照《中华人民共和国刑法》第三百三十六条非法行医罪的规定定罪处罚；对有些医疗机构没有经过批准而以戒毒治疗的名义为他人提供毒品牟利的，要依照刑法有关毒品犯罪的规定处罚。对以其他牟利为目的，非法开展戒毒医疗行为的，应依照《中华人民共和国刑法》第二百二十五条非法经营罪追究刑事责任。

相关规定

《中华人民共和国禁毒法》第 36 条、第 37 条；《中华人民共和国刑法》第 225 条、第 336 条、第 347 条；《戒毒条例》第 11 条

第六十七条 戒毒医疗机构发现接受戒毒治疗的戒毒人员在治疗期间吸食、注射毒品，不向公安机关报告的，由卫生行政部门责令改正；情节严重的，责令停业整顿。

条文主旨

本条是关于戒毒医疗机构不及时向公安机关报告戒毒人员吸毒的处罚规定。

立法背景

吸毒人员到戒毒医疗机构戒毒的情况比较复杂，有的是自己确实想戒除毒瘾，有的是被亲友强行送到戒毒医疗机构，还有的是到戒毒医疗机构逃避公安机关强制隔离戒毒措施。由于戒毒医疗机构的管束并不严格，也缺乏相应的约束性措施，有的吸毒人员借机在戒毒治疗期间，通过各种方式取得毒品吸毒，不但达不到戒除毒瘾的目的，而且还扰乱了戒毒医疗机构正常的工作秩序。因而本法第三十七条明确规定，发现接受戒毒治疗的戒毒人员在治疗期间吸食、注射毒品的，医疗机构应当及时向公安机关报告。公安机关根据吸毒人员吸毒的具体情形，作出强制隔离戒毒的决定，以更好地治疗吸毒人员。

条文解读

为了教育和挽救吸毒人员，国家采取各种措施帮助吸毒人员戒除毒瘾。本法规定，对于吸毒成瘾人员，公安机关可以责令其接受社区戒毒；对通过社区戒毒难以戒除毒瘾的人员直接作出强制隔离戒毒的决定；吸毒人员也可以自行到具有戒毒治疗资质的医疗机构接受戒毒治疗。根据《戒毒医疗服务管理暂行办法》第二条的规定，戒毒医疗服务是指经省级人民政府卫生行政部门批准从事戒毒医疗服务的医疗机构，对吸毒人员采取相应的医疗、护理、康复等医学措施，帮助其减轻毒品依赖、促进身心康复的活动。戒毒医疗机构，是指经省级人民政府卫生行政部门批准从事戒毒医疗服务的戒毒医院或设有戒毒治疗科的其他医疗机构。因此，戒毒医疗服务机构应根据需要，帮助吸毒人员减轻毒品依赖、促进身心康复。本法第三十七条第二款规定："发现接受戒毒治疗的戒毒人员在治疗期间吸食、注射毒品的，医疗机构应当及时向公安机关报告。"《戒毒医疗服务管理暂行办法》第三十一条规定："戒毒人员治疗期间，医疗机构应当不定期对其进行吸毒检测。发现吸食、注射毒品的，应当及时向当地公安机关报告。"但实践中，有的医疗机构不及时向公安机关报告，有的是出于人情，有的是为了利益，还有的是对职责的疏忽。这种行为使戒毒治疗达不到戒除毒瘾的效果，还会纵容吸毒行为，甚至使戒毒医疗机构变成容留吸毒人员吸毒的场所。为此，本条规定，戒毒医疗机构发现接受戒毒治疗的戒毒人员在治疗期间吸毒，不及时向公安机关报告的，由卫生行政部门责令改正；情节严重的，责令停业整顿。本条规定的"由卫生行政部门责令改正"，应根据相关规定确定各级戒毒医疗机构的监管部门具体执行。根据本法第三十六条第二款的规定，设置戒毒医疗机构或者医疗机构从事戒毒治疗业务的，应当符合国务院卫生行政部门规定的条件，报所在地的省、自治区、直辖市人民政府卫生行政部门批准，并报同级公安机关备案。戒毒治疗应当遵守国务院卫生行政部门制定的戒毒治疗规范，接受卫生行政部门的监督检查。根据《戒毒条例》第四条第四款的规定，县级以上地方人民政府卫生行政部门负责戒毒医疗机构的监督管理，会同公安机关、司法行政等部门制定戒毒医疗机构设置规划，对戒毒医疗服务提供指导和支持。对于戒毒医疗机构发现相关人员在治疗期间吸食、注射毒品而不报告的情况，由卫生行政部门责令改正。本条规定的“情节严重”，主要是指戒毒医疗机构多次不及时向公安机关报告或者发现严重情况不及时向公安机关报告，以及由于戒毒医疗机构不及时向公安机关报告而造成严重后果的等情况，对此，卫生行政部门可以责令其停业整顿。

相关规定

《中华人民共和国禁毒法》第 36 条、第 37 条；《戒毒条例》第 4 条；《戒毒医疗服务管理暂行办法》第 2 条、第 31 条

第六十八条　强制隔离戒毒场所、医疗机构、医师违反规定使用麻醉药品、精神药品，构成犯罪的，依法追究刑事责任；尚不构成犯罪的，依照有关法律、行政法规的规定给予处罚。

条文主旨

本条是关于违反规定使用麻醉药品、精神药品的处罚规定。

立法背景

麻醉药品和精神药品的合法、合理使用，可以解除患者的病痛，造福人类；非法、不合理的使用，则会成为危害人们身体健康、危害社会安定的毒品。为了保证麻醉药品和精神药品的合法、合理、安全的使用，防止其流入非法渠道，我国的法律、行政法规对麻醉药品和精神药品的使用作了严格详细的规定。实践中，有的隔离戒毒场所、医疗机构和医师没有严格按照国家的有关规定去使用麻醉药品、精神药品，致使禁毒、戒

毒工作没有取得应有的社会效果，针对这种情况，特作本条规定。

条文解读

根据本条的规定，强制隔离戒毒场所、医疗机构、医师如果违反规定使用麻醉药品、精神药品，应当承担相应的法律责任。本条规定的“强制隔离戒毒场所”，是指按照本法规定由公安机关对吸毒成瘾人员决定予以强制隔离戒毒的场所，其设置、管理体制和经费保障，由国务院具体规定。“医疗机构”，是指国务院医疗机构管理条例中规定的，经县级以上人民政府卫生行政部门审核批准的，从事疾病诊断、治疗活动的医院、卫生院、疗养院、门诊部、诊所、卫生所以及急救站等机构。这里的医疗机构既包括一般意义上的医疗机构，也包括专门从事戒毒工作的医疗机构，即经省级人民政府卫生行政部门批准从事戒毒医疗服务的戒毒医院或设有戒毒治疗科的其他医疗机构。需要注意的是，根据《戒毒条例》第二十九条的规定，强制隔离戒毒场所设立戒毒医疗机构应当经所在地省、自治区、直辖市人民政府卫生行政部门批准。强制隔离戒毒所的戒毒医疗机构也属于本条所指的医疗机构。“医师”，是指执业医师法中规定的，依法取得执业医师资格或者执业助理医师资格，经注册在医疗、预防、保健机构中执业的专业医务人员。“违反规定”，是指违反有关法律法规关于使用麻醉药品和精神药品的规定。这里的法律规定包括以下两个方面的内容：一是在法律层面，根据本法第二十一条的规定，国家对麻醉药品和精神药品实行管制，对麻醉药品和精神药品的使用实行许可和查验制度，禁止非法使用麻醉药品和精神药品。《中华人民共和国执业医师法》第二十五条第二款规定，除正当诊断治疗外，不得使用麻醉药品、医疗用毒性药品、精神药品和放射性药品。根据该法第三十七条第七项的规定，医师不按照规定使用麻醉药品、精神药品的，由县级以上人民政府卫生行政部门给予警告或者责令暂停六个月以上一年以下执业活动；情节严重的，吊销其执业证书；构成犯罪的，依法追究刑事责任。二是在行政法规层面，根据《禁毒条例》第十一条第四项的规定，依法加强药品管理，防止麻醉药品、精神药品流失滥用是戒毒医疗机构的一项义务。《麻醉药品和精神药品管理条例》第三十六条第一款规定，医疗机构需要使用麻醉药品和第一类精神药品的，应当经所在地设区的市级人民政府卫生主管部门批准，取得麻醉药品、第一类精神药品购用印鉴卡（以下称印鉴卡）。医疗机构应当凭印鉴卡向本省、自治区、直辖市行政区域内的定点批发企业购买麻醉药品和第一类精神药品。第三十八条第一款规定，医疗机构应当按照国务院卫生主管部门的规定，对本单位执业医师进行有关麻醉药品和精神药品使用知识的培训、考核，经考核合格的，授予麻醉药品和第一类精神药品处方资格。执业医师取得麻醉药品和第一类精神药品的处方资格后，方可在本医疗机构开具麻醉药品和第一类处精神药品处方，但不得为自己开具该处方。该条第三款规定，医务人员应当根据国务院卫生主管部门制定的临床应用指导原则，使用麻醉药品和精神药品。第四十条第一款规定，执业医师应当使用专用处方开具麻醉药品和精神药品，单张处方的最大用量应当符合国务院卫生行政主管部门的规定。第四十五条中规定，医疗机构、戒毒机构以开展戒毒治疗为目的，可以使用美沙酮或者国家确定的其他用于戒毒治疗的麻醉药品和精神药品。这里的“麻醉药品、精神药品”根据《麻醉药品和精神药品管理条例》第三条的规定，是指列入麻醉药品目录、精神药品目录的药品和其他物质。精神药品分为第一类精神药品和第二类精神药品。目录由国务院药品监督管理部门会同国务院公安部门、国务院卫生主管部门制定、调整并公布。上市销售但尚未列入目录的药品和其他物质或者第二类精神药品发生滥用，已经造成或者可能造成严重社会危害的，国务院药品监督管理部门会同国务院公安部门、国务院卫生主管部门应当及时将该药品和该物质列入目录或者将该第二类精神药品调整为第一类精神药品。此外，需要注意的是，目前我国对麻醉药品和精神药品按照药用类和非药用类分类列管。2015 年为进一步加强对非药用类麻醉药品和精神药品的管理，防止该类麻醉药品和精神药品的非法生产、经营、运输、使用和进出口，公安部、原国家食品药品监督管理总局、原国家卫生和计划生育委员会和国家禁毒委员会办公室根据禁毒法和《麻醉药品和精神药品管理条例》联合制定了《非药用类麻醉药品和精神药品列管办法》。根据该办法发布《非药用类麻醉药品和精神药品管制品种增补目录》，并负责目录的调整。针对毒品犯罪的新形势，目录更新工作也在不断调整。如 2017 年公安部、原国家食品药品监督管理总局、原国家卫生和计划生育委员会《关于将卡芬太尼等四种芬太尼类物质列入非药用类麻醉药品和精神药品管制品种增补目录的公告》规定，根据《麻醉药品和精神药品管理条例》《非药用类麻醉药品和精神药品列管办法》的有关规定，公安部、国家食品药品监督管理总局和国家卫生和计划生育委员会决定将卡芬太尼、呋喃芬太尼、丙烯酰芬太尼、戊酰芬太尼四种物质列入非药用类麻醉药品和精神药品管制品种增补目录。2019年公安部、国家卫生健康委员会、国家药品监督管理局《关于将芬太尼类物质列入〈非药用类麻醉药品和精神药品管制品种增补目录〉的公告》，根据《麻醉药品和精神药品管理条例》《非药用类麻醉药品和精神药品列管办法》有关规定，公安部、国家卫生健康委员会和国家药品监督管理局决定将芬太尼类物质列入《非药用类麻醉药品和精神药品管制品种增补目录》。该公告规定："'芬太尼类物质'是指化学结构与芬太尼（N-［1-（2-苯乙基）-4-哌啶基］-N-苯基丙酰胺）相比，符合以下一个或多个条件的物质：一、使用其他酰基替代丙酰基；二、使用任何取代或未取代的单环芳香基团替代与氮原子直接相连的苯基；三、哌啶环上存在烷基、烯基、烷氧基、酯基、醚基、羟基、卤素、卤代烷基、氨基及硝基等取代基；四、使用其他任意基团（氢原子除外）替代苯乙基。上述所列管物质如果发现有医药、工业、科研或者其他合法用途，按照《非药用类麻醉药品和精神药品列管办法》第三条第二款规定予以调整。已列入《麻醉药品和精神药品品种目录》和《非药用类麻醉药品和精神药品管制品种增补目录》的芬太尼类物质依原有目录予以管制。"

按照本条的规定，强制隔离戒毒场所、医疗机构、医师违反规定使用麻醉药品、精神药品，构成犯罪的，依法追究刑事责任。这主要是指违反国家规定，向吸食、注射毒品的人提供国家规定管制的能够使人形成瘾癖的麻醉药品、精神药品的，或者向走私、贩卖毒品的犯罪分子以及以牟利为目的，向吸食、注射毒品的人提供国家规定管制的能够使人形成瘾癖的麻醉药品、精神药品的等行为，要依照《中华人民共和国刑法》第三百四十七条走私、贩卖、制造毒品罪以及第三百五十五条非法提供麻醉药品、精神药品罪的规定定罪处罚。强制隔离戒毒场所、医疗机构等单位构成犯罪的，对单位判处罚金，并对其直接负责的主管人员和其他直接责任人员，依照有关规定定罪处罚。

强制隔离戒毒场所、医疗机构、医师违反规定使用麻醉药品、精神药品，尚不构成犯罪的，依照有关法律、行政法规的规定给予处罚。这主要是指强制隔离戒毒场所、医疗机构不按规定取得麻醉药品、精神药品的，或者在戒毒治疗中不按规定使用麻醉药品、精神药品的等情况。关于强制隔离戒毒场所、医疗机构的规定，《戒毒条例》第四十五条第四项规定，强制隔离戒毒场所的工作人员为强制隔离戒毒人员提供麻醉药品、精神药品或者违反规定传递其他物品的，依法给予处分。《麻醉药品和精神药品管理条例》第七十二条规定："取得印鉴卡的医疗机构违反本条例的规定，有下列情形之一的，由设区的市级人民政府卫生主管部门责令限期改正，给予警告；逾期不改正的，处 5000 元以上 1 万元以下的罚款；情节严重的，吊销其印鉴卡；对直接负责的主管人员和其他直接责任人员，依法给予降级、撤职、开除的处分：（一）未依照规定购买、储存麻醉药品和第一类精神药品的；（二）未依照规定保存麻醉药品和精神药品专用处方，或者未依照规定进行处方专册登记的；（三）未依照规定报告麻醉药品和精神药品的进货、库存、使用数量的；（四）紧急借用麻醉药品和第一类精神药品后未备案的；（五）未依照规定销毁麻醉药品和精神药品的。"第八十条规定："发生麻醉药品和精神药品被盗、被抢、丢失案件的单位，违反本条例的规定未采取必要的控制措施或者未依照本条例的规定报告的，由药品监督管理部门和卫生主管部门依照各自职责，责令改正，给予警告；情节严重的，处5000元以上1万元以下的罚款；有上级主管部门的，由其上级主管部门对直接负责的主管人员和其他直接责任人员，依法给予降级、撤职的处分。”第八十二条第一款规定，违反本条例的规定，致使麻醉药品和精神药品流入非法渠道造成危害，构成犯罪的，依法追究刑事责任；尚不构成犯罪的，由县级以上公安机关处五万元以上十万元以下罚款；有违法所得的，没收违法所得；情节严重的，处违法所得二倍以上五倍以下罚款。关于医师的规定，《麻醉药品和精神药品管理条例》第七十三条中规定，具有麻醉药品和第一类精神药品处方资格的执业医师，违反本条例的规定开具麻醉药品和第一类精神药品处方，或者未按临床应用指导原则的要求使用麻醉药品和第一类精神药品的，由其所在医疗机构取消其麻醉药品和第一类精神药品处方资格；造成严重后果的，由原发证部门吊销其执业证书。执业医师未按照临床指导原则的要求使用第二类精神药品或者未使用专用处方开具第二类精神药品，造成严重后果的，由原发证部门吊销其执业证书。未取得麻醉药品和第一类精神药品处方资格的执业医师擅自开具麻醉药品和第一类精神药品处方，由县级以上人民政府卫生行政主管部门给予警告，暂停其执业活动；造成严重后果的，吊销其执业证书。

相关规定

《中华人民共和国刑法》第347条、第355条；《中华人民共和国治安管理处罚法》第72条；《中华人民共和国药品管理法》第35条；《中华人民共和国执业医师法》第24条、第37条；《麻醉药品和精神药品管理条例》第36条、第38条、第

45 条、第 72 条、第 73 条、第 82 条；《非药用类麻醉药品和精神药品列管办法》

第六十九条　公安机关、司法行政部门或者其他有关主管部门的工作人员在禁毒工作中有下列行为之一，构成犯罪的，依法追究刑事责任；尚不构成犯罪的，依法给予处分：

（一）包庇、纵容毒品违法犯罪人员的；

（二）对戒毒人员有体罚、虐待、侮辱等行为的；

（三）挪用、截留、克扣禁毒经费的；

（四）擅自处分查获的毒品和扣押、查封、冻结的涉及毒品违法犯罪活动的财物的。

条文主旨

本条是关于公安机关、司法行政部门或者其他主管部门的工作人员在禁毒工作中违法犯罪行为的处罚规定。

立法背景

本法第三条规定，禁毒是全社会的共同责任。国家机关、社会团体、企业事业单位以及其他组织和公民，应当依照本法和有关法律的规定，履行禁毒职责和义务。第四条第二款规定，禁毒工作实行政府统一领导，有关部门各负其责，社会广泛参与的工作机制。本法和其他有关法律、行政法规还对政府、公安机关、卫生行政管理部门、海关、司法行政部门、药品监督管理部门、反洗钱行政主管部门等有关主管部门在禁毒工作中的职责作了比较明确的规定。政府有关主管部门及其工作人员在禁毒工作中发挥着至关重要的作用，如果其尽职尽责，毒品违法犯罪活动就会得到有效的预防和惩治，禁毒工作就会取得良好的社会效果；如果其不认真履行职责，甚至是违背职责进行违法犯罪活动，就会纵容毒品违法犯罪活动，造成极大的社会危害。应当明确的是，本条规定的是在禁毒工作中负有特定职责的工作人员的违法犯罪行为，其他公民和在禁毒工作中没有特定职责的国家工作人员不适用本条规定。

条文解读

本着从严的精神，本条对公安机关、司法行政部门或者其他有关主管部门的工作人员在禁毒工作中的违法犯罪行为作了明确的处罚规定。

（1）包庇、纵容毒品违法犯罪人员的。公安机关等有关主管部门的工作人员在禁毒工作中，包庇、纵容毒品违法犯罪行为，有的是为了牟取非法利益，有的是出于人情。无论出于何种原因，包庇、纵容毒品违法犯罪人员的，都适用本条规定处罚。这里规定的“包庇、纵容毒品违法犯罪人员”，主要是指有关主管部门的工作人员在禁毒工作中发现毒品违法犯罪行为而不查处，为毒品违法犯罪人员通风报信，帮助毒品违法犯罪人员逃匿或者转移毒品赃物等行为。具体分为两种情形：一是包庇、纵容毒品违法犯罪人员构成犯罪的，依法追究刑事责任。《中华人民共和国刑法》第三百四十九条（包庇毒品犯罪分子罪、窝藏、转移隐瞒毒品、毒赃罪）规定：“包庇走私、贩卖、运输、制造毒品的犯罪分子的，为犯罪分子窝藏、转移、隐瞒毒品或者犯罪所得的财物的，处三年以下有期徒刑、拘役或者管制；情节严重的，处三年以上十年以下有期徒刑。

缉毒人员或者其他国家机关工作人员掩护、包庇走私、贩卖、运输、制造毒品的犯罪分子的，依照前款的规定从重处罚。犯前两款罪，事先通谋的，以走私、贩卖、运输、制造毒品罪的共犯论处。”如果是对走私、贩卖、运输、制造毒品以外的毒品犯罪人员予以包庇，明知是涉嫌毒品犯罪的人而为其提供隐藏处所、财物，帮助其逃匿或者作假证明包庇的，依照《中华人民共和国刑法》第三百一十条窝藏、包庇罪的规定定罪处罚；如果明知是毒品犯罪所得的赃物而予以窝藏、转移、收购、代为销售或者以其他方式掩饰、隐瞒的，依照该法第三百一十二条掩饰、隐瞒犯罪所得、犯罪所得收益罪的规定定罪处罚；向毒品犯罪分子通风报信、提供便利的，帮助犯罪分子逃避处罚的，依照该法第四百一十七条帮助犯罪分子逃避处罚罪的规定定罪处罚。二是包庇、纵容毒品违法犯罪人员尚未构成犯罪的，依照有关规定给予行政处分。例如，在接到举报后不依法查处的；发现毒品违法行为视而不见不予查处的；包庇吸毒违法人员的等行为，依照《中华人民共和国治安管理处罚法》《中华人民共和国人民警察法》《娱乐场所管理条例》《麻醉药品和精神药品管理条例》等有关法律、行政法规的规定给予行政处分。如《中华人民共和国治安管理处罚法》第一百十一六条第一款第十项规定，人民警察办理治安案件在查处违反治安管理活动时，为违法犯罪行为人通风报信的，依法给予行政处分。

（2）对戒毒人员有体罚、虐待、侮辱行为的。吸食、注射毒品的行为是违法的，但吸毒人员本身也是毒品的受害者，国家对其采取教育和挽救的方针。对于戒毒人员，公安机关、司法行政部门及卫生行政部门等主管机关的工作人员，要对他们进行耐心教育、认真治疗，让他们真切感受到国家的政策、社会的温暖，感受到他们没有被遗弃，建立起重新融入社会生活的信心，坚决戒除毒瘾，以取得最大的社会效益。对戒毒人员采取不尊重人格或者简单粗暴的方式，会使其产生逆反心理，达不到戒毒的效果。这里规定的“戒毒人员”包括社区戒毒人员、在医疗机构戒毒的人员、强制隔离戒毒的人员以及被依法予以行政拘留、采取刑事强制措施、被收监执行刑罚、被实施强制性教育措施的正在戒毒治疗的人员。公安机关、司法行政部门或者其他有关主管部门的工作人员对戒毒人员有体罚、虐待、侮辱等行为，构成犯罪的，根据其行为的具体情况和情节，分别依照《中华人民共和国刑法》第二百三十四条故意伤害罪、第二百四十六条侮辱诽谤罪、第二百四十八条虐待被监管人罪的有关规定定罪处罚。尚不构成犯罪的，依照《中华人民共和国治安管理处罚法》《中华人民共和国人民警察法》《戒毒条例》等法律、行政法规的有关规定给予行政处分。如《戒毒条例》第四十五条第一项规定，强制隔离戒毒场所的工作人员侮辱、虐待、体罚强制隔离戒毒人员的，依法给予处分。

（3）挪用、截留、克扣禁毒经费的。国家保证有充足的禁毒经费以支持各项禁毒工作的顺利进行。根据本法第六条的规定，县级以上各级人民政府应当将禁毒工作纳入国民经济和社会发展规划，并将禁毒经费列入本级财政预算。《中华人民共和国预算法》第五十七条中规定，各级政府财政部门必须依照法律、行政法规和国务院财政部门的规定，及时、足额地拨付预算支出资金，加强对预算支出的管理和监督。各级政府、各部门、各单位的支出必须按照预算执行。各级政府的财政部门不得挪用、截留、克扣预算的禁毒经费，必须足额拨付各部门；各部门及其工作人员不得挪用、截留、克扣禁毒经费，必须将禁毒经费用于禁毒工作。这里规定的“挪用”，是指公安机关、司法行政部门或者其他有关主管部门的工作人员将禁毒经费挪用作禁毒工作以外的其他事项。“截留”，是指应当拨付的禁毒经费迟迟不予拨付，留作他用。“克扣”，是指扣除一部分禁毒经费，没有足额按规定拨付的行为。按照本条的规定，公安机关、司法行政部门或者其他有关主管部门的工作人员挪用、截留、克扣禁毒经费，构成犯罪的，要依照《中华人民共和国刑法》第三百八十四条挪用公款罪、第三百八十三条贪污罪的有关规定追究刑事责任；尚不构成犯罪的，要依照预算法等有关法律、行政法规的规定给予行政处分。如《中华人民共和国预算法》第九十三条第四项中规定，各级政府及有关部门、单位违反预算法的规定，改变预算支出用途的应予以责令改正，对负有直接责任的主管人员和其他直接责任人员依法给予降级、撤职、开除的处分。

（4）擅自处分查获的毒品和扣押、查封、冻结的涉及毒品违法犯罪活动的财物的。查获的毒品以及涉及毒品违法犯罪的财物，应当按照法律的规定处理，任何单位与个人不得擅自处分。本法第二十八条规定：“对依法查获的毒品，吸食、注射毒品的用具，毒品违法犯罪的非法所得及其收益，以及直接用于实施毒品违法犯罪行为的本人所有的工具、设备、资金，应当收缴，依照规定处理。”《中华人民共和国刑法》第六十四条规定：“犯罪分子违法所得的一切财物，应当予以追缴或者责令退赔；对被害人的合法财产，应当及时返还；违禁品和供犯罪所用的本人财物，应当予以没收。没收的财物和罚金，一律上缴国库，不得挪用和自行处理。”《中华人民共和国治安管理处罚法》第十一条规定："办理治安案件所查获的毒品、淫秽物品等违禁品，赌具、赌资，吸食、注射毒品的用具以及直接用于实施违反治安管理行为的本人所有的工具，应当收缴，按照规定处理。违反治安管理所得的财物，追缴退还被侵害人；没有被侵害人的，登记造册，公开拍卖或者按照国家有关规定处理，所得款项上缴国库。"该法第一百一十六条第四项规定，人民警察办理治安案件，私分、侵占、挪用、故意损毁收缴、扣押的财物的，依法给予行政处分；构成犯罪的，依法追究刑事责任。根据本条的规定，公安机关、司法行政部门或者其他有关主管部门的工作人员，擅自处分查获的毒品和扣押、查封、冻结的涉及毒品违法犯罪活动的财物，构成犯罪的，依法追究刑事责任，如私分、非法侵占的，依照刑法关于贪污罪的有关规定处罚，挪作他用的，依照刑法关于挪用公款罪的有关规定处罚。尚不构成犯罪的，依照治安管理处罚法等有关法律、行政法规的有关规定给予行政处分。如《中华人民共和国治安管理处罚法》第一百一十六条第一款第四项规定，人民警察办理治安案件私分、侵占、挪用、故意损毁收缴、扣押的财物的依法给予行政处分。

相关规定

《中华人民共和国刑法》第 64 条、第 234 条、第 246 条、第 248 条、第 310 条、第 312 条、第 349 条、第 383 条、第 384 条、第 417 条；《中华人民共和国治安管理处罚法》第 11 条、第 114—116 条；《中华人民共和国人民警察法》第 22 条；《中华人民共和国预算法》第 57 条、第 93 条；《娱乐场所管理条例》第 56 条

第七十条　有关单位及其工作人员在入学、就业、享受社会保障等方面歧视戒毒人员的，由教育行政部门、劳动行政部门责令改正；给当事人造成损失的，依法承担赔偿责任。

条文主旨

本条是关于歧视戒毒人员的教育处罚规定。

立法背景

吸毒人员在经过心理、生理脱毒治疗以后，需要社会对他们进行帮教，使他们能正常地融入社会生活，不再重新复吸，成为自食其力的对社会有用的人。各个单位及其工作人员不但不能在就业、入学和社会保障等方面对他们歧视，而且由于戒毒人员在生活能力、自控能力及就业技能等方面比较弱，要尽量帮助他们，在职业技能培训、就业指导等方面给予援助。本法第五十二条规定："戒毒人员在入学、就业、享受社会保障等方面不受歧视。有关部门、组织和人员应当在入学、就业、享受社会保障等方面对戒毒人员给予必要的指导和帮助。"第三十四条第二款规定："城市街道办事处、乡镇人民政府，以及县级人民政府劳动行政部门对无职业且缺乏就业能力的戒毒人员，应当提供必要的职业技能培训、就业指导和就业援助。"需要注意的是，对戒毒人员不予以歧视，需要在各个方面多措并举。比如《戒毒条例》第七条第二款规定："对戒毒人员戒毒的个人信息应当依法予以保密。对戒断三年未复吸的人员，不再实行动态管控。保护戒毒人员戒毒的个人信息，是在前端保护戒毒人员的重要措施，避免戒毒人员在后续的入学、就业、享受社会保障等方面遭遇歧视。"

条文解读

本条规定的“有关单位”，是指与戒毒人员的学习、生活、工作密切相关的学校、企事业单位、公司、机关团体等单位。这里规定的“戒毒人员”既包括已经戒除毒瘾的吸毒人员，也包括正在进行戒毒治疗的吸毒人员。“歧视戒毒人员”，是指有关的学校、企业事业单位等有关单位在戒毒人员入学、工作等方面设置障碍，将戒毒人员拒之门外，或者虽然录用，但在工资、劳动社会保障等方面对戒毒人员实行不平等的待遇。帮教戒毒人员，使他们正常的生活，不再沾染毒品，是禁毒工作的重要组成部分。戒毒人员可能会在学习、工作等各方面遇到比常人更多的困难，这正是社会各单位帮助他们的理由，而不是歧视、拒绝他们的理由，这也是全社会共同利益所在。因而，本条规定，有关单位及其工作人员在入学、就业、享受社会保障等方面歧视戒毒人员的，由教育行政部门、劳动社会保障部门责令改正。教育行政部门、劳动社会保障部门是政府有关工作的主管部门，依照法律规定，有职权也有责任对于有些单位在入学、就业和享受社会保障等方面歧视戒毒人员的行为予以制止并责令其改正。有关单位及其工作人员歧视戒毒人员，给当事人造成损失的，依法承担赔偿责任。如有的学校拒绝戒毒的未成年人入学学习的；有的企事业单位拒绝录用或者无正当理由开除戒毒人员的；有的单位不给戒毒人员上社会保险的等，给当事人造成损失的，要依法赔偿。

第七章　附　　则

第七十一条　本法自2008年6月1日起施行。《全国人民代表大会常务委员会关于禁毒的决定》同时废止。

条文主旨

本条是关于本法生效日期的规定。

立法背景

禁毒法于2007年12月29日由第十届全国人民代表大会常务委员会第三十一次会议通过，自2008年6月1日起施行。

条文解读

本条规定了两个问题：

第一，关于法律的生效日期的规定。《中华人民共和国立法法》第五十七条规定："法律应当明确规定施行日期。"法律的施行日期即法律开始发挥效力的时间，法律通常有三种生效的方式：一是在法律条文中规定具体的某一日期作为法律生效的时间。这样可以为法律的实施预留一定的宣传和准备的时间，至于这段时间的长短则要视社会实践和法律关系的具体情况而定。二是法律条文中规定，从其公布之日起施行。法律的公布是由国家主席发布主席令来公布的，一般来说是在全国人大或者全国人大常委会通过法律的当天由主席令来公布。这样可以使法律立即发挥调整相关社会关系的作用。三是法律公布后先予以试行或暂行，立法部门对其进一步补充完善后再通过为正式的法律，公布施行是法律条文中规定，从其公布之日起施行。本法采取的是第一种生效方式，即在法律中明确规定本法的实施日期。本条规定，本法自2008年6月1日起实施。本法实施日期距离通过日期有半年时间，这是为了使有关部门可以充分做好本法实施的各项准备工作，对本法进行必要的宣传学习等，以保证本法的正确贯彻实施。

第二，关于本法实施以后，《全国人民代表大会常务委员会关于禁毒的决定》的效力问题。1990年12月28日第七届全国人民代表大会常务委员会第十七次会议通过的该决定，对于涉及毒品的违法犯罪行为作了比较详细的规定，当时对于打击毒品违法犯罪活动，维护社会秩序起到了积极的作用。1997年修订的《中华人民共和国刑法》第四百五十二条明确规定，关于禁毒的决定予以保留，其中，有关行政处罚和行政措施的规定继续有效；有关刑事责任的规定已纳入刑法，自修订的刑法施行之日起，适用刑法规定。本法实施以后，关于禁毒的决定中有关行政处罚和行政措施的规定已经纳入禁毒法，因此自禁毒法实施之日起，该决定予以废止，不再有效。

相关规定

《中华人民共和国立法法》第57条

图书在版编目（CIP）数据

中华人民共和国禁毒法解读 / 王爱立主编．—2 版．—北京：中国法制出版社，2020.4

ISBN 978 -7 -5216 -0924 -0

Ⅰ.①中…　Ⅱ.①王…　Ⅲ.①禁毒 - 法规 - 法律解释 - 中国　Ⅳ.①D922.145

中国版本图书馆 CIP 数据核字（2020）第 034134 号

责任编辑　王林林　　封面设计　李　宁

中华人民共和国禁毒法解读

ZHONGHUA RENMIN GONGHEGUO JINDUFA JIEDU

主编/王爱立

经销/新华书店

印刷/三河市国英印务有限公司

开本/880 毫米×1230 毫米　32 开　　印张/ 11　字数/ 230 千

版次/2020 年 4 月第 2 版　　2020 年 4 月第 1 次印刷

中国法制出版社出版

书号 ISBN 978 -7 -5216 -0924 -0　　定价：42.00 元

北京西单横二条 2 号

邮政编码 100031　　传真：010 -66031119

网址：http：//www.zgfzs.com　　**编辑部电话：010 -66067369**

市场营销部电话：010 -66033393　　**邮购部电话：010 -66033288**

（如有印装质量问题，请与本社印务部联系调换。电话：010 -66032926）